2022 年江苏高校哲学社会科学重大项目

“人工智能赋能中小学教师教研的治理策略研究”（2022SJZD037）

指向核心素养的学习设计

创设基于协作问题解决的学习样态

蔡慧英　著

電子工業出版社

Publishing House of Electronics Industry

北京 · BEIJING

内容简介

为了回应我国提出的促进学习者核心素养发展的育人目标，教师需要变革传统的知识传授的教学方式，为学习者设计具有启发性和趣味性的高质量深度学习体验。基于此，本书从认知负荷理论视角出发，提出了指向核心素养的学习设计行动框架，旨在引导教师为学习者设计高质量的协作问题解决学习体验，从而助力学习者核心素养的培养和发展。本书兼具教学研究和教学实操的特点，能为教师在教学中落实核心素养提供有力指导，从而服务于我国创新人才的培养。

图书在版编目（CIP）数据

指向核心素养的学习设计 ： 创设基于协作问题解决的学习样态 / 蔡慧英著. -- 北京 ： 电子工业出版社，2024. 12. -- ISBN 978-7-121-47587-0

Ⅰ. G451.2

中国国家版本馆 CIP 数据核字第 2024R7Y931 号

责任编辑：刘　芳
印　　刷：中煤（北京）印务有限公司
装　　订：中煤（北京）印务有限公司
出版发行：电子工业出版社
　　　　　北京市海淀区万寿路 173 信箱　　邮编 100036
开　　本：787×1092　1/16　印张：13.5　字数：274.3 千字
版　　次：2024 年 12 月第 1 版
印　　次：2024 年 12 月第 1 次印刷
定　　价：55.00 元

凡所购买电子工业出版社图书有缺损问题，请向购买书店调换。若书店售缺，请与本社发行部联系，联系及邮购电话：（010）88254888，88258888。

质量投诉请发邮件至 zlts@phei.com.cn，盗版侵权举报请发邮件至 dbqq@phei.com.cn。

本书咨询联系方式：（010）88254507，liufang@phei.com.cn。

前言

2022年，我国针对义务教育阶段颁布了新的课程标准，明确指出各学科教学中学习者需要达成的核心素养，正式拉开了以提升素养为目标的教学改革序幕。这不仅体现了国家对培养什么样的人的前瞻性回应，也体现了国家致力于新型教学改革的发展目标。从概念上看，核心素养是学习者在真实情境中灵活运用不同学科知识、技能和态度，有效满足情境需求并灵活地解决复杂问题的综合能力，是21世纪的学习者实现终身发展，并促进社会发展所必备的品格和关键能力。

从教学角度看，核心素养的提出，为教师提供了一个高要求的牵引性课程教学目标。它需要教师改变传统的知识传授的教学方式，为学习者设计具有启发性和趣味性的高质量深度学习体验，从而支撑学习者核心素养的培养和发展。目前，学习科学领域的研究表明，协作问题解决学习是促进学习者核心素养发展的最佳学习方式。以协作的方式组织和引导学习者解决复杂问题，不仅能使他们对知识形成深度理解，掌握有效思考、表达、与人协商等重要能力；还能培养他们的高阶思维能力，如问题解决能力、批判性思维能力、自主学习能力等。因此，在这一背景下，如何科学地设计学习者的协作问题解决学习过程，从而促进其核心素养的发展是横亘在我国教师面前的重要问题。

为了对这一问题做出回应，我们从认知负荷理论视角出发，提出了指向核心素养的学习设计行动框架，旨在引导教师在教学中为学习者设计高质量的协作问题解决学习体验，从而助力学习者核心素养的培养和发展。本书按照理论建构、行动框架和项目案例的主线，通过九章内容论述了指向核心素养的学习设计的重要内容。

第一部分是指向核心素养的学习设计理论建构，包括三章。该部分在阐述核心素养提出背景和内涵的基础上，主要论述了协作问题解决学习在促进学习者核心素养方面的教育价值。随后，从认知负荷理论角度提出了指导教师设计协作问题解决学习的三条基本原则，为教师开展指向核心素养的学习设计提供理论支撑。第一章在探讨核心素养提出背景的基础上，对比分析和解读了国际上典型的核心素养内涵及其框架，为开展指向核心素养的学习设计的理论与实践研究提供了立足点。第二章主要解释协作问题解决学习的内涵和特点，论述了协作问题解决学习这一创新学习模式在促进学习者核心素养方面的教育价值，为教师开展指向核心素养的学习设计的理论与实践研究提供了有力抓手。第三章主要从认知视角出发，阐述了指向核心素养的学习设计基本理论——认知负荷理论，以及由此衍生的三条学习设计基本原则，为教师开展指向核心素养的学习设计的理论与实践研究提供了方向指导。

第二部分是指向核心素养的学习设计行动框架，包括三章。该部分主要在遵循三条学习设计基本原则的基础上，以协作问题解决学习这一创新学习模式为抓手，围绕大概念、问题解决和学习支架三个关键要素，提出了指向核心素养的学习设计行动框架，为教师开展指向核心素养的教学实践提供了指导方法。其中，第四章主要介绍大概念的基本内容，以及基于大概念的学习目标设计方法，为科学地设计学习提供了目标指引。第五章介绍问题解决的内涵，并阐述问题解决的认知过程模型和图式理论，在此基础上，介绍了基于问题解决的学习活动设计思路和策略，为科学地设计学习提供了过程指引。第六章主要介绍了学习支架的基本概念，以及基于学习支架的干预设计方法，为科学地设计学习干预策略提供指引。

第三部分是指向核心素养的学习设计项目案例，包括三章。该部分主要呈现指向核心素养的学习设计行动框架在不同课程教学中的应用，为教师开展指向核心素养的学习设计提供了案例指导。其中，第七章主要运用指向核心素养的学习设计行动框架，聚焦数学课程中的教学内容，围绕大概念、问题解决及学习支架三个关键要素，设计了名为“神奇的蜂巢：探索几何与自然之美”的协作问题解决学习项目。第八章主要运用指向核心素养的学习设计行动框架，聚焦信息科技课程中教学内容，设计了名为“探寻中国大运河的璀璨：信息的搜索与遴选”的协作问题解决学习项目。第九章主要运用指向核心素养的学习设计行动框架，聚焦数学课程中“百分数”和科学课程中“食物中的营养”的跨学科内容，围绕大概念、问题解决及学习支架三个关键要素，设计了名为“如何制作和销售甜糯适宜的桂花糕”的协作问题解决学习项目。

与众多设计类工作一样，指向学习者核心素养的学习设计过程具有创造性的特点。这意味着，教师会对同一教学内容进行个性化的思考和定位，也就会为学习者构思和规划不同的学习过程。但是，我们认为，在认知负荷理论的视域下，教师在开展指向核心素养的学习设计时，围绕大概念、问题解决、学习支架这三个关键要素对学习者的协作问题解决学习过程进行细致考量和整体布局，可以确保教师的学习设计更具合理性与科学性。

总的来说，本书凭借严谨的理论基础、实用的设计策略与丰富的实践案例，建构了一套全面、系统且易于操作的指向核心素养的学习设计行动框架。它不仅是我国学习科学本土化研究的重要参考，更是中小学教师创新教学方式、提升学生核心素养的实用指南。通过研读与实践本书内容，教师能够运用科学的方法创新教育教学实践，有效应对以素养为目标的课堂转型挑战；还可以有效培养学习者的核心素养，为我国创新人才的培养贡献力量。

完成一本学术专著是一项充满挑战的任务，背后需要阅读大量的文献、进行大量的学术思考，以及对实证研究的深度反思。撰写本书的初衷源于我对学习科学、学习设计、认知负荷理论等领域的浓厚兴趣和热爱。同时，也希望通过分享见解，与他人交流探讨，为教育教学的创新发展贡献微薄之力。另外，本书的完成离不开众多师生和部门的帮助与支持。首先，衷心感谢我的恩师——华东师范大学教育学部教育信息技术系的顾小清教授。从攻读博士学位开始，导师引领我进入计算机支持协作学习领域，鼓励我基于认知负荷理论开展协作问题解决学习的研究。没有导师的精心指导，就没有这本书的存在。其次，感谢我的研究生卢琳萌、顾佳宁、韩冰、孙佳悦、李轶群，协助我查阅了大量的文献资料，承担了相应的文字撰写和整理工作。最后，感谢江南大学学术专著出版基金项目对本书出版的大力支持，感谢电子工业出版社刘芳老师为本书的顺利出版付出了辛勤的努力。

由于本人水平有限，经验不足，书中难免存在一些遗漏与不当之处，恳请广大读者不吝赐教。我们诚挚地希望本书能够启发并指导读者，同时也期待各位同仁提供宝贵的见解与建议，以便我们不断改进，这将为我们的学术研究和实践工作提供更加深刻、全面的指引。

江南大学　蔡慧英

2024 年 9 月 1 日

目　录

第二部分　指向核心素养的学习设计行动框架

第三部分　指向核心素养的学习设计项目案例

第一部分

指向核心素养的学习设计理论建构

作为当前社会中具有前瞻性、引领性和综合性的育人目标，核心素养强调培养学习者的自主学习能力、批判性思维、创新能力、沟通协作能力等适应社会发展所需的综合性能力。这不仅为培养新时代背景下的优秀人才提供了目标指引，还为当前教育教学的发展提供了指导方向。在第一部分，我们首先论述核心素养这一育人目标的内涵及育人需求。然后，在阐述协作问题解决学习的概念和特点的基础上，论述协作问题解决学习在培养学习者核心素养方面的教育价值。最后，基于认知负荷理论提出科学地设计协作问题解决学习的三条基本原则，为教师开展指向核心素养的学习设计奠定理论基础。

第一章　核心素养概述

科学技术的持续发展不断推动着社会文明的演进，同时也对人才培养的目标提出了新的要求。目前，我们正处于网络化、信息化和智能化的新时代，在这个充满变化与不确定性的社会环境中，个体的成功不再仅仅依赖于其掌握的知识和技能，而愈发取决于其具备的解决复杂问题的综合能力。这些能力能助其有效应对生活和工作中的问题和挑战。因此，为了培养面向未来社会发展的人才，教育研究者结合所在地区的教育现状，纷纷提出了以核心素养为导向的人才培养目标。这为我们的教育实践提供了立足点和落脚点。在本章中，我们主要探讨核心素养的提出背景，解读核心素养的概念内涵，分析由核心素养引发的育人新需求，从而为理解和推进基于核心素养的创新教育实践奠定基础。

第一节　核心素养的提出背景

核心素养是符合社会发展需求的育人目标的统称。与知识习得和技能培养的育人目标不同，核心素养表现为学习者在不同的情境中灵活地应用知识，高效地应对变化，创造性地解决复杂问题的综合能力。若要深入理解核心素养的内涵，需要以局外人的视角理解提出这一育人目标的社会背景。在本节，我们主要从社会结构变革、学习技术发展及学习者认知方式转变三个方面剖析核心素养的提出背景，帮助大家深刻理解核心素养的时代价值，以及开展以核心素养为导向的教育实践的必要性。

一、社会结构变革对学习者核心素养培养提出新要求

作为社会这一复杂系统中的重要组成部分，教育系统肩负着培养时代所需人才的使命。它需要紧跟时代发展的步伐，为社会建设和进步输送人才，从而为社会的有效运行和持续发展提供强有力的支撑。

从历史演变角度看，科学与技术的不断发展会引发社会结构的变革，进而提高了社会对人才培养质量的期望。在农耕社会，生产力水平较低，社会结构相对稳定。此时，教育的重点是向学习者传授与农业生产相关的技能，从而培养适应社会发展需要并能参与社会治理的人才。进入工业化时代，科技革新浪潮的冲击使得社会结构发生了深刻的变革。劳动分工日益精细，机械化生产广泛普及，大规模生产占据主流，城市化进程加速推进，经济规模与增速空前发展。为了适应社会发展的需求，工业社会的教育体系重心转移到了系统化培养个体的科学知识和技能，大规模培养能够操控机械设备、管理生产流程、推动科技进步的技术人员和管理人才。

随着信息时代的迅猛发展，以计算机、互联网为代表的信息技术深刻地改变了社会的生产方式和人们的生活方式，引发了产业结构的重大变革。这对信息化社会的人才培养目标提出了新的要求。第一，在信息化时代，我们可以利用信息技术获取大量的信息，知识更新迭代的速度达到了前所未有的程度，在这一背景下，掌握知识本身的价值已非关键，更为重要的是具备运用技术检索信息的能力，以及不断提升自己的终身学习能力。第二，在信息化时代，人们可以通过信息技术随时随地进行交流。这不仅使人与人之间的沟通变得更加便捷，也使我们所处的社会变得更为复杂多样。面对日益复杂的挑战和越来越多的选择，我们需要具备解决问题、跨文化沟通及自我调节等能力，以便在多变的生活与工作中做出明智决策。第三，在信息化时代，科学与技术的进步使社会变得日益复杂，并带来了新的问题，如全球气候变化、资源短缺等。因此，为了推动社会的可持续发展，我们需要具备环境保护意识、创新能力、社会责任感和可持续发展意识。

值得注意的是，以云计算、物联网、人工智能等为代表的智能技术正在重塑我们的经济、文化、生活乃至教育方式。人工智能在语言学习、记忆、运算处理等方面展现出了卓越的技术优势，展示了其在部分领域替代和延展人类认知功能的潜力。因此，在日趋智能化的社会中，我们不仅需要增强自身发展的意识，提高系统化思维的能力，更需要高度重视和发展人工智能尚不能完全替代的高阶认知和思维能力，如创新能力、自我觉知能力、社会情感能力和人机协同能力等[1]。

总之，社会的进步和发展促使教育领域不断重新定义和调整人才培养目标。在当前信息化、数字化和智能化的社会背景下，教育系统必须顺应时代需求，保持高度的敏锐性和强大的适应性，将人才培养的目标从侧重于单一专精技能的培养转向注重问题解决、协作交流、创新思维等综合能力的培养，从而有力地支撑社会的持续进步和发展。

二、学习技术发展为培养学习者的核心素养提供支撑

技术的发展不仅推动了社会的发展，还重塑了教育生态，为创新学习者的学习方式提供了可能。在教育领域，我们通常把用来支持教师教学和学习者学习的技术统称为学习技术。在信息化、数字化和智能化的时代背景下，学习技术的发展为学习者搭建了全方位、多层次的学习环境。学习技术不仅是补充和完善传统教育的重要手段，更是引导学习者全面提升综合能力的重要工具，为促进学习者核心素养的发展提供了强大的外部支撑。

第一，学习技术的发展为培养学习者的核心素养提供了学习环境支撑。借助计算机、互联网、人工智能等技术，我们能为学习者构建多样化且能实现高度互动的学习环境，使他们在丰富的学习体验中充分发展认知与技能。例如，在线学习平台、学习社区和虚拟教室等数字化学习环境能够打破传统物理课堂的时空限制，使学习者能进行个性化的学习和协作学习。借助这些平台，学习者不仅可以根据自身需求制订学习计划，灵活调整学习路径，还可以检索和整合不同来源的信息。这有助于培养学习者的信息检索能力、问题解决能力、自主学习能力。通过这些平台，学习者还可以与来自不同地区、具有不同文化背景的同伴分享知识、交流思想、参与跨文化交流。这有助于促进学习者社交技能、协作能力和全球视野的培养与发展。另外，虚拟现实和增强现实等技术能够将现实世界与虚拟世界结合，从而为学习者创设虚实结合的学习环境。通过虚拟世界中的模拟实验和历史重现等功能，学习者能够获得沉浸式的学习体验[2]。这为学习者创造了丰富多元的感知世界，在潜移默化中培养了他们的创新意识、批判性思维及实际操作能力。目前，使用人工智能技术可以为学习者创设人机协同的学习环境。在人工智能技术的帮助下，学习者不仅能获得个性化的学习支持，还能通过智能推荐系统获得与学习目标相匹配的资源和建议，从而提高学习效率，促进高阶认知和思维的发展。

第二，学习技术的发展为培养学习者的核心素养提供了学习资源支撑。优质的学习资源是促进学习者有效学习的重要保障。随着学习技术的不断发展，学习者获取学习资源的方式和渠道发生了显著变化。他们不再局限于通过传统的纸质书籍和课堂讲义获取有限的知识，而是通过不同的数字化手段获取大量的信息与资源。这种多样化的获取途径不仅拓宽了学习者获取学习资源的范围和来源，还极大地提高了学习资源的可及性和质量。从学习资源呈现方式来看，学习者可以获取图文、音频、视频、动画等多种形式的学习资源，从而更好地理解复杂的概念和知识，提升学习效果。从学习资源获取的途径来看，学习者可以通过在线教育平台、开放课程、互动式学习网站等渠道，随时随地访问全球最优质的

学习资源。这些资源涵盖了广泛的领域，从基础知识到前沿研究，能够满足不同层次学习者的需求。另外，通过智能推荐技术和系统，学习者可以便捷地获取和使用满足自身学习需求和偏好的学习资源。这有助于学习者提高学习效率，增强学习效果。

第三，学习技术的发展为培养学习者的核心素养提供了学习过程支撑。从优化学习过程的角度看，学习技术的发展可以为学习者提供个性化的、有针对性的支持。在学习过程中，在线论坛、协作平台和虚拟教室等工具可以为学习者提供丰富的互动机会和协作机会，使他们能够在小组中分享知识、解决问题、完成任务，从而培养协作能力和交流能力。另外，数字化的学习日志和成长档案可以记录学习者的学习过程和反思情况，帮助他们持续改进学习规划和策略，提升自我调节能力。在线测试和自动评分系统可以帮助学习者评估自己的学习效果，及时了解自己的强项和弱项，系统还提供个性化的学习建议。智能学习系统和自适应学习技术可以根据学习者的兴趣、能力和学习进度动态调整学习内容和难度，确保每个学习者在兴趣和需求的驱动下，能以适合自己的节奏进行深度学习。

总之，学习技术的发展可以通过重构学习场景、丰富学习资源、优化学习过程等途径，切实地为学习者的全面发展注入动力，为培养具备核心素养的学习者提供支持。

三、认知方式转变为培养学习者的核心素养奠定基础

从学习者角度看，信息技术在社会发展进程中的广泛应用不仅改变了我们与外界的互动方式，还深刻影响了我们的认知方式，这为培养学习者的核心素养奠定了基础。

2001 年，教育技术专家马克·普伦斯基（Marc Prensky）提出了“数字土著（Digital Natives）”的概念，它特指在数字化环境中诞生并成长起来的新生一代。他们自幼便沉浸在智能手机、社交媒体、互联网等各种数字工具和技术之中，堪称与信息化社会同步成长的一代。由于他们成长于信息技术日新月异的时代洪流中，在日常生活中深度依赖电子邮件、互联网及各类移动通信技术，从而自然而然地形成具有数字化特征的生活模式与思维模式[3]。研究发现，数字土著在学习和生活中对技术的广泛接纳使其表现出独特的行为特点和内在的学习体验需求[4]。第一，数字土著具有实践探索的偏好。与其被告知解决问题的方法，他们更喜欢以探索的方式解决问题，并且认为探索的过程能让他们更好地掌握与应用信息。第二，数字土著具有社会性学习的偏好。数字土著对事物的多样化、差异性和分享功能等具有较强的包容性，喜欢以小组协作的方式解决问题。第三，数字土著具有数字化学习的素养。在无人指导的情况下，他们能较快地熟练掌握和运用技术，对信息做出

反应，且喜欢利用图片、声音及文本等多媒体形式来表达自己的想法。第四，数字土著是以成就为导向的学习者。他们喜欢结构化的知识，倾向于掌握达成目标的具体方法，而不喜欢对知识不求甚解。

进一步的研究揭示，由于长期浸润在数字技术丰富的社会环境中，学习者的认知习惯和能力得到了进化式的发展。这为培养学习者的核心素养奠定了生物学基础。一方面，在新时代背景下成长起来的学习者具备了更加高效的信息处理能力。Carr 的研究指出，频繁接触数字媒体能加快个体的信息处理速度，使他们在面对大量信息时能更迅速地筛选出关键内容[5]。另外，计算机、智能手机和各种软件应用程序能实时提供大量信息和多样化的处理选项。这使得个体在面对复杂问题时，能更加灵活地调动不同的认知资源，使大脑在处理多样化信息时具备更高的适应性，从而更好地应对瞬息万变的世界[6]。另一方面，新时代背景下成长起来的学习者发展出了更为关键的高阶认知能力，这有助于学习者核心素养的发展。虚拟现实等技术中的复杂视觉场景和任务能刺激个体大脑特定区域的活动，从而提高个体解决复杂问题所需的关键技能——视觉注意力和空间认知能力[7]。此外，Ophir，Nass 和 Wagner 发现，数字土著的多任务处理能力较强。这不仅有助于他们在复杂环境中同时处理多项任务，还提升了他们对任务优先级的灵活调整能力[8]。这种认知灵活性使他们能更有效地适应快速变化的环境，并在面对新的挑战时表现出更高的适应性。

总的来说，核心素养的提出是社会结构变革、学习技术发展及学习者认知方式转变这三股力量共同作用的结果。其中，社会结构的变革对人才培养提出了与时俱进的新标准，要求学习者具备适应未来社会所需的多元能力；学习技术的飞跃式进步为促进学习者的全面发展提供了强大的外在助力，为培养学习者的核心素养创造了重要的支撑条件；而学习者认知方式的转变则为培养学习者的综合能力奠定了坚实的基础，使得他们能够更好地形成应对未来挑战的综合能力。正是这三股力量的合力，使“核心素养”这一新的育人目标得以确立。

第二节　核心素养的概念内涵

核心素养不仅是当前社会对人才培养提出的必然需求，也是未来教育发展的重要方向。为了在教育场景中更好地落实基于核心素养的教育实践，国内外研究者分别结合所处的社会和教育背景，提出了不同核心素养的内涵与框架。在本节中，我们主要介绍经济合作与发展组织（Organization for Economic Cooperation and Development, OECD）、欧盟、美国及中国提出的核心素养概念及解释性框架，旨在帮助大家深刻理解核心素养的内涵，为有效开展基于核心素养的教育实践奠定基础。

一、OECD 的核心素养内涵

在 21 世纪初期，国内外众多教育研究者开始共同思考并致力于回应一个关乎未来教育命运的关键议题——面对即将到来的新世纪，教育改革应如何定向以适应时代发展需求。对此，OECD 在 1997 年 12 月推出了名为“素养的界定与遴选：理论基础和概念基础（Definition and Selection of Competencies: Theoretical and Conceptual Foundations, DeSeCo）”的研究项目。该项目率先使用了“核心素养”这一术语，旨在为全球各地的教育、培训及个人发展提供一个通用的理论架构，以便更好地培养个体在多元文化的社会背景下所需的关键能力。DeSeCo 项目组专家认为，核心素养是个体在自我发展和社会进步中发挥关键作用的能力集合[9]。首先，核心素养是对每个个体都具有普遍价值和积极作用的必备能力。它不仅可以被个体掌握，还可以被个体通过持续学习和发展不断深化。其次，核心素养是协助个体有效应对生活中各个方面的挑战，并满足关键需求的综合能力。最后，核心素养是确保个体实现预设目标、迈向成功生活和建设美好社会的重要基础。

为进一步将核心素养的人才培养观念贯彻到教育实践中，OECD 于 2005 年发布了《核心素养的界定与遴选：行动纲要》的研究报告[10]。该报告基于对 21 世纪社会发展和个体需求的前瞻性洞见，建构了一个详细的核心素养框架，旨在提升核心素养在实际教育过程中的可实施性和有效性。该框架涵盖三大维度：使用交互性工具的能力、与不同群体学习者交互的能力、自主行动的能力，并包含九个核心素养的基本要素，如表 1-1 所示。在不同的情境下，核心素养的三大维度（一级指标）虽然分别发挥着不同的功能，但它们并非孤立存在，而是相互关联、相互支撑，共同构成了一个全面的综合能力体系。

表 1-1　OECD 的核心素养框架及详细说明

一级指标	二级指标	具体内容
使用交互性工具的能力	使用语言、符号和文本等交互性工具的能力	有效运用口头语言、书面语言、计算等数学能力
	使用知识和信息进行交互的能力	鉴别未知领域，识别信息的来源并对其进行点评

续表

一级指标	二级指标	具体内容
使用交互性工具的能力	使用技术进行交互的能力	在生活与学习中注意使用技术手段，运用信息与通信技术获得信息
与不同群体学习者交互的能力	与他人建立良好关系的能力	从他人角度思考问题，有效控制自己的情绪
	在小组中进行协作的能力	善于表达自己的观念，倾听他人的观点。具备小组协作能力、协调能力，以及整合信息并做出决定的能力
	处理和解决冲突的能力	在危机中分析问题与利益，识别共识与分歧，重新认识问题，按照需求与目标对问题进行排序并解决问题
自主行动的能力	考虑大局的行动能力	分析形势，定位自己所处的情境，明确自身行为的可能后果，思考与整体的关联，再对自己的行动做出选择
	规划人生与执行计划的能力	制订计划，设立目标，鉴别已有资源，分析所需资源，平衡资源以满足不同目标，通过反思预测未来，监控过程，时刻准备调整
	维护自身权利与需求的能力	了解所有权益，明晰社会规则，为了认定的需求与权利建立个人论点，提出建议或替代方案

第一，使用交互性工具的能力。在信息化高度发展的新时代，学习者需要掌握和使用多种工具（如语言、符号、技术等）来获取、分析和应用信息，从而理解和解决复杂问题。因此，学习者不仅需要了解这些工具的功能，还需要灵活运用它们来应对实际挑战。因此，这一维度的能力主要体现在三个方面：使用语言、符号和文本等交互性工具的能力，使用知识和信息进行交互的能力，使用技术进行交互的能力。

第二，与不同群体学习者交互的能力。在日益全球化的社会环境中，学习者需要具备与不同文化、语言、背景的个体进行有效沟通的能力。这不仅包括倾听、表达、协商及小组协作的技能，还涉及解决冲突和问题的技巧。学习者应尊重多样性，具有包容和理解他人的同理心，并能与不同文化背景的人进行高效互动。因此，这一维度的能力主要体现在三个方面：与他人建立良好关系的能力，在小组中进行协作的能力，处理和解决冲突的能力。

第三，自主行动的能力。在新的时代背景下，学习者需要面对比传统社会环境更复杂、更加动态的问题。因此，学习者需要具有自我认知和反思的能力，能够在复杂多变的工作和学习环境中进行自我决策。另外，在面对不确定的挑战和变革时，学习者需要具备自我调适和持续发展的能力。因此，这一维度的能力主要体现在三个方面：考虑大局的行动能力，规划人生与执行计划的能力，维护自身权利与需求的能力。

OECD 提出的核心素养框架不仅为教育改革者提供了重要的理论依据和实践指南，更在全球范围内产生了广泛而深远的影响。首先，该框架对教育目标的定位超越了传统的知识与技能范畴，将创造力、批判性思维和元认知等高阶思维能力纳入核心素养的考量范围，实现了对个体全面发展的关注和强调 [11]。其次，该框架为全球范围内的教育、培训和发展提供了理论参考，引领各国教育向培养个体关键能力与全面素养的方向发展。各国教育部门可以借助这一核心素养框架的理念和实施策略，加强各国之间的教育合作与交流，共同提升教育质量，从而实现个体全面发展的教育目标。

二、欧盟的核心素养内涵

受 OECD 相关研究项目的启迪，欧盟在 2000 年的里斯本峰会上明确提出了以终身学习为基础建构的基于核心素养的人才培养框架，并随后制订了“教育与培训 2010 年工作计划”，倡导研究者们开展基于核心素养的研究、实践与推广。经过为期两年的系统研究，欧盟在 2002 年 3 月发布的权威研究报告《知识经济时代的核心素养探索》中首次引入并强调了“核心素养”这一概念，明确了其在教育和培训领域具有的战略意义 [12]。

随着实践的深入和研究的完善，欧盟于 2006 年正式批准了《为了终身学习的核心素养：欧洲参考框架》重要议案，在议案中，核心素养被定义为：在知识经济社会中，个体为实现自我完善、社会融入及职业成功所必备的一系列涵盖知识、技能与态度的综合性素质结构。另外，该议案的出台标志着欧盟正式确立了八项核心素养。对于每项核心素养，欧盟均从知识、技能及态度三个层面进行了详细的界定和解析，具体内容如表 1-2 所示 [13]。

表 1-2　欧盟的核心素养框架及详细说明

重要能力	知识表现	技能表现	态度表现
使用母语交流的能力	理解词汇、语法知识；应对不同情境所需的知识	具备口头交流与文字书写能力；不同情境中的语言应对能力	具有批判性与建设性对话的意识及与人进行对话的兴趣；具有富有社会责任感地、积极地使用母语的意识
使用外语交流的能力	能理解外国语言的词汇和语法等；能利用外语进行社会性交流	理解话语信息的能力；发起、维持交谈内容的能力：在非正式环境中学习外语	具备欣赏不同文化的意识；对外语和不同文化之间的交流具有好奇心和兴趣

续表

重要能力	知识表现	技能表现	态度表现
数学技能与基本的科学和技术能力	掌握数学学科的基本知识；理解自然的基本原则、科学概念和方法及技术产品和技术过程等；理解科学与技术对自然界发展起作用的相关知识	能够运用数学原理和知识解决现实生活和工作中的问题；能运用数学知识进行合理的推理；能使用技术工具与机器；能运用科学数据进行推理和决策；能运用科学思维和技术方法解决问题及进行交流	尊重客观事实；具有推理意识；具有合理评估的意识；具有强烈的好奇心与批判意识；对道德问题有兴趣；具有安全意识及可持续发展意识
数字化能力	了解不同情境中信息技术的属性、功能与使用机会；知道如何使用信息技术；能理解信息的可用性和可靠性	能够搜集信息和处理信息；能批判性地或系统性地使用信息；能使用工具表达复杂的信息；能利用信息技术批判性地思考和创新	能够负责任地使用交互性媒体；愿意与不同文化背景、社会背景的团体或网络团体进行交流
学会学习的能力	了解自己的学习风格；能寻找机会运用不同的方法不断提升自己	具有基本的文字素养、数字素养和 ICT 技能；能够有效地管理自己的学习、工作和生活；能自主控制学习过程；能有效地与其他学习者进行协作学习	具有进行终身学习的动机和信心；具有积极解决问题的态度，以及运用所学知识与已有经验进行学习的意愿
社会与民主能力	理解在不同的社会环境中应注意行为举止的不同；了解多种文化与社会或经济团体的差异；了解民主、正义、公平及公民权利等知识	具有与不同文化背景的人进行友好交流的能力；有效地参与公民活动的能力；对国家发展与国际活动进行批判性和创造性的反思并发表自己看法的能力	有与不同社会、经济和文化背景的人交流的兴趣；能尊重对方；能消除偏见并适当妥协；尊重具有不同价值观、不同宗教信仰及不同伦理道德观的团体
创新能力	能够发现新的机会	具有项目管理技能，有效表达和交流的技能，与人进行合作的技能；能够对人的优点和缺点进行判断	具有创新、独立和积极的特点；具有完成目标的动机与决心
文化意识与表达能力	了解地区、民族及整个欧洲的文化；具备相关文化的基本知识；理解欧洲与世界其他地区的文化与语言差异	具有欣赏及品味艺术作品的能力；能够运用媒体来表达艺术感受；能够在文化活动中辨别发展机会	能够以开放的态度接纳不同的文化；对创造性活动具有积极性；具有提高自己的审美能力的意愿

与 OECD 的核心素养内涵及框架不同，欧盟的核心素养是结果导向的，具体指明了素养的应用领域与情境。而且，该素养框架由学科素养和跨学科素养两部分组成。其中，使用母语交流的能力、使用外语交流的能力、数学技能与基本的科学和技术能力属于学科

素养；数字化能力、学会学习的能力、社会与民主能力、创新能力、文化意识与表达能力属于跨学科素养，这些素养渗透于学科学习和活动过程之中[14]。欧盟的核心素养框架不仅强调学习者需要对传统学科知识形成深度理解，还强调学习者需要具备综合能力，鼓励他们不断学习和适应新挑战，从而提高就业能力和社会参与度。另外，从功能上看，这一框架不仅体现了欧洲的教育特色和发展需求，为新时代的欧洲教育描绘了共同的教育发展愿景；还成为面向未来的具有前瞻性的教育发展战略。欧盟成员国可以依据这一核心素养框架来确立其立足点，制定相应的教育政策，建立配套的教育与培训体系，有针对性地投入教育资源，从而确保学习者能够获得高质量的教育机会，帮助他们培养和发展核心素养，以应对未来社会的挑战。

三、美国的核心素养内涵

为了回应新时代背景下人才培养目标定位的问题，美国教育部门于2002年携手苹果、微软等企业和民间研究机构，创建了“21世纪技能合作伙伴协会（Partnership for 21st Century Skills, P21）”并启动了研究项目，旨在系统地研制适应信息时代和知识经济社会需求，并指导美国教育发展的理论框架。在P21项目中，美国的教育研究者认为，为了更好地适应未来社会，学习者需要具备超越基本的读、写、算等的高级技能，并且能够将知识和技能应用于真实情境。基于这一共识，21世纪技能合作伙伴协会经过多年努力，系统地推出了“21世纪学习框架”，如图1-1所示。基于这一框架，美国教育研究者进行了大量的理论和实践研究。它不仅引领着美国中小学教育实践的开展和实施，还成为引领美国课程体系发展的重要理论和实践基础[14]。

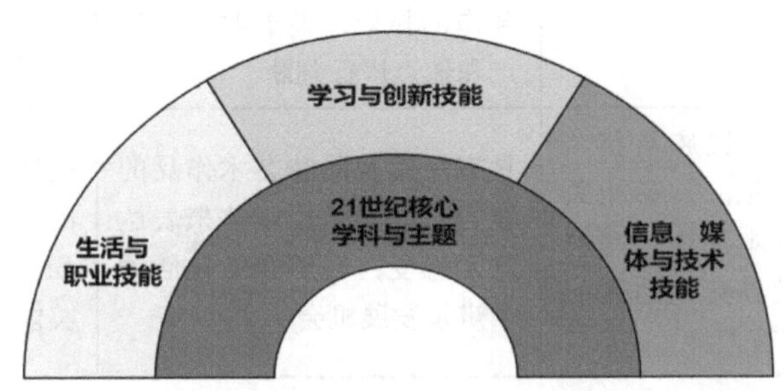

图1-1 美国的“21世纪学习框架”

具体来看，“21世纪学习框架”主要包括两个组成部分：21世纪核心学科与主题、21世纪技能。前者关注学习者知识的习得，后者关注学习者技能的培养。二者相互依赖，彼此交融。这是因为学习者所具备的技能只有与核心学科知识建立联系时，才能产生意义。反之，核心学科知识只有通过21世纪技能而获得时，才能被深入理解[15]。

在“21世纪学习框架”中，核心学科包括英语、阅读、数学、科学、艺术、历史、地理、经济学等。该协会认为，学习者的有效学习必须建立在坚实的学科知识基础之上，而且学科知识并非存储在学习者大脑中的一堆事实，而是指让学习者像学科专家一样思考的学科观念和思维方式。21世纪主题是指包括全球意识、金融、经济、商业、健康素养、环境素养等源自21世纪情境的科学主题。通过学习这些主题，学习者能够更好地理解和解决复杂的个人、社会、经济、职业和全球问题，有效提升跨学科意识，并且增强运用多学科知识解决复杂问题的能力。

另外，21世纪技能主要包括“学习与创新技能”“信息、媒体与技术技能”及“生活与职业技能”三个部分，勾勒出学习者在未来职业发展和个人生活中不可或缺的复合型技能、专业知识和实践能力[16]。

第一，学习与创新技能。这是使学习者在学习和创造性劳动中终身受益的关键技能，主要包括批判性思维与问题解决能力、交流与协作能力、创新与革新能力。首先，批判性思维与问题解决能力主要体现为学习者能够根据形势恰当地运用各种方法进行高效的推理；能够运用系统的思维方法，对信息进行辨别、筛选、深入剖析，从而做出明智的判断和决策；能够综合运用多种手段解决不同类型的新问题，制订并执行合理的问题解决方案。其次，交流与协作能力是指学习者不仅需要掌握清晰而准确地表达、交流想法和观点的能力；还应具备倾听他人意见、协商妥协及在小组环境中协同工作以实现共同目标的能力。最后，创新与革新能力是指学习者不拘泥于既有知识体系，敢于探索未知，发掘自身的创新潜力，从而创造出新颖独特的产品或解决方案，以及创新性地与人分享且能贯彻新措施的能力。

第二，信息、媒体与技术技能。基于计算机和互联网的数字化工具可以为学习者发展思考、学习、交流和创造能力提供技术支撑，但前提是学习者需要具备理解和处理海量信息的能力，以及熟练运用媒体和数字技术手段的技能。因此，在新的时代背景下，培养学习者的信息素养、媒体素养及信息与交流技术素养（ICT素养）变得尤为重要。首先，信息素养是指学习者获取、组织、分析、利用和评估各类信息资源的能力。它要求学习者能够在海量信息中精准访问所需知识，准确而批判性地评估信息，准确而创造性地利用信息，进而有效提升学习效率和决策质量。其次，媒体素养是指学习者对传统的或者新兴的不同媒介形式的理解、分析和创作的能力。它要求学习者理解媒体的社会文化背景，养成辨别媒体信息价值的习惯，同时鼓励他们在多元化的媒体环境中表达自我、传播观念，运用多媒体手段创新性地解决问题。最后，ICT素养是指学习者需要建立将技术作为一种研究、组织、评估和交流信息的工具的意识，并且具备高效地使用技术解决复杂问题的能力。它不仅要求学习者能够合理地运用数字技术、网络工具和社会网络访问、管理、集成、评估和创建信息，从而促进人际间的信息在网络中进行有效传递与共享；还要求能够掌握数字化工具和技术，以便实现快捷、便利的远程交流与合作，实现不同群体之间高效、准确、得体的沟通。

第三，生活与职业技能。面对未来变化的世界，每个人都需要适应复杂多变的工作和生活环境。这就要求学习者不仅需要具备灵活性和适应性，展现出积极主动和自我驱动的精神风貌，以及社交和跨文化交流的技能；还需要表现出良好的生产能力和绩效能力，以及领导力和责任感。其中，灵活性和适应性是指学习者需要具有适应变化，积极面对表扬、挫折和批评的能力，能够理解、协商、平衡各种意见和想法，使问题得以切实解决。积极主动和自我驱动的精神风貌是指学习者能够有效地管理时间和任务，独立工作，并且能够控制和把握学习过程。社交和跨文化交流能力是指学习者能够有效、成熟地与他人交流，并在多样化的小组中高效地工作。生产能力和绩效能力是指学习者能够高效地管理项目，并且取得丰富的成果。领导力和责任感是指学习者能够利用人际交往技能和问题解决技能指导和领导他人，与他人共同实现目标，并且能够对他人负责，充分考虑集体利益。

与OECD和欧盟的核心素养框架相比，美国的“21世纪学习框架”有所不同。OECD和欧盟的核心素养框架有助于国家和地区进行教育改革的宏观规划与决策，而“21世纪学习框架”则更有助于指导地区和学校开展课程与教学改革[14]。依据这一框架，教育部门或学校能够更加科学合理地建构课程体系、创新教学策略，并评价学习者的学业进展与技能习得情况。简而言之，“21世纪学习框架”不仅是对美国未来人才需求的有效回应，更是对教育转型与人才培养模式革新的有力指引。

四、中国的核心素养内涵

面对新时代背景下社会发展对人才培养提出的新需求，我国教育研究者同样对新时代背景下“培养什么样的人才”这一关键议题进行了深刻的思考与前瞻性的布局。早在20世纪末至21世纪初，我国便开始逐步探索并建构适应21世纪社会进步所需的核心素养体系。2006年，我国启动了新一轮基础教育课程改革，并在此过程中不断深化对核心素养内涵的认识。2014 年，教育部印发了《关于全面深化课程改革 落实立德树人根本任务的意见》，明确提出了研究并制订学习者核心素养及其体系的目标。该文件强调教育研究者需要明确学习者应具备的适应终身发展和社会发展需要的必备品格和关键能力[17]。

在 2016 年，经过广泛的调研和专家研讨，北京师范大学核心素养研究课题组发布了《中国学生发展核心素养》总体框架，为我国教育改革和发展提供了重要指导[18]。该框架以科学性、时代性和民族性为基本原则，以培养全面发展的人为核心，确立了中国学生核心素养的基本框架结构。该框架把学生核心素养划分为文化基础、自主发展、社会参与三个方面，综合表现为人文底蕴、科学精神、学会学习、健康生活、责任担当、实践创新六大素养，具体细化为人文积淀等十八个基本要点，如表 1-3 所示。我国学生发展核心素养框架不仅呼应了新时代经济社会发展对人才培养的新要求，还彰显了我国对落实社会主义核心价值观及中华优秀传统文化的传承与发扬的高度重视。

表 1-3 《中国学生发展核心素养》框架及详细说明

<table>
<tr><th colspan="2">核心素养</th><th>基本要点</th><th>主要表现的相关描述</th></tr>
<tr><td rowspan="6">文化基础</td><td rowspan="3">人文底蕴</td><td>人文积淀</td><td>具有古今中外人文领域基本知识和成果的积累；能理解和掌握人文思想中所蕴含的认知方法和实践方法等</td></tr>
<tr><td>人文情怀</td><td>具有以人为本的意识，尊重、维护人的尊严和价值；能关切人的生存、发展和幸福等</td></tr>
<tr><td>审美情趣</td><td>具有艺术知识、技能与方法的积累；能理解和尊重文化艺术的多样性，具有发现、感知、欣赏、评价美的意识和基本能力；具有健康的审美价值取向；具有艺术表达和创意表现的兴趣和意识，能在生活中拓展和升华美等</td></tr>
<tr><td rowspan="3">科学精神</td><td>理性思维</td><td>崇尚真知，能理解和掌握基本的科学原理和方法；尊重事实和证据，有实证意识和严谨的求知态度；逻辑清晰，能运用科学的思维方式认识事物、指导行为等</td></tr>
<tr><td>批判质疑</td><td>具有问题意识；能独立思考、独立判断；思维缜密，能多角度、辩证地分析问题，做出选择和决定等</td></tr>
<tr><td>勇于探究</td><td>具有好奇心和想象力；能不畏困难，有坚持不懈的探索精神，能大胆尝试，积极寻求有效的问题解决方法等</td></tr>
<tr><td rowspan="2">自主发展</td><td rowspan="2">学会学习</td><td>乐学善学</td><td>能正确认识和理解学习的价值，具有积极的学习态度和浓厚的学习兴趣；能养成良好的学习习惯，掌握适合自身的学习方法；能自主学习，具有终身学习的意识和能力等</td></tr>
<tr><td>勤于反思</td><td>具有对自己的学习状态进行审视的意识和习惯，善于总结经验；能够根据不同情境和自身实际情况，选择或调整学习策略和方法等</td></tr>
</table>

续表

核心素养		基本要点	主要表现的相关描述
自主发展	学会学习	信息意识	能自觉、有效地获取、评估、鉴别、使用信息；具有数字化生存能力，主动适应“互联网 +”等社会信息化发展趋势，具有网络伦理道德与信息安全意识等
	健康生活	珍爱生命	理解生命意义和人生价值；具有安全意识与自我保护能力；掌握适合自身的运动方法和技能，养成健康文明的行为习惯和生活方式等
		健全人格	具有积极的心理品质，自信自爱，坚韧乐观，有自制力，能调节和管理自己的情绪，具有抗挫折能力等
		自我管理	能正确认识与评估自我；依据自身个性和潜质选择适合的发展方向；合理分配和使用时间与精力；具有达成目标的持续行动力等
社会参与	责任担当	社会责任	自尊自律，文明礼貌，诚信友善，宽和待人；孝亲敬长，有感恩之心；热心公益和志愿服务，敬业奉献，具有团队意识和互助精神；能主动作为，履职尽责，对自我和他人负责；能够明辨是非，具有规则与法治意识，积极履行公民义务，理性行使公民权利；崇尚自由平等，能维护社会公平正义；热爱并尊重自然，具有绿色生活习惯和可持续发展理念及行动等
		国家认同	具有国家意识，了解国情历史，认同国民身份，能自觉捍卫国家主权、尊严和利益；具有文化自信，尊重中华民族的优秀文明成果，能传播弘扬中华优秀传统文化和社会主义先进文化；了解中国共产党的历史和光荣传统，具有热爱党、拥护党的意识和行动；理解、接受并自觉践行社会主义核心价值观，具有中国特色社会主义共同理想，有为实现中华民族伟大复兴中国梦而不懈奋斗的信念和行动
		国际理解	具有全球意识和开放的心态，了解人类文明进程和世界发展动态；能尊重世界多元文化的多样性和差异性，积极参与跨文化交流；关注人类面临的全球性挑战，理解人类命运共同体的内涵与价值等
	实践创新	劳动意识	尊重劳动，具有积极的劳动态度和良好的劳动习惯；具有动手操作能力，掌握一定的劳动技能；在主动参加的家务劳动、生产劳动、公益活动和社会实践中，具有改进和创新劳动方式、提高劳动效率的意识；具有通过诚实、合法劳动创造成功生活的意识和行动等
		问题解决	善于发现问题和提出问题，有解决问题的兴趣和热情；能依据特定情境和具体条件，创新地选择或制订合理的解决方案；具有在复杂环境中行动的能力等
		技术应用	理解技术与人类文明的有机联系，具有学习与掌握技术的兴趣和意愿；具有工程思维，能将创意和方案转化为有形物品或对已有物品进行改进与优化等

在文化基础方面，人文底蕴这一核心素养强调学习者在文学、历史、哲学、艺术等人文领域的积淀，旨在培养学习者的审美情趣、价值观念、人文关怀和良好的道德品质，使他们能够传承中华优秀传统文化，理解和尊重多元文化，具备文化底蕴深厚的全球视野。科学精神这一核心素养则强调培养学习者的科学知识、科学方法和科学态度，鼓励学习者追求真理、崇尚理性、勇于探索未知，具备严谨求实的科研态度，掌握科学思维方法，善于运用科学技术解决问题，推动科技创新和社会进步。

在自主发展方面，学会学习这一核心素养引导学习者形成有效的学习策略和习惯，具备独立思考能力、批判性思维和创新能力，能够自我管理学习进程，适应不同情境下的学习需求，持续进行自我完善和终身学习。健康生活这一核心素养强调学习者身心健康的协调发展，不仅包括身体健康、体育锻炼，还包括心理健康、情绪调控、人际交往、安全意识等方面，培养学习者良好的生活习惯和健全的人格，促进学习者实现个人全面和谐发展。

在社会参与方面，责任担当这一核心素养旨在培育学习者树立正确的世界观、人生观和价值观，增强国家认同感、社会责任感和公民意识，使其能够在家庭、学校、社区乃至更大范围的社会活动中积极履行职责，关心他人、关爱社会，积极参与公共事务和服务活动。实践创新这一核心素养鼓励学习者通过实践活动锻炼，增强解决实际问题的能力，培养创新意识和创业精神，能够在社会实践和劳动实践中发挥创造性。

我国的核心素养框架不仅是一个紧贴时代脉搏的教育革新理念，而且是一个着眼于长远、全方位提升公民素质的教育规划。我们希望基于这一框架，打造一种全新的教育生态，以期在知识经济时代背景下，培养更多能引领未来、服务社会的高素质复合型人才。站在教育宏观布局的高度来看，核心素养框架为我国未来教育的发展指明了方向，擘画了教育事业转型与升级的战略蓝图。对于教师而言，核心素养框架赋予了教育工作者全新的教育期待与使命。它要求教师着力培养学习者的基础品格与关键能力，确保学习者在文化积累、自主学习、社会适应等六大核心素养方面都能得到全面而个性化的成长。对于学习者而言，核心素养框架不仅为他们的学习生涯注入了崭新的活力与动力，还倡导他们在获取知识的同时，着重发展跨学科技能、批判性思维、身心健康，提升责任感与创新意识，促使他们在全面发展的过程中不断挖掘潜能、拓宽视野、提升境界。综上所述，我国的核心素养框架充分反映了时代特征和未来社会对人才素质的期许，意在引领教育实践从简单的知识技能传授转向全面的综合素质培养，最终培育出既能适应快速变化的世界又能积极推动社会进步的优秀公民。

五、小结

通过系统梳理和对比分析 OECD、欧盟、美国和我国的核心素养框架，我们可以发现，不同国家和地区的教育研究者结合所处的社会经济文化背景和秉持的教育发展理念，提出了具有不同内涵的核心素养框架。然而，这些框架均透露出相同的发展诉求：为了培养面向未来的优秀人才，我们需要培养具有综合能力的学习者。具体地，OECD 的核心素养框架包含使用交互性工具的能力、与不同群体学习者交互的能力、自主行动的能力三大维度。这一框架注重培养学习者的跨学科能力、问题解决能力、创新思维、信息与通信技术能力，以及公民参与和社会交往能力，以成功适应全球化社会并做出贡献。欧盟提出的关键能力框架强调八大基本要素，包括使用母语交流的能力、使用外语交流的能力、数学技能与基本的科学和技术能力、数字化能力、学会学习的能力、社会与民主能力、创新能力、文化意识与表达能力。该框架强调多元文化和终身学习的重要性，旨在培养开放、包容、有竞争力且可持续发展的公民。美国的“21 世纪学习框架”包含 21 世纪核心学科与主题，学习与创新技能，信息、媒体与技术技能，生活与职业技能四个方面。这一框架强调学科知识与能力发展的互动关系，注重发展学习者的个性化学习和创新能力。我国的核心素养框架包含文化基础、自主发展、社会参与三个方面，以及人文底蕴、科学精神、学会学习、健康生活、责任担当、实践创新六大素养。该框架强调在培养学习者的核心素养时，需要引导他们传承中华优秀传统文化，践行社会主义核心价值观，以及发展全球视野和终身学习能力。无论是 OECD、欧盟、美国，还是我国的核心素养框架，均强调培养学习者的综合能力，如技术使用能力、问题解决能力、协作交流能力、创新能力、自主发展能力及公民道德和社会责任感等。

核心素养框架的提出，体现了全球教育研究者对适应 21 世纪社会发展所需人才的更高期待，同时为教育实践者实施教学活动提出了更高的目标要求。这对我们开展面向未来的教学实践提供了重要启示。从教师教学的角度看，基于核心素养的育人目标要求教师在教学中培养学习者的综合能力，从而服务于 21 世纪优秀人才培养的目标。为了实现这一目标，教师不仅需要创新教学设计理念，还需要升级和创新教学模式，为学习者设计具有启发性、高质量和趣味性的深度学习体验，引导学习者在学习过程中有效达成核心素养。

总的来说，核心素养的提出不仅是对教育教学目标的深化，更是对教师的教学使命和职责的重新定义。只有当教师主动顺应核心素养导向的人才培养目标与教育发展理念，并以此为重点重塑教学模式，才能培养出兼具深厚知识、卓越能力和高尚品格的新型人才。在这一背景下，教师如何创新教学模式，为学习者设计具有启发性、高质量和趣味性的深度学习体验，从而在教育实践中落实培养学习者核心素养的育人目标，成为当前亟需解决的重要问题。

参考文献

[1] 卢金 . 智能学习的未来 [M]. 杭州：浙江教育出版社，2020.

[2] 王同聚 . 虚拟和增强现实（VR/AR）技术在教学中的应用与前景展望 [J]. 数字教育，2017，3（1）：1-10.

[3] PRENSKY M. Digital natives, digital immigrants part 1[J]. On the Horizon, 2001, 9(5): 1-6.

[4] 顾小清，林仕丽，汪月 . 理解与应对：千禧年学习者的数字土著特征及其学习技术吁求 [J]. 现代远程教育研究，2012，1：23-29.

[5] CARR N. What the Internet is doing to our brains[M]. New York: WW Norton & Company, 2010.

[6] SHANMUGASUNDARAM M, TAMILARASU A. The impact of digital technology, social media, and artificial intelligence on cognitive functions: A review[J]. Frontiers in Cognition, 2023, 1-11.

[7] GREEN C S, BAVELIER D. Action video game modifies visual selective attention[J]. Nature, 2003, 423(6939): 534-537.

[8] OPHIR E, NASS C, WAGNER A D. Cognitive control in media multitaskers[J]. Proceedings of the National Academy of Sciences, 2009, 106(37): 15583-15587.

[9] RYCHEN D S, SALGANIK L H. Definition and Selection of Competencies (DESECO): Theoretical and conceptual foundations. Strategy paper[R/OL]. (2002-10-07)[2024-09-08]. https://www.deseco.ch/bfs/deseco/en/index/02.parsys.34116.downloadList.87902.DownloadFile.tmp/oecddesecostrategypaperdeelsaedcericd20029.pdf.

[10] OECD. The definition and selection of key competences: Executive summary[R/OL]. (2005-05-27)[2024-09-08]. https://www.deseco.ch/bfs/deseco/en/index/02.parsys.43469.downloadList.2296.DownloadFile.tmp/2005.dskcexecutivesummary.en.pdf.

[11] 师曼，刘晟，刘霞，等 . 21 世纪核心素养的框架及要素研究 [J]. 华东师范大学学报（教育科学版），2016，34（3）：29-37+115.

[12] 褚宏启 . 核心素养的概念与本质 [J]. 华东师范大学学报（教育科学版），2016，34（1）：1-3.

[13] European Commission. Key competences for lifelong learning: European reference framework[EB/OL]. (2006-12-18)[2024-09-08]. https://www.britishcouncil.org/sites/default/files/youth-in-action-keycomp-en.pdf.

[14] 张华 . 论核心素养的内涵 [J]. 全球教育展望，2016，45（4）：10-24.

[15] BRUNER J S, CULTURE T. The intellectual and policy foundations of the 21st century skills framework[R/OL]. (2007-10-14) [2024-09-08]. http://classtap.pbworks.com/f/21st+Cenutry+Skills+Policy+Framework.pdf.

[16] 伯尼·特里林 . 21 世纪技能：为我们所生存的时代而学习 [M]. 洪友，译 . 天津：天津社会科学院出版社，2011.

[17] 教育部 . 教育部关于全面深化课程改革落实立德树人根本任务的意见 [EB/OL]. (2014-04-08) [2024-08-01]. http://www.moe.gov.cn/srcsite/A26/jcj_kcjcgh/201404/t20140408_167226.html.

[18] 核心素养研究课题组 . 中国学生发展核心素养 [J]. 中国教育学刊，2016，（10）：1-3.

第二章　指向核心素养的创新学习模式：协作问题解决学习

从教学角度看，核心素养为教师教学树立了一个高要求的牵引性教学目标。它要求教师创新学习者的学习模式，突破传统知识传授式的浅层教学，为学习者设计具有启发性和趣味性的高质量深度学习体验，助力学习者核心素养的培养与发展。学习科学研究领域的大量研究表明，协作问题解决学习是培养学习者核心素养的重要方式。以协作的方式组织和引导学习者解决复杂问题，不仅能使学习者对知识形成深度理解，掌握有效思考、表达、与人协商等重要技能；还能培养学习者的高阶能力，如问题解决能力、批判性思维、自主学习能力等。在本章中，我们将重点介绍协作问题解决学习的内涵和特点，论述协作问题解决学习这一创新学习模式在促进学习者核心素养方面的教育价值，为教师开展指向核心素养的学习设计提供有力抓手。

第一节　协作问题解决学习的内涵

通过对学习本质规律的研究，学习科学领域研究者达成共识：学习是一个复杂的建构过程。它不仅体现在学习者大脑的认知发展过程中，也发生在特定历史文化情境的社会性交互过程中[1]。因此，在结合认知建构主义学习理论和社会建构主义学习理论对学习本质进行哲学阐释的基础上，协作问题解决学习这一创新的学习模式受到了教育研究者和实践者的广泛关注[2]。在本节中，我们在阐述基于问题解决的学习和协作学习基本内涵的基础上，解释协作问题解决学习的内涵，带领大家深入理解协作问题解决学习的独特性。

一、基于问题解决的学习

作为认知建构主义学习理论下的一种创新学习模式，基于问题解决的学习是把学习者的学习置于复杂的、有意义的问题情境中，让学习者在解决真实问题的过程中建构隐含于问题背后的知识，并且形成问题解决能力的学习方式[3]。这种学习方式以复杂的、有意义的问题作为刺激，鼓励学习者在问题情境中主动学习，通过解决问题获取知识并获得迁移性问题解决技能。

在传统的教学中，教师通常采用直接讲授的方式向学习者传授知识，并设定结构良好、答案明确的问题以检验学习者的掌握情况。这种教学方式容易导致学习者养成机械性记忆和被动接受知识的习惯，难以培养他们在复杂情境中灵活运用知识的能力，从而限制他们的终身学习与全面发展[4]。针对这一局限，美国教育思想家约翰·杜威强调，教育应顺应学习者的兴趣与经历，通过体验和实践来驱动学习者的学习和发展。他还指出，真正的学习应让学习者置身于真实世界的问题解决过程中，通过解构问题、应用知识、磨砺技能和启发思维等实践方式得以实现。继杜威的理念之后，以让·皮亚杰的认知发展理论及大卫·奥苏伯尔的认知同化理论为基础，教育研究者进一步提炼出了以学习者为中心的创新学习模式——基于问题解决的学习。在 19 世纪 60 年代，基于问题解决的学习在高等医学教育中迅速崛起，逐渐扩散至高等教育的其他专业教学场景中，后来又渗透至基础教育阶段的中小学课堂。至今，基于问题解决的学习已在世界各地、各级各类教育阶段及不同学科的教学实践中得到了广泛应用与深度研究。

在基于问题解决的学习中，学习者通常面对的是非结构化问题或开放性问题。他们需要在外界的引导和支持下，以问题解决者的角色出现，在自主、协作、探究等实践过程中，运用所学知识理解、剖析和解决相应的问题，并发展自我的认知和能力。与其他学习方式相比，基于问题解决的学习具有问题导向性、情境性与实践性等特征。第一，问题导向性。它是基于问题解决学习的核心特征。在基于问题解决的学习过程中，学习者需要解决的问题通常具有一定的复杂性和挑战性，能够激发他们的好奇心和探究欲望。这些问题不仅是引导学习者开启学习旅程的起点，也是引导学习者围绕问题展开探索和研究的重要抓手[5]。在解决复杂的问题时，学习者需要主动分析问题的各个方面，提出假设，搜集相关信息，并不断反思和调整自己的思考方向。第二，情境性。情境性意味着学习者不再仅仅学习和理解抽象的理论和孤立的知识点，而需要参与到具体且真实的问题情境中，进行思考和探索，并应用知识解决真实问题[6]。在这样的情境中，问题与学习者的生活经验、社会背景和已有知识紧密相连。这种联系不仅能激发学习者的内在动机，还能使学习者更容易理解问题的复杂性和多维性，从而推动学习者积极运用已有的知识、技能及经验进行推理和探索。第三，实践性。在解决复杂问题的过程中，学习者需要对相关信息进行整合、重组和领悟，在运用知识的实践过程中扩展和丰富知识结构，并通过不断地实践和探索来寻求和检验问题解决方法[7]。

与机械记忆和被动接受的学习方式相比，基于问题解决的学习是一个主动建构、探索和创新的学习过程。在特定的问题情境中，当学习者的知识被激活并应用于解决新问题时，便会有较大概率触发学习者高阶的认知加工过程。这不仅有助于学习者在深度学习的过程中有效地建构知识，还能培养学习者的综合能力。第一，基于问题解决的学习有助于促进学习者的深度理解。基于问题解决的学习中的问题通常围绕现实生活的情境，一般具有挑战性和吸引力，能够激发学习者的好奇心和探索欲。在解决问题的过程中，学习者更容易主动思考，积极参与讨论、合作和实验等实践活动，保持敏锐性，运用批判性思维来解决复杂问题。这种高度的学习投入能促进学习者获得深层次的学习体验，加深他们对知识的理解[8]。第二，基于问题解决的学习有助于学习者发展可迁移的技能。在基于问题解决的学习过程中，学习者的思维与理解和现实世界的问题情境是紧密联系且相似的。因此，学习者能够在解决问题的过程中深刻理解这些知识在现实世界中的用途，并且拥有在现实世界中运用这些知识的体验。这样，在后续遇到新的问题时，学习者能够更好地明确何时运用这方面知识解决类似的问题[9]。第三，基于问题解决的学习有助于促进学习者的自主学习。在解决复杂问题时，学习者需要发挥主观能动性，规划学习路径和搜集相关信息，并寻求解决问题的方法和途径[10]。这有助于培养学习者独立思考和自我驱动学习的能力。

二、协作学习

以维果茨基为代表的社会建构主义学习理论强调，学习是个体在特定社会历史文化情境下，通过进行社会性交互而建构知识的过程[11][12]。第一，个体的学习发生在一定的社会历史文化情境之中。社会历史文化情境中的历史文化特质、社会期望及同伴行为等会影响个体的期望或行动的方向。第二，个体的认知是个体在与同伴进行社会性交互的过程中得以发展的。知识并非静止地存在于个体内部，而是学习者在与同伴进行分享、争论与辩证交流的过程中逐渐建构而成的。第三，社会中介物会影响与塑造学习者的认知发展过程。如语言、符号、技术和学习环境等介质，在个体与外界进行的社会交互中充当桥梁，影响并塑造个体对世界的体验和理解。因此，作为社会建构主义学习理念的重要学习方式，协作学习是指学习者在特定的社会历史文化情境中与同伴进行社会性交互，从而建构和发展认知的学习过程。在协作学习中，为了共同解决某一问题，学习者之间不仅会相互提供信息、线索；还会通过解释、质疑、反思和重构他人的观点来丰富自己的认知结构。这些社会性交互的过程不仅有助于加深学习者对某一知识的深度理解，还有助于扩展学习者的认知边界，带动学习者认知的高效发展。

与其他学习方式相比，协作学习具有以下三个特点[13]。第一，协作学习强调学习者之间协作知识的建构。不同于传统的个体学习，协作学习强调学习者通过共同的努力，在彼此贡献的基础上进行知识的共享和集体智慧的融合，而且，每位成员的观点和见解都能为小组最终建构的知识体系做出独特贡献。这种协作互动和交流的过程不仅可以加深个体对知识的理解，还能促进新知识的生成。第二，协作学习强调通过对话来融合不同的思想和观点。在协作学习过程中，学习者可以通过彼此的讨论、争论和澄清来深化对知识的理解，并且通过彼此间的观点碰撞与相互启发，增强对学习内容的多角度把握。这种多角度的讨论不仅能够帮助学习者全面地理解问题，还能够激发学习者的创造性思维，促使他们从新的视角审视和整合已有的知识。第三，协作学习强调学习者之间群体认知的共建与发展。在协作学习过程中，学习者的知识和理解不仅仅形成在个体的头脑中，而且在群体互动的基础上动态产生和发展。通过多维度的交流，学习者能够在共同话题上建立起共享意义，从而增强团队的凝聚力和合作效果。另外，在群体讨论和合作的过程中，个体之间的相互影响和反馈能够促进更深层次的认知。这种群体认知的过程能够催生出新的见解和解决方案，从而提升整体学习效果。

作为一种创新的学习模式，协作学习在促进学习者的情感发展，认知能力和社会性交互技能提升等方面具有诸多优势。第一，协作学习能够激发学习者高阶的认知活动。在协作过程中，学习者不仅仅简单地分享信息，而需要通过对话和交流，共同探索问题解决方案。因此，学习者能够参与到更高阶的认知活动中，帮助学习者发展更深层次的理解[14]。第二，协作学习能够促进学习者积极情感的发展。通过小组协作完成任务，学习者不仅能够体验到达成学业目标的成就感，还能在同伴间建立信任和支持。这使得学习者更易体验到高兴、希望等积极情感，并在学习过程中培养出积极的学习态度和动力[15]。第三，协作学习能够增强学习者的社会性交互技能。在协作学习中，为了达到共同的学习目标，学习者需要相互熟悉并建立信任关系，正确地进行沟通以避免歧义，互相包容和支持，并且能够建设性地解决冲突。相较于个体自主学习，学习者能在协作学习中进行更加开放和高效的沟通。这有助于个体掌握有效交流与沟通的方法，以及解决冲突的技巧[16]。

三、协作问题解决学习

作为融合认知建构主义学习理论与社会建构主义学习理论的创新性学习模式，协作问题解决学习是指学习者在特定的问题情境中，与同伴进行社会性交互，在共同解决问题的过程中建构知识，并促进认知发展的学习方式。这种方式全面地回应了学习科学研究者对学习本质规律进行理论阐述的期待。不仅能够体现认知建构主义强调学习者主动建构认知结构的基本理念，还能够体现社会建构主义关注社会性交互对学习者认知发展重要性的核心思想。

目前，教育领域的研究者和团队从不同视角围绕协作问题解决学习开展了深入的研究。国际学生评估项目（Program for International student Assessment, PISA）认为：协作问题解决是个体与两个或多个成员或者计算机代理通过共享信息、沟通交流以达成解决方案所需的理解和努力，并汇集知识、技能和努力以实现该解决方案，尝试解决问题的过程[17]。21 世纪技能评价与教学项目（Assessment and Teaching of 21st Century Skills Project, ATC21S）认为：协作解决问题是一种联合性的活动，其中，至少两人或一组参与者遵循一系列的问题解决过程和步骤，共同将问题的当前状态转变为期望状态的学习过程[18]。

虽然学术界对协作问题解决学习尚未形成统一的定义，但是，研究者对其基本内涵普遍达成了共识。协作问题解决学习是一个多层次的复杂学习过程，涵盖学习者的认知和社会性交互这两个密切交织的维度[19]。从认知维度看，学习者在协作问题解决学习中需要共同地经历发现与确认问题、表征问题、寻找解决方案、实施策略并行动、评估与反思等认知环节，从而使问题得到有效解决。从社会性交互维度看，为了共同解决某一问题，学习者之间需要充分发挥各自的专长和优势，在共同解决问题的过程中进行信息共享、交流和意义协商。而且，在协作问题解决学习中，学习者的认知是在解决问题过程和群体社会性交互过程的相互作用下得以发展的。一方面，学习者基于问题解决的认知发展并行地发生在小组成员社会性交互的过程中。另一方面，小组成员社会性交互过程作为一个主要因素，影响学习者基于问题解决的认知发展进程。通过认知和社会性交互双重维度的有机融合，学习者的学习不再孤立地发生于个体内部，而是借助集体智慧的力量，在小组成员之间持续协商与共创问题解决方案的过程中实现自我发展。

作为一种高效的创新性学习模式，协作问题解决学习能够汇聚多种知识和观点，通过互动激发学习者的创意，最终实现更为全面和创新性的解决方案。第一，协作问题解决学习有利于提高小组效率。协作问题解决学习为小组提供了一种全新的效率提升机制。当小组成员协同面对待解决的问题时，他们不仅能够分担任务压力，还可以通过资源共享和专业互补加速问题解决的进程。这种集体智慧的力量通常能超越个体的能力，使小组能够更高效地完成工作。第二，协作问题解决学习有利于促进创新思维的涌现。协作问题解决学习是激发创新思维的引擎。小组成员在协作过程中，通过与他人的交流和讨论，不仅可以获得不同的观点，还能受到他人思维的启发，从而激发出新的想法。这种互动往往能打破思维定式，使小组在不断地反馈和修正中找到更具创造性的解决方案。第三，协作问题解决学习有利于汇聚多种知识和观点。协作问题解决学习为汇聚各种知识和观点提供了广阔的平台。当不同背景的小组成员协同参与到解决问题的过程中时，他们不同的视角和思维方式可以碰撞出新的创意。通过集思广益，小组能够从多角度分析问题，提出更为全面和创新的解决方案。这种多样化的思考方式不仅能解决当前的问题，还能为未来类似问题的处理积累宝贵经验。

第二节　协作问题解决学习的特点

协作问题解决学习是一种创新学习方式，其要求学习者以协作的方式解决问题，从而促进学习者的认知发展。为了使学习者对协作问题解决学习形成概念化的理解，学习科学领域的研究者从不同角度出发，形成了相应的解释性框架。在本节中，我们主要从过程阶段和活动功能两个角度介绍协作问题解决学习的特点，帮助大家对协作问题解决学习形成深度认知。

一、从过程阶段角度理解协作问题解决学习的特点

协作问题解决学习与其他学习方式一样，具有阶段性的特点。它是多个学习者共同面对复杂问题，通过互动与协作的方式推进问题解决的学习过程。因此，从过程阶段角度剖析协作问题解决学习的特点，不仅可以帮助我们有效把握其特点，还可以为我们优化协作问题解决学习的设计提供有力依据。通过文献梳理发现，大多数研究者从以问题解决为主线的单维度，或者从问题解决与协作交叉的双维度剖析协作问题解决学习的特点。

1. 以问题解决为主线的单维度理解协作问题解决学习的特点

虽然问题解决是一个复杂的认知过程，但是，认知心理学家认为，个体的问题解决过

程主要包括识别、表征、规划、执行和监测五个关键环节[20]。因此，从问题解决认知过程的角度出发，墨尔本大学的 Griffin 和 Care 教授对协作环境下学习者有效地识别、表征、规划、执行和监测问题解决的认知过程进行了系统性解析，提出了描述协作问题解决学习的流程性框架[18]。

他们认为，第一，在协作问题解决的问题识别阶段，学习者之间需要通过一定的交流与讨论，明确识别待解决的问题或挑战，辨识问题空间及其构成要素，并向同伴清晰传达对当前问题状态与期望状态之间差距的理解。第二，在协作问题解决的问题表征阶段，小组成员需要建构一种对问题解决的共同理解。这意味着每个小组成员不仅要形成自己对问题的理解（即个体表征），还要通过沟通、讨论与协商，确保这些个体表征在小组内部达到一定程度的共识，形成一个集体认可的、能够指导小组协作问题解决的共享认知模型（即共享表征）。这种共享表征有助于确保小组成员对问题本质、关键因素、目标状态及解决路径产生共识，从而提高协作效率与问题解决质量。第三，在协作问题解决的方案规划阶段，小组成员之间需要共享信息和认知资源，识别与调控小组讨论的进程，从而共同制订达成目标状态的行动计划。第四，在协作问题解决的执行阶段，小组成员需要共同实施前期形成的规划。一般来说，由于小组成员能力与知识背景的差异，加之对任务动机及问题情境理解存在不一致性，小组实际表现可能会低于理想预期。这就需要小组成员同步协调工作。第五，在协作问题解决的监测阶段，小组成员必须对整个协作活动进行持续监测，以评估进度、调整策略，必要时重新规划行动路径。

总的来看，Griffin 与 Care 教授提出的协作问题解决学习流程框架从问题识别到进程监测的各个关键环节，系统地勾勒出了协作问题解决学习在不同阶段的特点。这一框架强调有效沟通、共享表征、合理规划、协调执行及动态监测在协作问题解决学习中的核心作用，为我们理解和指导此类情境下的教学实践提供了有力参考。

2. 从问题解决和协作交叉的双维度理解协作问题解决学习的特点

为了对协作问题解决学习进行细致化理解，PISA 项目在发布的协作问题解决学习研究报告中将个体问题解决的四个认知过程（探索和理解、表征和系统化、计划和执行、监控和反思）与群体协作的三个核心要素（建立并维持共同理解、采取恰当的行动解决问题、建立和维持小组组织形式）进行了交叉，最终构建了 4×3 形式的矩阵，如表 2-1 所示。

表 2-1 PISA 项目中协作问题解决的构成要素

	建立并维持共同理解	采取恰当的行动解决问题	建立和维持小组组织形式
探究和理解	发现成员的观点和能力	发现协作问题解决的任务类型和目标	理解成员角色
表征和系统化	建立共同表征，并商讨问题含义	鉴别和描述任务	描述角色和小组组织形式
计划和执行	与成员交流未来或当下活动	制订计划	遵守团队规则
监控和反思	监控和修复共识	监控行为结果和评估问题解决是否成功	监控、反思适合小组的组织形式和成员角色

从个体问题解决的过程看，协作问题解决学习包括探究和理解、表征和系统化、计划和执行、监控和反思四个过程性阶段。在探究和理解阶段，学习者需要有效地参与到高质量的问题解决活动中，通过主动探索、质疑和交流，对问题形成深层次的认识和理解。在表征和系统化阶段，学习者需要借助不同形式（如语言、图像、模型等）对复杂问题进行有效的表达和重构，形成对问题结构化的认识，并建立起对相关元素之间逻辑关联的认知。在计划和执行阶段，学习者需要对复杂问题进行讨论和协商，从而确定解决方案，并能合理安排步骤，预测可能的结果及调整方案，以适应实际情况的变化。在监控和反思阶段，学习者需要在协作问题解决的过程中持续监测小组的活动进程、自我及他人的行为表现，并能对整个协作过程及结果进行深度思考与评价。

从群体协作的过程角度看，协作问题解决学习包括建立并维持共同理解、采取恰当的行动解决问题、建立和维持小组组织形式三个关键环节。在建立并维持共同理解环节，小组成员不仅需要理解问题本身的内容和性质，还需要理解彼此的观点和知识结构及小组整体的目标与任务要求。在采取恰当的行动解决问题环节，小组成员需要根据所建立的共同理解，结合各自的专长与资源，协同设计并实施适合于问题情境的有效解决方案。在建立和维持小组组织形式环节，小组成员需要明确角色分配、责任边界和沟通机制，建立一种有利于协作、创新和冲突管理的小组文化及运行规则。

另外，该框架指出，为了更好地建立并保持共同理解，学习者需要在协作中鉴别其他成员的观点，并针对当前问题状态和解决问题的行为建立共同表征，具体包括发现小组成员的观点和能力、建立共同表征并商讨问题含义、与成员交流未来或当下活动、监控和修复共识。为了更好地采取恰当行动解决问题，学习者需要发现协作问题解决任务的具体类型与目标、鉴别和描述任务、制订计划进而监控行为结果，以及评估问题解决是否成功。

为了更好地建立和维护小组组织，学习者需要具备建立清晰的角色定位、明确各自的责任和期望、建立有效的沟通渠道和决策机制的能力。具体来说，学习者需要基于背景知识来理解自身和他人的成员角色、描述角色和小组组织形式、遵循团队规则并监控、反思适合小组组织形式的成员角色。

这一框架主要从个体问题解决和群体协作两个角度将学习者在协作问题解决学习不同阶段的认知表现概念化，更加立体且全面地描述了协作问题解决学习的特点。

二、从活动功能角度理解协作问题解决学习的特点

维果茨基提出的社会文化理论强调，活动是学习者与他人协作和交流的实践方式，是学习者利用诸如语言、符号等文化工具来促进其认知发展的重要载体。在完成活动的过程中，学习者可以将新信息与已有知识体系联结，形成更为深刻和有意义的理解。而且，在面对活动中的挑战和问题时，学习者会被驱动着反思自己的思维过程，并进行元认知调节，从而进一步促进其认知能力的发展。由于学习者完成的活动与其认知发展密切相关，所以，学习科学研究者从活动功能的角度剖析协作问题解决学习的特点。通过文献梳理可知，大多数研究者从活动功能的单一角度，以及活动对象与功能的双维角度理解协作问题解决学习的特点。

1. 从活动功能的单一角度理解协作问题解决学习的特点

在协作问题解决的过程中，学习者会参与到不同类型的活动中。这些活动不仅在形式上多样，而且在功能上也各有特点。从社会性交互活动对学习者认知发展的贡献程度的角度看，法国国家科学研究中心和巴黎大学的迈克尔·贝克（Michael Baker）教授对学习者在协作论证性问题解决过程中的话语进行了大量的系统分析，最终将学习者在协作问题解决学习中经历的学习活动划分为以下 7 种类型，如图 2-1 所示[21]。

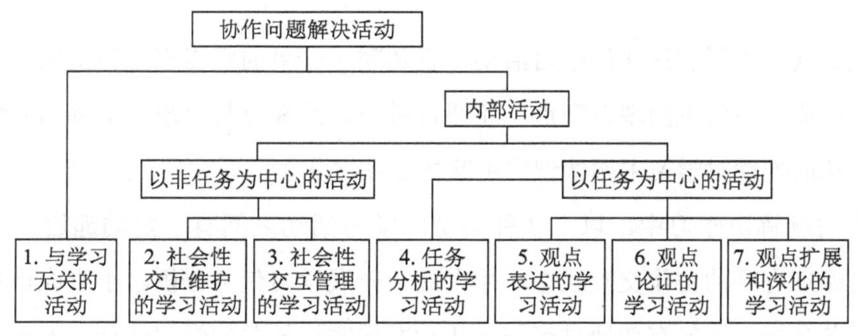

图 2-1　协作问题解决学习中不同类型的学习活动

第 1 类是与学习无关的活动。这类活动主要是指与协作式任务无直接联系的行为，如在学习过程中发生的闲聊或探讨等。

第 2 类是社会性交互维护的学习活动。这类学习活动是推进协作问题解决过程的必要组成部分，主要涉及小组成员之间社会关系方面的交流或讨论，如问候、表达挫折感及建立合作伙伴间的互动规则等。在协作学习情境中，小组成员之间需要具备相互关联和积极依赖的关系。因此，为了确保小组成员能成功地解决问题并取得积极的学习结果，建立融洽的小组学习氛围和有序的协作交互状态至关重要。

第 3 类是社会性交互管理的学习活动。为了确保协作问题解决学习能够有序推进，小组成员之间需要对社会性交互过程本身进行管理，如发言顺序与时机把控、时间管理、任务分工、沟通管理及话题转换等。当小组有意识地规划和适时监测调整协作交互时，小组的整体表现将显著改善。

第 4 类是任务分析的学习活动。它是引导小组成员进入更高层次认知过程的准备环节。这类活动的特点是小组成员进行讨论和交流，共同分析学习任务中包含的信息，并对完成任务的方法形成统一认识和共同表征。在协作问题解决学习中，成员之间需要表达和共享与学习任务相关的理解和观点，互相帮助，理解和掌握完成任务所需的关键信息和策略。同时，小组成员还需对任务的完成进度进行监控和管理，并根据其他成员的任务完成状况动态调整学习计划，以实现小组协同完成任务。

第 5 类是观点表达的学习活动。它是小组成员针对学习主题表达各自想法和观点的活动。在这类学习活动中，小组成员主要基于自身的认识和立场，围绕同一目标和问题表达各自的认识和观点，而不会进行深入的讨论和分析。

第 6 类是观点论证的学习活动。在这类学习活动中，小组成员之间基于共享的观点进行进一步的讨论、协商和辩论。当小组成员就解决的问题进行基于观点论证的深度交流，如解释观点、提出质疑或进行观点辩论时，他们更有可能在协作问题解决中获得积极的学习效果。

第 7 类是观点扩展和深化的学习活动。它超越了简单的观点表达和论证。在这类学习活动中，小组成员不仅巩固现有观点，还通过进一步的探讨与反思，提炼和完善各自及小组的观点，从而推动对学习主题认识的不断拓宽和深化。

在协作问题解决学习中，以上 7 种类型的学习活动之间有一定的递进关系。小组成员首先需要保证有序的协作交互状态，才有助于开展学习任务分析。小组成员只有顺利完成了学习任务分析，才能有效地进行与其认知发展密切相关的学习活动，如观点表达、论证、拓展和深化等。但是，在具体的协作问题解决学习中，小组成员可以在这 7 种类型的学习活动之间进行动态切换。

这一概念化协作问题解决学习的框架，不仅可以帮助我们更加全面地理解协作问题解决学习的特点，还可以为我们开展协作问题解决学习的研究与实践提供清晰指导。

2. 从活动对象与功能的双维角度理解协作问题解决学习的特点

为了进一步细化协作问题解决学习中的活动类型，荷兰乌得勒支大学的杰伦·扬森教授（Jeroen Janssen）从活动对象与功能的双维角度对协作问题解决学习中的学习活动类型进行了概念化的阐述[22]。从学习活动关注的对象来看，学习者在协作问题解决中经历的学习活动可划分为两大类别：一类是紧密关联于学习任务本身的活动（Task-related learning activity），另一类是侧重于社会性交互的活动（Social-related learning activity）。另外，从学习活动呈现的功能来看，学习者在协作问题解决中经历的学习活动又可细分为学习表现的活动（Perfomance-based learning activity）与协调管理的活动（Coordinating/regulating-based learning activity）。由此，从活动对象与功能的双维角度来看，扬森将学习者在协作问题解决学习中经历的学习活动归纳为四种典型类别，如图 2-2 所示。

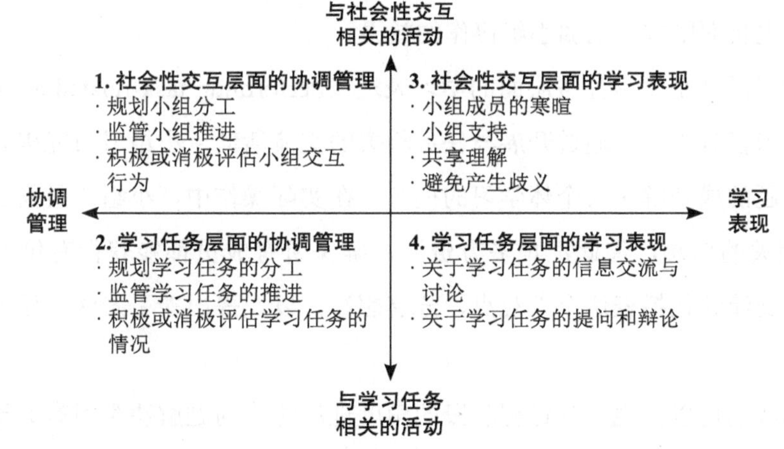

图 2-2　活动对象与功能双维角度下协作问题解决学习的活动类型

第一类学习活动是社会性交互层面的协调管理（Coordinating/regulating social activities）。这一活动关注的是“如何合作”的问题，其核心在于确保小组成员之间的互动能够有效支持协作问题的解决。它强调的是社会性交互的有效性，通过合理的分工、清晰的沟通渠道，以及对成员交互行为的反馈，确保小组协作的顺利推进。这类活动的主要目标是保证小组成员之间的信息流通、任务协作的有序性，以及小组整体协作的高效性。可以说，第一类学习活动是构建和维护小组成员之间进行协作问题解决学习的基础，确保小组中每个成员都能贡献自己的力量，并从小组的协作中受益，为后续基于学习任务层面的交流和讨论做铺垫。

第二类学习活动是学习任务层面的协调管理（Coordinating/regulating task-related activities）。这类活动关注的是“如何完成任务”的问题，其重心在于讨论如何高效地完成任务，强调通过规划、执行和评估等环节的管理，提升团队在学习任务中的决策效率和执行力。这类活动不仅要求小组成员共同制订学习任务的实施方案，还需要在学习任务推进过程中进行实时的监控和调整，确保每个学习任务阶段都能按计划进行。此外，对学习任务的评估也非常重要，这既包括对学习任务完成情况的反馈，也包括对学习任务执行过程的反思和改进。这类学习活动更关注学习任务本身的高效完成和质量保障，而社会性交互层面的协调管理则成为学习任务顺利推进的辅助要素。

第三类学习活动是社会性交互层面的学习表现（Performing social activities）。这类活动主要强调社会性交互在学习过程中的积极作用。通过建立积极的小组氛围和促进个体情感的表达（如理解、误会的澄清等），小组成员之间能形成更紧密的联系，增强小组的凝聚力和工作积极性。正面的反馈和适时的赞扬不仅可以建立和谐的社交环境，还能激励小组成员在任务执行过程中更加投入。然而，如果在互动中表现出消极情绪，则可能会对小组的凝聚力产生负面影响，削弱小组协作的效果。

第四类学习活动是学习任务层面的学习表现（Performing task-related activities）。这类活动聚焦于学习任务本身，通过开展与任务相关的交流活动，小组成员能提升小组的协作效率，促进问题的成功解决与个体学习的提升。在实际操作中，小组成员需要分享和讨论与学习任务相关的信息，借此汇集多方资源，确保所有成员都能获得有价值的信息。同时，这种信息交流还包括表达个人观点、分享想法，以及提出能引发深度思考或包含关键信息的问题。

通过对比我们可以发现，从过程阶段的角度理解协作问题解决学习有助于我们把握其随时间推移的动态发展与变化，识别小组成员在不同阶段的学习行为特点和关键要素。另外，从活动功能角度解析协作问题解决学习则有助于我们更加立体地理解其复杂特性。协作问题解决学习不仅涉及直接的认知活动，如问题分析与解决，还包括维系小组氛围、管理交互过程、分析任务要求、表达和论证观点及深化和扩展认知等诸多重要环节。这些环节相互交织，共同推动深度学习的发生与团队效能的提升。因此，结合过程阶段与活动功能两个视角理解协作问题解决学习的特点，有助于我们从理论和实践层面更深入地洞察学习者协作问题解决的过程，进而优化学习设计与支持策略。

第三节　协作问题解决学习在培养学习者核心素养方面的教育价值

与注重知识习得和技能培养的教育目标不同，以核心素养为导向的教育目标要求学习者在学习过程中逐步建构对所学内容的深度理解，体现为学习者在不同的情境中灵活地应用知识，高效地应对变化，并创造性地解决复杂问题的综合能力。学习科学中的大量研究表明，协作问题解决学习是培养学习者核心素养的适宜的学习方式，可以促进学习者深度理解、思维技能、社会情感等的有效发展。因此，在本节中，我们主要论证协作问题解决学习在培养学习者核心素养方面的教育价值，为开展指向核心素养的学习设计提供有力抓手。

一、助力优质知识结构的建构，促进核心素养的培养

从组成要素上看，优质的知识结构是培养学习者核心素养的关键因素。核心素养不是知识，但其形成离不开优质知识结构的积累与质变。没有优质的知识结构，核心素养就是无源之水、无本之木[23]。

研究表明，优质的知识结构具有构造性和发展性双重属性，这能助力学习者核心素养的培养[24]。一方面，具有构造性的知识可以助力学习者核心素养的培养。知识是人类从认识世界的经验中提炼出规律与意义，从而形成的系统化的表达。它可以使我们对外部世界的认识过程变得更经济、更高效、更连贯。正如布鲁纳所说，知识是我们构造出来的一种模式，它使得经验中的规律有了结构和意义。另一方面，具有潜在发展性的知识可以助力学习者核心素养的培养。知识一旦形成，便可以成为我们进一步认识世界的工具，帮助我们更好地理解世界，成为探究和解决问题的重要手段。正如杜威所说，过去的知识为新的探究情境提供了有益的假设，它们是引发新操作的源泉，进而对探究活动起着指导作用[25]。这些过去的知识对象之所以参与到反省认知之中，并不是因为它们在逻辑上提供了前提，而是因为它们在指导新的探究和问题解决时发挥了调节和工具的作用[26]。值得一提的是，具有构造性和发展性双重特性的知识结构并不是被告知或者简单地记忆的结果，而是学习者有意识地进行大量复杂的认知操作后，在大脑中建构形成的深度理解。当大脑中形成了具有构造性和发展性双重特性的知识结构之后，学习者就可以以此为基础，附着与之相关的其他概念，从而扩大大脑长时记忆中的图式。然后，学习者可以在不断扩

展的图式基础上，运用更具深度的方式理解外在的复杂现象，并运用更加高效的方式指导未来的行动。从这一角度看，相比于传统的知识被动的学习方式，协作问题解决学习能够帮助学习者有效地建构优质的知识结构，从而为其核心素养的发展提供动力支撑[27]。

第一，协作问题解决学习能为学习者提供适宜的学习机会，触发学习者主动地建构优质知识结构。优质知识结构的形成并非依赖于学习者简单地倾听或熟记，而需要学习者在问题解决的探究性实践和交往互动的社会性实践中建构。具有智力发展价值的问题可以引发学习者学习的内在动机，引导学习者主动地参与到优质知识建构的实践中[28]。而且，当问题情境触发学习者的学习时，它们也能激活学习者认知结构中的已知概念和认知程序，引导学习者主动参与到问题解决的过程中，开展习得知识并运用其解决问题的实践。

第二，协作问题解决学习能为学习者提供立体化的学习空间，引导学习者个性化建构优质的知识结构。协作问题解决学习可以为学习者创设具有社会情境信息且可探索的认知空间。在预设的解决问题的认知操作路径上，学习者具有自我发挥的空间，可以调动不同的认知资源（如知识、技能、动机、情绪、想象力等），在预设的但又富有弹性的学习空间灵活地开展知识建构。在知识应用实践过程中，学习者可以不断地进行自我判断，唤醒自身的主体意识、激活自身潜能，最终促进自我实现[26]。另外，协作问题解决学习还能为学习者提供在理论和实践之间建立直接联系的机会，这有助于学习者将所学知识迁移到他们在未来职业生涯中可能遇到的问题上[2]。

第三，协作问题解决学习能为学习者提供具有社会文化特征的学习情境，助力学习者有意义地建构优质的知识结构。传统的知识传递式的单一教学方式限制了知识作为经过确证的真实信念所应具备的“确证维度”。然而，为了让学习者的知识被灵活地调动、运用起来，我们需要为学习者创造一种人与人、人与群体的辩护和论证的学习体验[26]。协作问题解决学习则可以帮助学习者突破个体认知的局限，将其卷入社会性交互的过程中，通过信息分享、意义协商等方式，对知识进行有效的应用和确证，从而建构优质的知识结构。

二、助力高阶思维能力的发展，促进核心素养的培养

在教育教学过程中培养和发展学习者的核心素养时，除了需要帮助他们建构优质的知识结构，还需要促进他们高阶思维能力的发展。在学习过程中，学习者的思维能力贯穿学习活动的始终，是培养学习者核心素养的核心组成部分。

思维能力是人们在形成认识和参与实践活动中形成的较为固定的，用于理解、把握、评价和选择事物的某种习惯性思维框架、手段和途径。从学科内容层面看，思维能力可以分为数学思维能力、物理思维能力、化学思维能力、地理思维能力、历史思维能力、语文思维能力等。例如，数学类课程的新知识理解要借助于论证、推理与证明；科学类课程的新知识理解要通过科学实验进行观察与探究；社会科学类课程新知识的理解则需要经过调查、分析与论证等[29]。从发展水平看，思维能力可以分为：初阶思维能力（如联想、描述、对比、分类、顺序、因果、类比等）和高阶思维能力（如探究、论证、批判、系统分析、设计、调节、创造等）。研究表明，思维能力可以作为润滑剂，帮助学习者更好地建构优质知识结构。当学习者深入理解重要知识时，需要借助不同类型的思维技能，对知识和信息进行核查、分析，运用复杂的推理过程来思考或重组不同的信息，从而帮助自己建立新的联系、发现新的意义、获得新的见解或澄清误解。另外，思维能力的形成过程具有长期性，必须经过长时间、系统而复杂的学习活动和足够的刻意训练才能得以发展。一旦学习者形成了相应的思维能力，他们就可以运用思维能力解决新场景中面临的问题，从而具备迁移解决问题的综合能力。从长远发展看，学科思维为学习者带来的世界观与方法论是最为本质的，构成了终身发展的基础，这些观念和方法不仅最为恒久、难忘，还会伴随学习者一生。因此，从这一角度看，协作问题解决学习可以为学习者高阶思维能力的发展提供适宜的学习载体。

一方面，协作问题解决学习可以为学习者提供发展高阶思维能力的多样化体验，从而助力学习者核心素养的培养。高阶思维能力需要通过体验性学习活动和反思性实践来培养，并在这些过程中内化为学习者的内在品质。在协作解决问题的过程中，学习者需要对问题进行分析、表征和主动思考，需要整合和关联不同的知识点，产生新的见解。这有助于学习者结合特定的问题情境发展相应的高阶思维技能。在交流与协商中，学习者可以突破个体认知的局限，进一步建构知识体系，并在对话与讨论中最大限度地发展高阶思维能力。另外，基于协作问题解决的学习可以为学习者创造反思与应用的机会，使他们通过实践深化对知识的理解，并将其内化为稳定且可迁移的思维模式。

另一方面，协作问题解决学习能够帮助学习者建立发展高阶思维能力的自我意识和技能，从而助力其核心素养的培养。与传统的知识传授方式相比，基于协作问题解决的学习要求学习者在面对真实问题时，设定目标、规划问题解决路径、选择合适的方法和策略，并积极投身于问题解决的探索过程。在这一过程中，学习者不仅要主动思考，发现和提出问题，还要寻找问题解决方案。另外，他们还需要在与同伴协作解决问题的过程中觉知、模仿和优化自身的社会性技能，如学会与人沟通和协商，在互动中与他人建立良好的关系，能开展小组协作，能倾听、表达观点、磋商与协调、统整不同观点、决策、管理和解决冲突等。这些问题解决技能和协作技能可以帮助学习者在未来的学习情境中有效地解决问题，并推动学习者高阶思维能力的发展。

总的来说，协作问题解决学习过程可以为学习者创设丰富的主动探究空间，激发他们在特定学科的教学情境中对所学内容形成深度理解，促进复杂知识的建构。另外，这一过程能有效激活学习者的思维训练，激发创新性的智慧生成，从而助力学习者核心素养的培养和发展。因此，协作问题解决学习是培养学习者核心素养的适宜的学习模式。那么，教师如何科学地设计协作问题解决学习，从而促进学习者核心素养的有效发展是我们需要关注的重要问题。

参考文献

[1] SAWYER, R. K. The Cambridge handbook of the learning sciences[M]. Cambridge: Cambridge University Press, 2022.

[2] GRAESSER A C, FIORE S M, GREIFF S, et al. Advancing the science of collaborative problem solving[J]. Psychological Science in the Public Interest, 2018, 19(2): 59-92.

[3] HMELO-SILVER C E. Problem-based learning: What and how do students learn?[J]. Educational Psychology Review, 2004, 16: 235-266.

[4] WHITEHEAD A N. The aims of education and other essays[M]. New York: Free Press, 1967.

[5] WIRKALA C, KUHN D. Problem-based learning in K–12 education: Is it effective and how does it achieve its effects?[J]. American Educational Research Journal, 2011, 48(5): 1157-1186.

[6] FIORE S M, GRAESSER A, Greiff S. Collaborative problem-solving education for the twenty-first-century workforce[J]. Nature Human Behaviour, 2018, 2(6): 367-369.

[7] CAPON N, KUHN D. What’s so good about problem-based learning?[J]. Cognition and Instruction, 2004, 22(1): 61-79.

[8] 宋时春，田慧生 . 问题解决学习：综合实践活动实施的重要方法 [J]. 课程・教材・教法，2015，35（7）：23-28.

[9] 朱忠明 . 学习机会视角下的合作问题解决教学：价值透视与实践路径 [J]. 中国教育学刊，2023，（10）：10-15.

[10] VALDEZ J E, BUNGIHAN M E. Problem-based learning approach enhances the problem solving skills in chemistry of high school students[J]. JOTSE, 2019, 9(3): 282-294.

[11] VYGOTSKY L S, COLE M. Mind in society: Development of higher psychological processes[M]. Berlin: Harvard University Press, 1978.

[12] Y. ENGESTRÖM. Innovative learning in work teams: Analyzing cycles of knowledge creation in practice[M]. Cambridge: Cambridge University Press, 1999.

[13] SAWYER. The Cambridge handbook of the learning sciences[M]. Cambridge: Cambridge University Press, 2005.

[14] KING A. ASK to THINK-TEL WHY: A model of transactive peer tutoring for scaffolding higher level complex learning[J]. Educational Psychologist, 1997, 32(4): 221-235.

[15] HAN F, ELLIS RA. Patterns of student collaborative learning in blended course designs based on their learning orientations: A student approaches to learning perspective[J]. International Journal of Educational Technology in Higher Education, 2021, 18(1): 66.

[16] 赵建华 . Web 环境下智能协作学习系统构建的理论与方法 [D]. 广州：华南师范大学，2002.

[17] OECD. PISA 2015: Draft collaborative problem solving framework[EB/OL]. (2019-10-15) [2024-9-08]. https://www.oecd.org/en/topics/sub-issues/student-problem-solving-skills/pisa-2015-collaborative-problem-solving.html.

[18] GRIFFIN P, CARE E. Assessment and teaching of 21st century skills: Methods and approach[M]. Berlin: Springer, 2014.

[19] SUN C, SHUTE V J, STEWART A, et al. Towards a generalized competency model of collaborative problem solving[J]. Computers & Education, 2020, 143: 103672.

[20] STEIN B S, LITTLEFIELD J, BRANSFORD J D, et al. Elaboration and knowledge acquisition[J]. Memory & Cognition, 1984, 12: 522-529.

[21] BAKER M, ANDRIESSEN J, LUND K, et al. Rainbow: A framework for analysing computer-mediated pedagogical debates[J]. International Journal of Computer-Supported Collaborative Learning, 2007, 2: 315-357.

[22] JANSSEN J, ERKENS G, KANSELAAR G. Visualization of agreement and discussion processes during computer-supported collaborative learning[J]. Computers in Human Behavior, 2007, 23(3): 1105-1125.

[23] 张华 . 论核心素养的内涵 [J]. 全球教育展望，2016，45（4）：10-24.

[24] 吕立杰 . 大概念课程设计的内涵与实施 [J]. 教育研究，2020，41（10）：53-61.

[25] DEWEY, J. The quest for certainty：A study of the relation of knowledge and action [M]. New York：Minton, Balch and Company, 1929.

[26] 张良 . 核心素养的生成：以知识观重建为路径 [J]. 教育研究，2019，40（9）：65-70.

[27] XU E, WANG W, WANG Q. The effectiveness of collaborative problem solving in promoting students' critical thinking: A meta-analysis based on empirical literature[J]. Humanities and Social Sciences Communications, 2023, 10(1): 1-11.

[28] SCHMIDT H G, ROTGANS J I, YEW E H J. The process of problem-based learning: What works and why[J]. Medical Education, 2011, 45(8): 792-806.

[29] 李艺，钟柏昌 . 谈"核心素养"[J]. 教育研究，2015，36（9）：17-23+63.

第三章　指向核心素养的学习设计理论基础

从教育理论上看，协作问题解决学习是促进学习者核心素养发展的适宜的学习方式。在教学实践层面，我们需要以学习者有效学习的基本规律为指导，对他们的协作问题解决学习过程进行精心设计，从而促进学习者核心素养的发展。目前，学习科学中形成了许多指导教师设计学习的科学理论，其中，基于人的认知架构而提出的认知负荷理论备受关注。世界知名教育心理学和学习科学专家、国际学习科学协会前主席保罗·基尔希纳（Paul Kirschner）教授认为，教师应该以人的认知架构如何工作及学习者如何处理信息为基础来理解学习。如果教师不理解基于人的认知架构而提出的认知负荷理论的基本原理，将无法以科学的方式为学习者设计适宜的学习活动，教学效果也会大打折扣。因此，在本章中，我们将重点阐述指向核心素养的学习设计的基本理论——认知负荷理论，以及由此衍生出的学习设计基本原则，为教师科学地进行协作问题解决学习设计提供指导，从而服务于教师开展指向核心素养的教学实践。

第一节　指向核心素养的学习设计基本理论

无论从个体认知层面还是从社会性交互层面看，学习者的学习过程都会受到大脑记忆系统中认知架构的支撑和调控。因此，理解大脑记忆系统中认知架构的工作原理及基于人的认知架构而提出的认知负荷理论是教师科学地进行学习设计的重要前提。在本节中，我们首先介绍大脑记忆系统中认知架构的组成部分和工作机制，然后阐述基于认知架构提出的认知负荷理论，为教师开展指向核心素养的学习设计提供支撑性的理论指导。

一、大脑记忆系统中的认知架构

从认知科学的角度看，大脑记忆系统是个体存储、处理和加工信息的组织结构，能为个体的学习和问题解决提供认知支撑。在十九世纪末期，德国心理学家赫尔曼·艾宾浩斯（Hermann Ebbinghaus）首次使用科学的方法探究了大脑记忆系统的工作机制，从此打开了记忆与学习关系的研究窗口。在艾宾浩斯研究的启发下，后续的认知科学研究者围绕人的记忆系统进行了大量的探究。研究发现，人的记忆系统中存在一定的认知架构，会通过感觉记忆、工作记忆和长时记忆三种类型的记忆空间对外部信息进行认知加工（如图 3-1 所示），从而使个体表现出不同的认知行为。

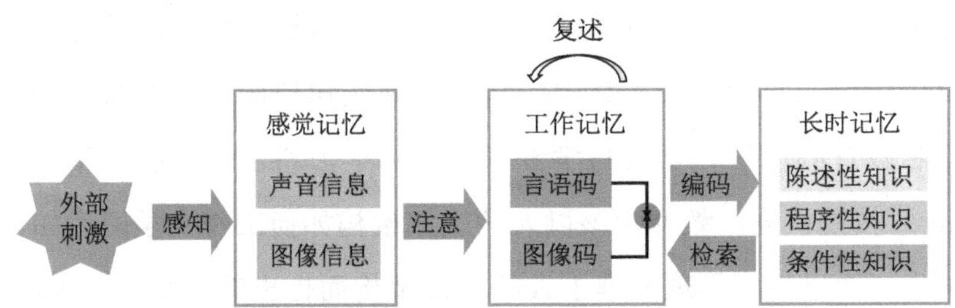

图 3-1　人的认知架构的组成部分及其工作机制

（一）大脑记忆系统中认知架构的组成部分

1. 感觉记忆

感觉记忆（Sensory Memory）是外部信息进入大脑时最初形成的一种瞬态记忆形式。它几乎是原封不动地瞬间记录下从外界环境接收到的信息。由于大脑能接收并处理视觉、听觉、触觉、味觉等多种感官输入的信息，因此，感觉记忆可以细分为多种类型，如视觉记忆、听觉记忆、触觉记忆和味觉记忆。其中，视觉记忆储存个体看到的视觉信息；听觉记忆则保存个体听到的声音信息；触觉记忆承载个体通过肢体感知到的各种触感信息；味觉记忆则负责存储个体的味觉体验。虽然感觉记忆的容量大，但其只能维持很短的时间。个体对视觉记忆的持续时间通常少于 0.3 秒，对声觉记忆的持续时间通常少于 2 秒。

感觉记忆的主要功能为选择性注意。它就像一个“缓冲器”，缓冲和筛选个体通过感觉系统接收到的、来自外部环境的信息。如果感觉记忆没有对信息进行选择性注意，信息很快就会从大脑中消失得无影无踪；如果感觉记忆对信息进行了选择性注意，那么，信息就会进入记忆系统的下一个阶段，即工作记忆阶段。

2. 工作记忆

工作记忆（Working Memory），也称短时记忆，是个体在短时间内执行认知任务时有意识地储存与操作信息的记忆储存空间。若无复述或其他形式的巩固，工作记忆中储存的信息通常会在大约 15 秒后开始衰退。与感觉记忆不同，工作记忆的容量是有限的。个体通常能在单位时间内有效地处理和存储大约 7±2 个信息单元[1]。尽管工作记忆的绝对容量有限，但是，人的工作记忆中包含的内容可以通过组块化这一方式得到拓展。在工作记忆中，大脑可以将离散的、碎片化的信息根据意义重新表征，从而组织为更大的、紧凑的信息单元——组块（Chunk）。它可以是一个字母、一个单词、一个短语、一篇文章等。通过组块这一认知操作过程，个体大脑在单位时间内能够处理的信息单元就可以得到扩展。

工作记忆的主要功能是以组块的方式对信息进行加工和编码。它犹如一个“工作台”，能提供一个操作界面，个体可以在上面存放来自感觉记忆中被注意的信息和来自长时记忆中存储的信息，然后通过一些处理，将它们与其他信息进行关联或者转换为新的信息，从而使个体产生新的认知或形成解决问题的方案。

3. 长时记忆

长时记忆（Long-term Memory）是个体认知架构中用于存储经过深入加工后的信息的记忆空间。与工作记忆不同，长时记忆的存储容量几乎是无限的。它像一个巨大的图书馆，可以保存个体未来可能运用到的各种事实和表象等不同类型的知识。而且，信息在长时记忆中存储的时间可以是数小时、数天、数月或数年，甚至接近于永久。

长时记忆的主要功能是长久地存储内容丰富的信息。目前，大多数认知心理学家将长时记忆中存储的内容分为内隐记忆（Implicit Memory）和外显记忆（Explicit Memory）两种主要类型。而且，每种记忆类型又可以根据功能细分为多个子类别。内隐记忆是指个体无意识地对先前经验产生的记忆。这种记忆并不依赖于主要的感知觉，却能潜移默化地影响个体的想法与行为表现。外显记忆是指个体需要有意识地通过主动回忆或再认等方式，从长时记忆中提取出来的记忆，主要包含情景记忆（Episodic Memory）和语义记忆（Semantic Memory）两种主要类型。情景记忆是基于事件顺序的，涉及对特定时间、地点、情景中所发生事件的记忆，记录了个体生活中具体的经历和特定的事件，与个体的亲身经历密切相关。例如，情景记忆可能包括抚摸某只猫的具体情景回忆。语义记忆则是对一般性事实、概念及知识的概念性记忆，包含了各种事实、概念、名称和其他的普遍知识，与个体经验无关。比如，语义记忆可能涵盖有关猫的习性和喜好等客观事实。

虽然语义记忆中存储的知识类型多样，但这些知识通常被概括为三种类型：陈述性知识、程序性知识和条件性知识。第一，陈述性知识是概念性事实、定义、命题、规则等的集合，是对事物的状态、性质、定义等方面的描述，通常用来回答“是什么”“做什么”的问题。第二，程序性知识是关于如何执行任务或解决问题的步骤或程序，是关于“怎么做”的知识，如项目管理流程或解题策略。按照不同的适用领域，程序性知识可划分为特定领域的程序性知识和一般领域的程序性知识。特定领域的程序性知识仅适用于某一领域，如解答几何题的步骤、解剖小白鼠的步骤等。一般领域的程序性知识则广泛适用于各个领域，如科学研究的一般流程。第三，条件性知识，又称自我调节知识，涉及如何调整、控制自身的记忆、思维和学习过程的知识，主要用来回答“何时、为何、何种条件下使用其他知识”的问题。掌握条件性知识对于学习者来说至关重要。因为它有助于高效管理时间和精力，合理安排学习计划和任务，从而提高学习效率。

研究发现，情景记忆和语义记忆之间存在相互作用的关系，其中，语义记忆往往由情景记忆逐渐提炼而成，两者共同协助个体理解和应对周围环境。以学习烹饪为例，当某人第一次尝试制作某道菜时，他（她）会记得切菜的手法、调料的用量等具体细节（情景记忆）。随着时间的推移，这些经历中的技巧和知识会被提炼成具有普适性的烹饪技法（语义记忆），比如知道某种食材的最佳烹饪温度等。这种从特定情境到一般知识的转化过程展现了情景记忆如何与语义记忆相互作用，从而帮助学习者在未来更好地理解和处理与烹饪相关的问题。

（二）大脑记忆系统中认知架构的工作机制

在加工外部信息时，大脑一般会在感觉记忆、工作记忆和长时记忆之间产生注意、复述、编码和检索四个主要的认知加工过程[2]。它们会直接或间接地影响个体的认知发展过程，从而支撑和带动个体记忆、问题解决和学习行为的发生。

1. 注意

注意是记忆过程中有选择性地处理某些刺激而忽视其他刺激的心理倾向。它几乎渗透于我们日常生活的各个方面。例如，在聆听某人说话时，我们能够有意识地忽略房间内其他人的交谈。注意具有指向性、集中性和有限性三大特点[3]。首先，注意的指向性是指个体心理活动倾向于选择关注某个或两个对象。个体注意的对象在很大程度上取决于他们已知的信息及需要获取的信息内容。其次，注意的集中性是指在一定时间段内，个体的注意力能持续聚焦于选定的对象，而排除其他干扰因素。它的产生、范围及持续时间既受外部刺激特性的影响，也与个体主观因素相关联。最后，注意的有限性是指在单位时间内，个体只能有效注意到有限数量的信息[4]。例如，新手驾驶员无法同时听音乐和驾驶，尤其在复杂的交通环境中，为了确保行车安全，需要关掉音乐以集中注意力。注意是一个基础性的认知过程。通过对特定对象进行指向性和集中性的注意过程，个体能将感觉记忆中的信息转移到工作记忆中。同时，注意与其他复杂的认知活动紧密关联，是引发学习者进行后续认知活动的基础。

2. 复述

复述是人脑对工作记忆中的信息进行持续性加工和处理的认知过程。工作记忆中的信息很脆弱，容易流失。通过复述，个体可以巩固这些信息，使其更加稳定和持久。但是，复述并不是简单地对工作记忆中的信息进行“读取”和“存档”，而是具有重构性的特点。个体会借助已有认知对工作记忆中的信息进行重构，从而形成新的认知，并将其存储和记录下来。因此，通过复述这一认知过程，不仅可以使工作记忆中的信息处于激活和保持状态，避免被衰退和遗忘，还可以确保信息能在工作记忆中得以加工，并编码到长时记忆中去。

在工作记忆中，个体对信息的复述主要表现为两种形式：保持性复述和精细性复述。保持性复述是指个体对信息不断进行重复，使其在工作记忆中得以保持的认知过程。这种复述形式适用于准备运用，但用完就可以忘记的信息，如记住一个电话号码或记住地图上的某个位置。精细性复述是指个体将长时记忆中存储的信息与正试图记住的信息联系起来进行再加工的认知过程。例如，在聚会上，你遇到一个与你的朋友同名的人，那么，你会将他与你的朋友建立联结，就可以很容易地记住他的名字，而不需要不断地重复。这类复述不仅保留了工作记忆中的信息，而且有助于将信息转移到长时记忆中。在实际应用中，这两种复述方式并不是独立进行的，它们可以同时发生。而且，在加工外在信息时，相较于单纯依赖一种复述方法，结合运用两者能显著提高个体的认知加工效率。

3. 编码

编码是将新信息转化为可被储存和检索的内部表征，是促使知识在大脑中与其他知识建立联系的认知过程，也是信息从工作记忆转移到长时记忆的认知过程。这一过程类似于图书管理员对书籍进行标记，以便借阅者轻松地找到它们。从微观认知的角度看，当学习者的大脑成功完成了编码这一认知过程，那么有效学习就得以实现了。

在工作记忆中，个体对信息的编码主要表现为两种方式：组织和精细加工。组织是指个体以新的逻辑或结构编排信息，将其从工作记忆有效地转移到长时记忆的认知过程。组织策略通常表现为两种形式：第一种是分类，即依据一定的类别标准重新整合信息的认知过程。第二种是总结，即对大量信息进行提炼归纳，形成核心观点的认知过程。记笔记是学习中常见的总结手段。在记笔记时，个体不是把所有的东西都写下来，而是选择和归纳重要的信息。另外，精细加工是指个体将工作记忆中的新信息与来自长时记忆的信息联系起来，从而给新信息赋予意义的认知过程。精细加工通常体现为联想记忆和主动整合两种主要形式。第一种是联想记忆。这是一种利用个体已有的知识来理解和解释新知识的编码方式。由于客观事物及其相关知识之间存在着关联，因此，通过联想与之接近的、相似的或相反的事物，可以帮助个体对新的信息进行深入理解，在原有的基础上扩展认知网络。第二种是主动整合。这一过程涉及个体主动采取行为策略，有意识地对信息进行深度加工和理解，以促进生成式学习的发生。如运用举例的方式表达对知识点的理解，向同伴解释对某个事件的看法，或应用知识解决某一个具体的问题等。

4. 检索

检索是个体从长时记忆中提取信息并将其转移到工作记忆中的认知过程。从功能上看，检索可以划分为自动化检索与有意识检索两种类型。自动化检索是指个体无须花费一定的认知精力，就可以从长时记忆中提取信息的认知过程。自动化检索是个体后天通过大量刻意训练而产生的结果。有意识检索是指个体需要花费一定的认知精力，才能从长时记忆中提取信息的认知过程。研究表明，个体主要通过激活、扩散的方式从长时记忆中有意识地检索信息。在长时记忆中，知识主要以关联网络的形式存储。在关联网络中，某一关键节点代表某一概念，两个关键节点间的连线代表两个概念之间的关系。概念之间的关系经过整合，能够组建成具有一定语义的句子、观点或命题。在外界信息的刺激下，如果某一概念或命题处于激活状态，与该概念或命题高度相关的其他概念或命题也会被激活。这样，关联网络中不同概念之间的关系就会得到不同程度的激活，从而形成扩散的趋势。因此，在外界信息的刺激下，当长时记忆中某些概念处于激活状态时，这些概念就会容易被提取到工作记忆中，支持个体加工信息并解决当下的问题。

整体来看，大脑记忆系统是一个复杂且精妙的组织。它在由感觉记忆、工作记忆和长时记忆构成的认知架构的基础上加工和处理外在信息。其中，感觉记忆主要捕获瞬息万变的外部信息，并将其纳入工作记忆中；工作记忆主要负责加工和编码外部信息，为高阶思维发展提供平台；长时记忆主要存储经过深度加工的信息，助力个体知识建构的巩固和发展。大脑记忆系统在处理外部信息时，注意、复述、编码和检索四种关键的认知过程发挥了重要作用。这些过程助力个体从海量信息中甄别重点，构建逻辑紧密的知识网络，并高效地回溯和应用所学，最终推动个体实现理解力的增强、认知层次的升华及问题解决能力的提升。这一支持个体认知发展的认知架构为我们理解学习和设计学习奠定了认知基础。

二、基于认知架构的学习设计基本理论：认知负荷理论

基于大脑记忆系统中认知架构的基本属性，学习科学的研究者提出了许多指导教师设计学习的理论和方法。其中，认知负荷理论备受关注，成为目前教学设计和学习设计领域最有影响力的理论之一。

在 20 世纪 80 年代，澳大利亚教育心理学家约翰·斯威勒（John Sweller）首次基于大脑记忆系统中认知架构的工作原理提出了认知负荷理论。认知负荷理论重点关注工作记忆中认知负荷对学习者产生的影响，为教师科学地设计学习提供了有力指导[5]。

认知负荷由物理学中“负荷”这一概念演变而来。一般情况下，负荷是指机械设备、动力设备或生理组织等在单位时间内完成相应任务所担负的工作量。认知负荷是指在学习过程中，大脑的工作记忆在单位时间内加工外界信息时可承受的认知活动负载的总量。任何学习活动都要消耗学习者的认知资源，即使学习者产生认知负荷[6]。研究发现，认知负荷具有三个特点。第一，认知负荷具有主观性。由于不同的个体具有不同的经验和认知基础，因此，不同的个体对同一学习任务所感受到的认知负荷的大小会有所不同。例如，针对同一物理题目，相比于刚开始接触物理知识的学习者，物理教师产生的认知负荷会相对较小。第二，认知负荷具有内隐性。认知负荷是大脑处理信息的负担程度。由于大脑的内部活动是隐性的，因此，认知负荷无法像物理对象那样被直接看到或触摸到。第三，认知负荷具有固定性。由于个体的工作记忆容量是有限的，即 7±2 个信息单元。因此，在单位时间内，工作记忆中可以承载的认知活动的负载总量，即认知负荷的总容量是固定的、有限的。如果学习者加工某种信息所需要的认知资源超过了其本身能承载的认知活动的负载总量，就会造成认知负荷。这会对学习者的学习效果和效率产生消极影响。

通过综合考虑学习者的先前经验、学习材料的内在本质、教学的组织形式等，研究发现，在解决问题的过程中，学习者会承受三种不同类型的认知负荷：固有认知负荷、额外认知负荷和相关认知负荷[7]。

第一，固有认知负荷，也称内在认知负荷。它是学习者在理解和加工学习任务本身时所消耗的工作记忆的认知资源，与学习任务中涉及的要素数量及其之间交互关系有关。当学习任务中包含的认知要素越多，且认知要素之间的关系越复杂时，学习任务本身施加给学习者的固有认知负荷越大。研究发现，固有认知负荷是由学习任务本身引起的、不可更改的认知负荷，对学习没有直接贡献。

第二，额外认知负荷，也称无效认知负荷。它是学习者处理与学习任务本身无关信息时所消耗的工作记忆的认知资源。教学设计中学习材料编排不恰当或学习活动组织不合理等情况均会引起学习者较高的额外认知负荷[8]。例如，给学习者呈现冗余的、与学习目标达成无关的信息[9]；要求学习者学习在空间上或时间上分离的学习内容[10]；让学习者在解决问题的过程中进行没有指向性的信息搜集[11]等。额外认知负荷是由外在原因引起的，对学习具有消极影响的认知负荷。

第三，相关认知负荷，也称有效认知负荷。它是当学习者进行有意义学习的深度加工（如组织和整合信息、关联先前知识）时，所消耗的工作记忆的认知资源。也有研究者认为，它是由学习者参与到促使其图式建构或图式自动化的认知活动而引起的认知负荷。当学习者进行深度认知加工时，其相关认知负荷会增加。一般来说，学习者经历的相关认知负荷越大，越有利于学习者图式的建构和自动化，也就越有利于学习者的有效学习。

由于工作记忆的容量是有限的，即 7±2 个信息单位。因此，在单位时间内，个体的工作记忆所能承受的认知负荷总量是一定的。而且，大脑记忆系统中工作记忆所承受的三类认知负荷具有可加性，即固有认知负荷、额外认知负荷、相关认知负荷的总和是一定的，如图 3-2 所示。所以，在加工外在信息时，学习者在单位时间内承受的三种认知负荷的大小是此消彼长、相互影响、相互制约的。

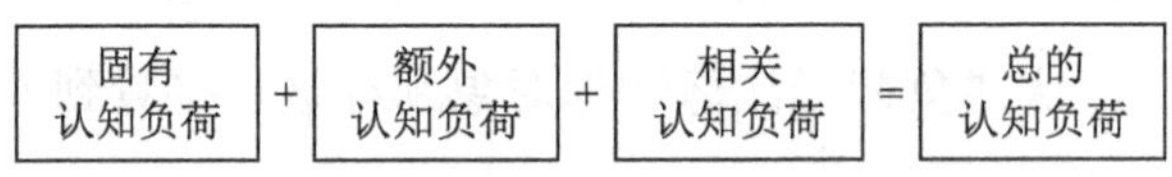

图 3-2　三类认知负荷的可加性

当学习者在解决同一问题（即固有认知负荷相同）时，如果学习者经受的额外认知负荷较高，那么，其工作记忆中就会具有较少的认知资源，用以承受相关认知负荷。这时，学习者就很难从各种外在信息的刺激中有效选择和编码信息，这会降低学习者的学习效率。如果学习者承受的额外认知负荷较低，那么，其工作记忆中就会具有较多的认知资源，用以承受相关认知负荷。这就意味着引发学习者有效学习的可能性就会增大。所以，基于认知负荷理论，我们可以获得学习设计的启示：在复杂学习情境中，需要通过外在的干预手段，将学习者的固有认知负荷控制在适宜范围内，然后，通过降低学习者的额外认知负荷及提升学习者的相关认知负荷，达到促进学习者有效学习的目的。

相较于其他指导学习设计的基本理论，认知负荷理论强调大脑记忆系统中工作记忆认知资源的有限性。它认为工作记忆容量有限的这一认知属性对个体信息加工与处理能力产生了制约作用。这一理论为教师提供了一条可自我评估和反思的标准，可以引导他们关注并考量学习者的认知能力和阈值，从而为学习者科学地设计符合认知规律的学习体验，助力他们在可胜任的范围内实现自我提升与发展[12]。

第二节　指向核心素养的学习设计指导原则

作为联结认知理论和教学实践的重要桥梁，认知负荷理论可以为我们科学地设计学习提供指导。从三种认知负荷的属性及其对学习效果的作用关系来看，可以从控制固有认知负荷、降低额外认知负荷和提升相关认知负荷的角度来科学地设计学习，从而助力学习者在协作问题解决学习过程中发展核心素养。在本节中，我们主要从基于认知负荷的三种类型出发，分别从学习目标、学习活动和学习干预三个方面阐述设计协作问题解决学习时需要遵循的三条基本原则，为教师开展指向核心素养的学习设计提供基本原则的指导。

一、设计学习目标，控制固有认知负荷

从认知负荷理论的角度看，学习者在学习过程中需要完成的学习任务是引发其固有认知负荷的重要来源。当待完成的学习任务中包含的认知要素越多，且认知要素之间的关系越复杂，那么，学习任务施加给学习者的固有认知负荷越大；反之亦然。从这一角度看，为了在协作问题解决学习过程中促进学习者核心素养的发展，首先要将学习者需完成的学习任务的复杂程度控制在合理范围内。唯有如此，才可以把学习者在协作问题解决学习中承受的固有认知负荷控制在合理范围内。这样，学习者才会在工作记忆中留有足够的认知资源，用以承载引发他们有效学习的相关认知负荷。

值得注意的是，认知负荷理论中的固有认知负荷属性和分配主要是针对个体学习情境而言的。在协作学习情境中，由学习任务本身引发的固有认知负荷会产生分配机制[13]。具体来说，与个体学习情境不同，在协作学习情境中，当多个学习者共同解决一个复杂问

题时，每个学习者有限的工作记忆存储空间可以视为一个集成的信息处理系统。这样，多个学习者有限的工作记忆容量就可以形成一个群体工作记忆空间。在群体工作记忆空间中，每个学习者所拥有的与学习任务相关的信息和知识可以得到共享（如检索信息和解释信息）和讨论（如编码信息和细化信息）。当学习者所拥有的信息和知识在协作中被小组成员交流，并用于协调学习过程中的学习行为时，小组中的每个成员就不需要同时拥有与学习任务相关的所有信息和知识，也不需要同时运用工作记忆中的认知资源来处理和加工这些信息。这样，与学习者独立面对同一学习任务相比，在协作学习情境中，学习者的工作记忆就会得到不同程度的释放。这就意味着学习者在协作学习情境中因学习任务所占有的固有认知负荷就会相对减少，被释放出来的多余的工作记忆容量就可以用来储存和处理其他的信息或进行其他的认知操作。这就为学习者在协作中获得更加有效的学习效果提供了可能。

然而，在协作学习情境中，并不是所有的学习任务都会引发固有认知负荷的分配机制。通过设计在学习条件维度（个体或协作）与学习任务维度（记忆性任务或迁移性任务）上的 2×2 对比学习实验，研究发现：以协作的方式完成不同复杂程度的学习任务时，学习者会取得不同的学习效果[14]。对于简单的记忆性学习任务，学习者在协作学习后取得的学习效果并不优于其在自主学习后取得的学习效果。然而，对于复杂的迁移性学习任务，学习者在协作学习后取得的学习效果要优于其在自主学习后取得的学习效果。这说明协作学习适用于复杂的学习任务情境。之所以如此，是因为对于简单的学习任务，学习者可以运用自身的认知资源来顺利完成相应的认知操作，从而促进自身的认知发展，取得良好的学习效果。与之不同，对于复杂的学习任务，学习者独自完成时，可能需要承受较大的固有认知负荷，这会给他们的认知发展带来一定的阻力。然而，当学习者以协作学习的方式完成复杂的学习任务时，由复杂学习任务引起的认知负荷可被分配给小组中不同的学习者。这样，学习者就可以运用较少的认知资源理解复杂的学习任务。这意味着学习者可以运用剩余的认知资源进行其他的认知操作，也就可以为其成功解决复杂问题提供有效保障。这能更大概率地促进学习者在协作学习中获得更好的认知发展，取得良好的学习效果。

因此，在设计协作问题解决学习时，教师需要为学习者设计难度适宜的学习任务。即教师需要对学习任务中涉及的知识及知识之间的关联进行合理的预设，在此基础上，设计具有一定挑战性、复杂性且可胜任的待解决的问题，把学习者承受的固有认知负荷控制在合理范围内。唯有如此，当置身于预设的协作问题解决情境中时，学习者才能在问题空间中成功地完成具有目标指向性的认知操作序列，从而建构相应的知识结构，对领域知识形成深度理解并发展高阶思维能力。

二、设计学习活动，优化额外认知负荷和相关认知负荷

从认知负荷理论角度看，为了降低学习者在协作问题解决学习中的额外认知负荷，需要预设相应的学习活动，避免学习者在学习过程中进行不必要的探索，使他们在具有连贯性的学习活动中完成相应的学习任务，从而达到预设的学习目标。从这一角度看，对协作问题解决学习中的学习活动进行设计尤为重要。

另外，从微观认知角度看，学习者完成学习活动的过程是学习者基于认知架构进行认知操作，实现知识建构与技能发展的过程。在学习过程中，学习活动呈现出多种形式，可以是求解一个代数方程，写一篇文章，完成一个科学探究实验，或设计一座房屋模型等。研究表明，不同类型的学习活动对学习者的认知发展有不同的促进作用。从对学习者认知发展影响程度的大小看，美国著名的认知心理学家季清华（Michelene Chi）及其同事提出了著名的ICAP（Interactive，Constructive，Active，Passive）学习活动分类框架[15]。该框架将学习者经历的学习活动类型主要分为四类：被动的学习活动、主动的学习活动、建构的学习活动和互动的学习活动。第一，在被动的学习活动中，学习者主要从学习材料或任务中被动地获取信息，并不表现出与学习相关的其他行为。例如，学习者只阅读材料，但没有表现出记笔记的外显学习行为。在这类学习活动中，学习者主要经历的是存储信息这一知识转变过程，表现出的认知结果是回忆。第二，在主动的学习活动中，学习者会对学习材料或任务表现出物理性的操作行为，例如，学习者在阅读材料的同时记笔记等。在这类学习活动中，学习者主要经历的是加工信息这一知识转变过程，表现出的认知结果是应用。第三，在建构的学习活动中，学习者会基于学习材料或任务产生额外的输出或产品。例如，学习者阅读材料，并通过绘制思维导图表达自己的理解或撰写总结。在这类学习活动中，学习者主要经历的是推理信息这一知识转变过程，表现出的认知结果是迁移。第四，在互动的学习活动中，学习者会与外在的人或事物进行多个回合的对话与互动，从而产生新的观点或看法。例如，学习者就阅读材料中的某一观点进行有意义的辩论。在这类学习活动中，学习者主要经历的是共同推理信息这一知识转变过程，此时，表现出的认知结果是共同创造。从ICAP学习活动分类框架可以得知：学习者认知发展的成效是学习者完成不同类型学习活动的副产品。通过参与高质量的学习活动，学习者可以逐渐形成稳定

且深入的认知模式，建构相应的知识结构。这四类学习活动对学习者认知发展的影响各异，并且其积极作用随着活动类型的递进而增强。所以，从这一角度看，在协作问题解决学习过程中，学习活动本身除了会引发学习者的固有认知负荷，也是驱动学习者认知发展的重要载体和推动力，是提升学习者相关认知负荷的重要来源。

因此，在设计协作问题解决学习时，为了减少学习者在学习过程中不必要的探索，并引发学习者在学习活动中获得有效的认知发展，需要对学习者完成的学习活动进行精细化的设计和编排。具体地，当明确了学习者通过协作问题解决学习需要建构的知识结构之后，教师需要根据学习者的认知发展水平，遵循由易到难的基本思路，为学习者设计不同类型的学习活动，促进其认知发展。虽然学习者的学习过程无法进行预设，但是可以通过设计相应的学习活动序列，引导他们在创设的学习轨道上获得高质量的学习体验，避免学习者在无引导的学习过程中进行不必要的探索，从而达到降低额外认知负荷的目的。另外，教师在为学习者编排学习活动序列时，还可以为他们预设能催生有效学习的学习活动（如主动的、建构的和互动的学习活动），尽可能提升学习者的相关认知负荷，让他们参与到有效的认知发展过程中。

三、设计学习干预，优化额外认知负荷和相关认知负荷

依据认知负荷理论，我们可以通过设计学习目标和学习活动，把学习者的固有认知负荷和额外认知负荷控制在合理范围内，这样其就有足够的工作记忆容量用以有效地加工和处理其他信息，从而提升相关认知负荷，达到引发有效学习的目的。但是，如果缺乏外部刺激，这些工作记忆容量会被闲置，不会被学习者用到引发图式的建构或自动化的学习活动中。也就是说，要提升学习者的相关认知负荷，需要对学习者的学习过程进行一定的外在干预，引导学习者参与到能引发有效学习的认知过程中 [16]。

在协作问题解决学习中，学习者之间有效的社会性交互是提高团队认知质量和群体智慧的重要抓手，是促进学习者认知发展的重要环节 [17]。一方面，有效的社会性交互能促进小组成员间的信息交换，每个小组成员都可以贡献自己的知识、经验和见解，共同建构更全面、深刻的问题解决方案。这种集思广益的过程增强了小组的认知质量。另一方面，有效的社会性交互允许学习者从多个视角审视问题，促使小组成员跳出自我认知框架，理解和接纳他人的观点。这有助于发展学习者的批判性思维和创新性思维，进而提升小组认知水平。然而，研究也发现，学习者在协作问题解决学习中进行社会性交互会占用一定

的认知资源和精力。这会给学习者带来一定的交流成本，对学习者的有效学习产生一定影响[18]。

交流成本这一概念起源于经济学领域，用于表示除商品货币价格外，商品在交易过程中由于信息检索、监管等过程而产生的成本[19]。在协作问题解决学习中，交流成本主要是指在协作过程中小组成员之间为了建立、促进和维护互惠学习秩序和社会性交互而进行协调和交流引起的认知成本[20][21]。其中，小组在协调方面的交流成本主要是指处理小组成员之间依赖性行为引发的认知成本，其目的主要是让学习者了解小组其余成员正在做什么及将要做什么。而小组成员之间的交流成本主要是指小组成员之间共享和协商学习任务、信息要素、任务解决办法，以及为了达成共识而进行交流时消耗的认知成本。

从交流成本对学习成果产生的影响这一视角出发，可以将学习者之间的社会性交互行为所引发的认知负荷大体划分为两大类别。第一类是因社会性交互中的协调与交流而引起的额外认知负荷。在协作问题解决学习中，学习者之间有可能会产生信息认知理解偏差、不必要的讨论交流、认知冲突和信息重复等。这些协调和交流会占据学习者的认知资源，不利于引发有效学习，对学习者造成额外认知负荷。第二类是因社会性交互中的协调与交流而引起的相关认知负荷。这一类认知负荷特指那些经由小组内部协调交流活动而催生的有效学习行为所需的认知投入。具体表现为小组成员通过有序的协调沟通，实现知识共享、任务监控互助、共识达成、建设性认知冲突的触发、激烈的探讨与和谐的协调。尽管此类社会性交互行为确实占据了学习者的认知资源，但这些富有意义且高质量的交流过程却能有力地引发学习者的有效学习。

因此，我们可以从中获得启发：在设计协作问题解决学习时，教师需要对协作问题解决学习中学习者之间的社会性交互过程进行学习干预设计，确保学习者在协作问题解决中进行有序且有效的协调与交流，降低学习者不必要的额外认知负荷。而且，教师还需要通过一定的学习干预设计，激发社会性交互对学习者认知发展的积极影响，提升学习者在协作问题解决中的相关认知负荷，达到引发其有效学习的目的。

综上所述，基于认知负荷理论的基本思想，我们可以得出以下启示：在设计学习时，教师可以围绕学习目标、活动和学习干预这三个关键要素进行科学的学习设计，把学习者的固有认知负荷、额外认知负荷、相关认知负荷控制在合理范围内，从而促使学习者在协作问题解决学习中有效地发展核心素养。

参考文献

[1] MILLER G A. The magical number seven, plus or minus two: Some limits on our capacity for processing information[J]. Psychological Review, 1956, 63(2): 81-85.

[2] 安妮塔·伍尔福克．伍尔福克教育心理学 [M]. 伍新春，张军，季娇，译．北京：中国人民大学出版社，2015.

[3] 彭聃龄．普通心理学 [M]. 北京：北京师范大学出版社，2019.

[4] STERNBERG R J. The assessment of creativity: An investment-based approach[J]. Creativity Research Journal, 2012, 24(1): 3-12.

[5] KIRSCHNER P A. Cognitive load theory: Implications of cognitive load theory on the design of learning[J]. Learning and Instruction, 2002, 12(1): 1-10.

[6] SWELLER J, CHANDLER P. Why some material is difficult to learn[J]. Cognition and Instruction, 1994, 12(3): 185-233.

[7] SWELLER J, CHANDLER P. Evidence for cognitive load theory[J]. Cognition and Instruction, 1991, 8(4): 351-362.

[8] PAAS F, SWELLER J. Implications of cognitive load theory for multimedia learning[M]// MAYER R E. The Cambridge Handbook of Multimedia Learning. Cambridge: Cambridge University Press, 2014: 27-42.

[9] CHANDLER P, SWELLER J. Cognitive load theory and the format of instruction[J]. Cognition and Instruction, 1991, 8(4): 293-332.

[10] SWELLER J, CHANDLER P, TIERNEY P, et al. Cognitive load as a factor in the structuring of technical material[J]. Journal of Experimental Psychology General, 1990, 119(2): 176-192.

[11] SWELLER J, KIRSCHNER P A, CLARK R E. Why minimally guided teaching techniques do not work: A reply to commentaries[J]. Educational Psychologist, 2007, 42(2): 115-121.

[12] VAN GOG T, SWELLER J. Not new, but nearly forgotten: The testing effect decreases or even disappears as the complexity of learning materials increases[J]. Educational Psychology Review, 2015.

[13] KIRSCHNER F, PAAS F, KIRSCHNER P A, et al. Differential effects of problem-solving demands on individual and collaborative learning outcomes[J]. Learning and Instruction,

2011, 21(4): 587-599.

[14] KIRSCHNER F, PAAS F, KIRSCHNER P A. Individual and group-based learning from complex cognitive tasks: Effects on retention and transfer efficiency[J]. Computers in Human Behavior, 2009, 25(2): 306-314.

[15] CHI M T H, WYLIE R. The ICAP framework: Linking cognitive engagement to active learning outcomes[J]. Educational Psychologist, 2014, 49(4): 219-243.

[16] SCHNOTZ W, KÜRSCHNER C. A reconsideration of cognitive load theory[J]. Educational Psychology Review, 2007, 19: 469-508.

[17] POPOV V, VAN LEEUWEN A, BUIS S C A. Are you with me or not? Temporal synchronicity and transactivity during CSCL[J]. Journal of Computer Assisted Learning, 2017, 33(5): 424-442.

[18] KIRSCHNER P A, SWELLER J, KIRSCHNER F, et al. From cognitive load theory to collaborative cognitive load theory[J]. International Journal of Computer-supported Collaborative Learning, 2018, 13: 213-233.

[19] NORTH D C, THOMAS R P. The rise of the western world: A new economic history[M]. Cambridge: Cambridge University Press, 1973.

[20] CIBORRA C, OLSON M H. Encountering electronic work groups: A transaction costs perspective[C]. New York: Association for Computing Machinery. 1988, 94-101.

[21] GU X, CAI H. How a semantic diagram tool influences transaction costs during collaborative problem solving[J]. Journal of Computer Assisted Learning, 2019, 35(1): 23-33.

第二部分

指向核心素养的学习设计行动框架

为了有效地引导学习者在协作问题解决学习中发展核心素养，我们需要对学习者协作问题解决的学习过程进行科学的设计，以帮助学习者获得具有启发性、趣味性的高质量的深度学习体验。从认知负荷理论的角度看，在进行指向核心素养的学习设计时，我们需要遵循三条基本原则。第一，为了把学习者的固有认知负荷控制在适宜范围内，需要为学习者设计适宜的学习目标，明确学习者在协作问题解决学习中需要建构的知识结构。第二，为了避免学习者在学习过程中进行不必要的探索，需要为学习者设计适宜的学习活动，降低学习者在协作问题解决学习中的额外认知负荷，并提升其相关认知负荷。第三，为了促进学习者在学习过程中进行有效的社会性交互，需要为学习者设计适宜的学习干预，以进一步降低学习者在协作问题解决学习中的额外认知负荷，同时提升其相关认知负荷。因此，在第二部分，我们将基于认知负荷理论的三条学习设计原则，围绕大概念、问题解决和学习支架三个关键要素，分别从学习目标、学习活动和学习干预三个方面阐述指向核心素养的学习设计行动框架，为大家科学地设计基于协作问题解决的学习提供方法指导。

第四章　基于大概念的学习目标设计

在开展指向核心素养的学习设计时，教师首先需明确学习者通过协作问题解决学习要达成何种学习目标，从而明确学习设计的立足点。虽然核心素养是学习者通过学习应达到的最终学习目标。但是，它是具有抽象性的哲学概念，与课程教学内容的直接衔接程度较弱。因此，大概念被视为在教学中培养学习者核心素养的主要载体和重要抓手。学习者只有对学科中的核心概念形成深度理解，才能将其内化为关键能力和必备品格，从而促进核心素养的达成。从这一角度看，围绕大概念进行学习目标的设计，不仅可以为教师开展指向核心素养的学习设计提供靶向指导，还可以把学习者在协作问题解决学习中承受的固有认知负荷控制在合理范围内。因此，本章主要带领大家理解大概念的基本内容，掌握基于大概念的学习目标的设计方法，为大家科学地设计协作问题解决学习提供目标指引。

第一节　大概念的基本内容

为了引导学习者在协作问题解决学习中有效地建构大概念，进而促进其核心素养的达成，我们首先需要理解大概念的基本内容。因此，本节主要重点阐述大概念的定义、特点、表现类型和表现层级，为科学地开展基于大概念的学习目标的设计奠定理论基础。

一、大概念的定义

大概念（Big idea），也称核心观念、大观念，是核心素养的具体表征。它是在事实基础上抽象出来的深层次且可迁移的概念，而非学科中某个具体的知识性概念。大概念是聚焦于学科本质，具有共识性和统领性的核心概念。另外，大概念是人的认知架构中重要的关联点，能使离散、琐碎的知识和信息联结，还能不断地吸纳和组织其他的知识和信息。它不仅可以将不同的知识有意义地联结起来，形成认知组块，帮助学习者在不同环境中迁移性地解决问题；还能帮助学习者解释和预测更广泛的事物和现象，促进其高阶认知的发展。

在教育发展的历史长河中，众多世界知名教育研究者都强调了大概念的重要性。著名教育学家怀特海（Whitehead）认为，我们应基于大概念促进儿童的认知发展，将教育儿童的思想集中于少而重要的核心概念上，并尽可能地将这些概念联系在一起。美国著名教育学家杜威（Deway）强调概念在学习者迁移性思考和问题解决中的关键作用。他认为，学习迁移的实现在一定程度上依托于概念的不断生成。当学习者面对未知时，大概念是其赖以思考的已知，而每一次探索未知都会有新的概念生成。著名教育学家布鲁纳（Bruner）指出，不同学科教学的目标应是使学习者理解该学科的基本结构，这有助于学习者更好地探寻不同事物之间的内在关联，并迁移性地解决课堂内外遇到的各类问题。

从表现形式上看，大概念通常以简洁的形式呈现，如一个或两个词语、短语、短句或问题等。然而，其实质是由知识点、关键概念、核心概念、共通概念等组成的一整套具有完整意义的知识体系，如图 4-1 所示[1]。第一，知识点。它通常是具体的、离散的知识元素，是某个特定主题或领域的具体事实、信息或概念。这些知识点作为建构知识体系的基本组成部分，可以被整合以建构更复杂的概念。第二，关键概念。它是与大概念密切相关的重要概念，在理解和应用大概念时发挥着关键性作用，能够深化我们对大概念的认识，帮助我们揭示其深层含义。第三，核心概念。它是大概念的中心和主要组成部分，通常与大概念的定义和关键原则直接相关。这些核心概念形成了大概念的骨架。第四，共通概念。它是与大概念相关的跨学科的通用性概念，能应用于不同领域和情境中，帮助我们将所学内容与其他领域的知识联系起来，促进我们进行跨学科思考和学习。

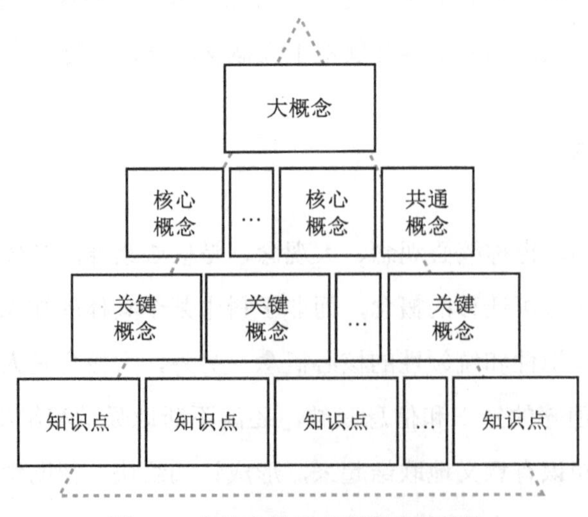

图 4-1　大概念的组成要素及其结构

我们可以结合一个案例来理解“细胞”这一大概念的组成要素。“细胞”是生命科学中一个核心且内涵丰富的概念。为了全面理解“细胞”这一大概念，学习者需要掌握多个与之相关的知识点、关键概念、核心概念和共通概念。首先，学习者需要理解关于细胞的具体事实和信息。例如，细胞是生物体的基本结构和功能单位；细胞的基本结构包括细胞膜、细胞质、细胞核等；细胞可以分为动植物细胞、原核细胞和真核细胞等。每个知识点都代表了关于细胞的特定信息，为学习者深入理解细胞奠定了基础。接下来，学习者需要掌握与细胞密切相关的关键概念，如细胞分裂（如有丝分裂和减数分裂）、细胞呼吸、细胞内的物质运输及细胞通讯等。这些关键概念对于学习者理解细胞的功能和生物体的生命活动至关重要。然后，学习者还需要理解与细胞相关的核心概念，如生物体的组织结构、基因表达与调控、细胞的能量代谢等。这些核心概念不仅在细胞生物学中至关重要，还贯穿于生物学的多个领域，如遗传学和生物化学。最后，在建构与细胞相关的知识体系时，学习者还需要理解一些共通概念。如结构与功能、系统思维、进化与适应性等。这些共通概念不仅有助于学习者理解“细胞”这个大概念，还有助于学习者将其迁移应用于理解生物学中其他的复杂系统和概念，如生态系统或生物多样性。在这个案例中，“细胞”是由具体的知识点、关键概念、核心概念和共通概念组成的一个具有丰富概念的大概念。它们共同建构了一个全面的生物学知识框架，不仅有利于学习者理解生物体的基本结构和生命过程，还为学习者进一步探索生命科学的其他领域打下了坚实基础。

二、大概念的特点

与一般概念相比，大概念具有三个重要的特点[2]。

第一，大概念具有上位性和聚合性。小概念往往是理解大概念的基础，大概念则反过来促进了学习者对小概念的深刻理解。大概念不是基础概念，而是起到聚合作用的概念。它如同一个文件夹，为归纳和梳理无数小概念提供了合理框架。作为认知结构中重要的关联点，大概念可以不断地吸纳、组织和聚合新的概念和信息，从而建构出完整的知识结构。它是建构学习者深度理解的重要支撑。另外，大概念是相对的。它既可以是某一学科的大概念，也可以是某一单元的大概念。例如，相对不同的三角函数而言，函数思想属于上位的大概念；而相对函数思想而言，数学建模属于上位的大概念。

第二，大概念具有生活价值和迁移性。大概念是与真实生活相关联的概念。小概念通常是一些基础性的知识点。如果小概念没有与大概念建立联结，就容易出现没有用、没法用或被误用的情况。当小概念很少有机会在现实世界中被运用时，就会慢慢被人遗忘。与之不同，大概念是反映了专家思维方式、具有生活价值的概念。正是因为大概念具有生活价值，它们才有机会在日常的具体情境中被不断地运用，而且，每一次的具体运用都会提升它的可迁移性。当学习者掌握了相应的大概念之后，这些大概念就像观察外部世界的透镜，通过其能理解许多无意义、孤立、有惰性或令人困惑的事实，从而能以更加清晰和智慧的方式看待问题。

第三，大概念具有持久性。在传统的课程教学中，教师通常会花费大量的时间教授给学习者不连贯的事实、术语及公式等细节。然而，这些细节往往很快就会被学习者遗忘，或者在实际生活中并不需要应用。因此，不少学习者在离开学校之后甚至都不记得一些基本的概念。与之不同的是，大概念是那些即使在经验和事实消失之后，仍然留存在学习者长时记忆存储空间中的核心概念。大概念不是暂时保存的记忆，而是具有持久性的，可以被用于解释学习者在学校学习及毕业后在生活中所遇到的各种问题、事件和现象，是贯穿学习者一生的。因此，我们可以运用大概念获得更具体、更有用的理解和事实，从而促进学习者对理论和总体概念的深度学习，激发他们进行持续性的思考[3]。

大量研究表明，大概念在学习者认知发展中起着重要作用[4]。第一，大概念可以帮助学习者高效地理解知识。它们如同认知地图，可以帮助学习者将知识组织成有序的结构。通过将相关概念和信息联结在一起，大概念能帮助学习者更好地理解知识间的相互关系和层次，并认识到不同学科领域之间的关联性，从而促进跨学科思考和学习。第二，大概念可以帮助学习者解决复杂问题。大概念不仅能帮助学习者分析问题，还能为学习者解决复杂问题提供有力支持。借助大概念提供的知识框架，学习者能够更好地分析和理解复杂问题的本质，进而找到解决问题的方法，并做出明智的决策。第三，大概念可以促进学习者的深度思考和认知发展。通过激发学习者进行深度思考和逻辑推理，大概念能够使他们更容易地将在一个领域学到的知识迁移应用到其他领域。这种知识迁移有助于学习者更全面地理解世界和解决新问题。总之，大概念是一个强大的智力工具。它可以帮助学习者在学习过程中建立更有条理、深入和跨学科的知识体系，提高他们的问题解决能力和思维的灵活性，使他们能够更好地应对复杂的认知任务和现实生活中的挑战。

三、大概念的表现类型

大概念是指位于课程学习中心位置的主题、观念、理论、基本假设、反复出现的问题、行为原则等。虽然它通常表现为一个词语或者一段话，但其内涵却包含着丰富的概念和普适性的特征。大概念不仅是一个简单的词语，更是一个抽象且内容丰富的概念，涵盖了多个层次和方面的内容。从内涵的广度看，大概念主要包含三种常见的表现类型：概念、观念和论题。

（一）概念形式的大概念

概念是指对一类事物本质特征的抽象概括，反映了个体对世界的概念性理解，如公平、物质、进化等都是概念。概念并非一个简单的词语，而是对一系列事实的高度提炼，是一种较为稳定的理解图式。它具有较强的稳定性和普遍性，是我们理解和解释世界的基本工具。借助概念，我们能够将复杂的世界简化为易于理解的认知结构。这些认知结构有助于我们在日常生活中更好地进行推理、判断和决策。

概念形式的大概念可以进一步细分为不同的层次和类型，主要包括高位概念和关键概念。其中，高位概念是指覆盖多种概念和现象，并在知识体系中占据较高层级的概念，如“信息传递”这一高位概念涵盖了从语言到数据等多种形式的信息传递过程；“结构与功能”则将不同领域的物体、系统和生物体的构造和功能整合起来进行分析。这些高位概念具有高度的概括性和抽象性，能够帮助我们从宏观层面上理解复杂的系统和现象。关键概念则是指对理解和掌握某一领域内容至关重要、不可或缺的概念。例如，在生物学领域中，“光合作用”这一关键概念解释了植物如何利用光能进行能量转化的过程；“细胞分裂”则描述了细胞如何通过分裂进行增殖和生长的基本机制。这些关键概念是学习该领域的基础，是进一步深入研究和应用知识的前提。

（二）观念形式的大概念

观念是指个体对概念之间关系的理解，表现为一种看法或观点。相较于概念，观念的形式更为多样和丰富，像原理、理论、法则等都可以写成观念的形式。观念是个体认识世界、解决问题的基础。它不仅能帮助个体理解事物的本质，还能促进更深层次的学习和创新。例如，“自然选择解释了物种适应环境的方式”这句话体现了人们对自然选择这一进化机制如何促使物种适应环境的理解。它不仅描述了一个生物学原理，还揭示了自然选择作为进化驱动力的作用。再如，“音乐作品的设计和创作要遵循一定的美学原则”这句话展示了音乐创作背后的美学观念。通过这一观念，我们可以理解音乐不是声音的简单组合，而是遵循一系列美学原则创造美感的一种艺术形式。

观念形式的大概念主要包括两种类型。第一，基于理解取向表达的观点类大概念。这类大概念通常以陈述句的形式呈现，展现两个或多个概念之间的关系，旨在帮助学习者深入理解这些概念间的联系。例如，“由于水是生命的基础，因此所有生物体都需要获取水源”说明了水与生命之间的必要联系。不仅突出了水对于生命的重要性，还强调了所有生物体为了生存必须寻找水源这一事实。第二，基于目标取向表达的观点类大概念。这类大概念一般以祈使句的形式呈现，表明学习者需要达到的目标或完成的要求，旨在指导学习者如何应用知识和技能。例如，“分析数据集以识别模式，并据此做出预测”突出了数据分析在现代科学和技术领域中的重要性。不仅要求学习者掌握数据分析的方法，还期望他们能够利用这些方法识别数据中的模式并做出预测。

（三）论题形式的大概念

论题是指一个特定的问题、观点、主题或讨论点，通常是一个需要讨论、分析或研究的话题或主题。不仅包括了人们对一个主题或问题系统化的思考和阐述，还包括通过逻辑推理和论证来表达的观点和结论。例如，在探讨“社会公平”这一主题时，可以采用论题形式的大概念来系统地阐述不同人群对社会公平的理解，并通过逻辑推理和论证来表达个人的观点和立场。具体地，可以通过探讨“教育机会平等”“收入分配平等”等子论题，来表达我们对“社会公平”这一核心主题的理解。另外，论题可以用来引导我们进行思考、讨论和研究，帮助我们更具体地探讨大概念中的某个方面。通过深入挖掘论题，我们能够更全面地了解一个主题的不同层面，并且能够针对特定问题提出更有针对性的观点和解决方案。

四、大概念的表现层级

大概念通常是对多个具体实例的共同特征进行抽象概括的结果，而不是对某个特定实例的具体描述。因此，大概念具有高度的抽象性。这种抽象性使大概念能够在不同情境和领域中被灵活应用，并在个体的认知发展中发挥总结、概括和整合其他概念的关键作用。从抽象层级来看，大概念可以分为三个递进的表现层级，如图 4-2 所示，分别是学科核心概念、跨学科概念和哲学观点。

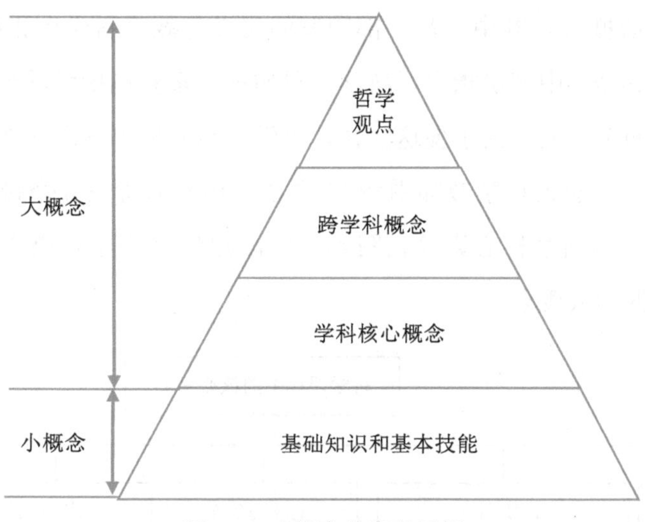

图 4-2　大概念的表现层级

（一）学科核心概念

从学科教学的角度看，大概念主要体现为学科核心概念。这是相对具体且具有学科特性的大概念层次。学科核心概念是指在特定学科或领域中占据基石地位的重要概念。它是对学科内重要内容的系统梳理与深度概括，能够有效地展现学科知识组织架构中的基本概念、规律和原理。它不仅代表了学科内容的精髓，还体现了学科内部知识之间的逻辑关联。以图 4-3 所示的化学学科核心概念梳理为例，可以清晰地观察到，掌握具体的知识点有助于我们理解关键概念；而对关键概念的理解，则进一步促进了学科大概念的建构和完善。一旦学习者真正掌握了某一学科的核心概念，对该学科的理解将会达到融会贯通的程度。这有助于学习者更加灵活和高效地运用其解决复杂问题。

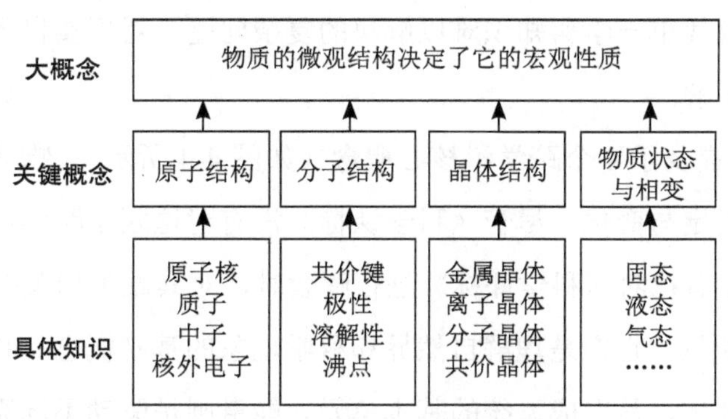

图 4-3　化学学科中大概念的示例

为了引导教师开展指向核心素养的教学，教育部颁布的课程标准直接呈现了课程教学中涉及的学科核心概念。其中，教育部印发的《义务教育科学课程标准（2022年版）》（后文简称《科学课标》）中明确指出，科学学科的核心素养包括科学观念、科学思维、探究实践及态度责任四个方面。为了使这些富含哲学内涵的抽象理念在教学实践中得到具体体现，该《科学课标》建议科学教师围绕13个学科核心概念及4个跨学科概念开展教学活动，以培养学习者的科学核心素养。图4-4中呈现的13个学科核心概念就属于科学课程中学习者需要掌握的大概念。

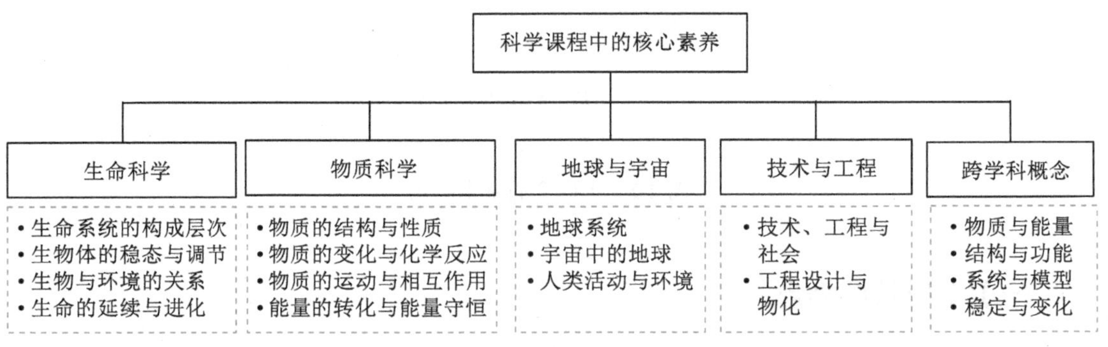

图4-4　科学课程中的学科大概念

（二）跨学科概念

跨学科概念，又称为共通概念或通用概念。这一层级的概念具有更为广泛的适用范围，可以联结各学科不同概念。一般来说，跨学科概念具有联结两个及以上学科核心概念的功能。而且，它们具有独特的内涵和外延，而不是两个概念的简单相加[5]。从功能上看，跨学科概念为学习者建构了一个具备扩展性的思维组织架构，能够帮助他们整合不同学科的知识内容，从而更全面、关联地认识并理解现实世界。通过掌握跨学科概念，学习者可以更好地应对仅凭单一学科知识难以解决的复杂问题，对现实世界中的各种现象形成更加深入且全面的理解。

《科学课标》中提及了4个跨学科核心概念（如图4-4所示）：物质与能量、结构与功能、系统与模型及稳定与变化。尽管《科学课标》没有对这四个跨学科概念的内涵做出明确的界定，但部分学者在对《科学课标》进行解读时，对其做了相关的定义与说明。

第一，物质与能量。它们是理解自然界和科学现象的基础概念。物质是指宇宙中一切具有质量和体积的物体，是组成系统的基本单元。能量则是驱动不同系统中物质运动和变化的驱动力。它可以通过不同形式（如动能、热能、化学能、电能等）存在，并在物理、化学和生物之间相互转化。物质和能量是我们理解外界中不同系统的两个重要维度。物质是系统中能量转化的载体，能量是系统中物质流动、循环的动力。它们共同限制了系统可能的变化。因此，理解系统中物质和能量的流动、循环及转化有助于我们理解系统发展变化的可能性和局限性。通过课程学习，学习者需要理解物质与能量是系统的两个守恒量。在任何系统中，物质和能量都不会无中生有或凭空消失，而会以某种形式被转化或转移。另外，学习者还需要理解物质和能量在系统中流动与循环的基本规律，即物质的流动与循环伴有能量的转移与转化，能量的转移与转化驱动着物质的流动与循环。

第二，结构与功能。它们是理解自然现象和技术装置的两个基本概念。其中，结构是指事物的构造或排列方式；功能是指该结构所实现的特定目的或作用。它们是外界中不同系统的两个互补方面，其中，系统的结构决定了它的功能。通过课程学习，学习者需要理解结构和功能之间存在相互解释的关系，即物体或系统的结构决定了它的功能，而功能的需求反过来也会影响结构的设计。而且，学习者需要理解不同尺度（从微观到宏观）的系统，其结构和功能可能有所不同。此外，系统关键部件的材料、形状及这些部件间的关系往往决定了系统的整体功能。

第三，系统与模型。系统是由多个相互作用的部分组成的有机整体，这些部分通过一定的规则或机制共同运作。模型则是对系统的简化和抽象，能够帮助学习者理解、分析和预测系统的行为。模型包括物理模型、数学模型和概念模型，能够体现原系统的本质特征，是描述和理解系统的有效工具。通过课程学习，学习者需要认识到系统通常由多个相互作用的部分组成，这些部分具有明确的边界并通过一定的规则或机制共同运作。另外，学习者还需要认识到系统模型的重要性。模型可以表达系统内部各部分之间的相互作用关系，以及系统与外部环境的关系。这不仅有利于学习者更好地理解复杂的系统，还可以预测系统在不同条件下的行为。

第四，稳定与变化。稳定与变化是描述自然和人造系统的重要概念。稳定指的是系统在面对内外扰动时保持平衡的能力，变化则是系统在时间或条件变化时发生的转变。稳定与变化描述的是系统在时间上的动态行为。一个系统如果在外界条件变化时保持不变，或能在变化后恢复到某种平衡状态，则该系统被认为是稳定的。通过课程学习，学习者需要理解稳定是变化的动态平衡。这意味着，尽管系统中有各种内部或外部因素在作用，系统仍能保持某种形式的平衡。另外，学习者需要认识到系统的稳定需要一定条件。这意味着，为了维持这种稳定性，系统需要满足一定的条件，这些条件可以包括输入输出的平衡、反馈机制的运作等。最后，学习者需要认识到：反馈是控制系统稳定与变化的关键机制。理解反馈过程有助于学习者掌握如何控制和管理复杂系统的行为，确保系统在面对变化时能够维持其功能。

《科学课标》中明确指出：学习者需要通过科学课程的学习，在探索不同学科核心概念的过程中逐渐理解和掌握这些跨学科概念，并运用它们有针对性地解决现实生活中的真实问题，进而引导学习者掌握高阶思维技能，更好地服务于未来的学习生涯和职业生涯。接下来，我们以“结构与功能”这一跨学科概念为例进行说明。在科学课程中，教师可以结合植物叶片相关课程内容，带领学习者理解“结构与功能”这一跨学科概念。具体地，教师可以通过研究植物叶子的结构来说明结构与功能的关系。叶子的表皮细胞、气孔、叶绿体等结构分别对应着保护、气体交换和光合作用的功能。通过实际解剖和显微镜观察，学习者能够直观地理解这些结构如何支持植物的生存和生长。除此之外，教师还可以结合人体心脏相关课程内容，带领学习者理解“结构与功能”这一跨学科概念。具体地，教师可以通过解剖模型或 3D 软件，带领学习者理解心脏的结构，包括心房、心室、瓣膜和动脉等。然后，教师还可以使用视频或互动模拟展示血液如何通过心脏在身体内循环，分析每一部分的结构如何支持其功能。例如，心室肌肉较厚是因为它们需要将血液泵入全身，而瓣膜则防止血液逆流。这样，学习者就可以理解心脏结构的复杂性及其对整体循环系统的功能性影响。

（三）哲学观点

哲学观点是最抽象和普遍的大概念层级，涉及对根本问题和原则的深层次抽象思考。这些哲学观点本质上是对人与世界之间关系的根本认识、基本态度及核心主张。它们通常不受限于特定学科或领域，而是在更广阔的人类思维范围内发挥作用。例如，辩证法中的联系观、发展观、矛盾观等哲学理念，体现了超越具体学科界限的特点，广泛涵盖了众多哲学领域的普遍范畴。

大概念的三个不同层级之间存在着内在的递进关系。这些层级从基础到高级，逐渐加深了我们对世界的理解。下面结合一个案例来说明这三个层级的区别及其内在联系。例如，在刚开始学习生物课程时，我们首先学习植物的生长条件这一内容，掌握“植物需要阳光、水分和养分才能生长”这一基础知识。随着学习的深入，我们将这些基础知识和技能整合到更大的框架中，形成了学科内的核心概念。这些概念可以帮助我们理解特定学科的关键原理和规律。例如，“光合作用是植物通过吸收太阳能将二氧化碳和水转化为有机物的过程”是一个属于学科核心概念层级的大概念。它不仅是对基础知识的总结，也是对植物生长过程的一个关键解释，展示了生物学中光合作用的原理。再往上，我们会遇到那些超越单个学科界限的概念，这些概念可以在多个学科领域中找到应用案例。它们提供了一种通用的语言，帮助我们在不同学科间建立联系。例如，“能源转化是自然界中普遍存在的现象，能量可以从一种形式转化为另一种形式”是一个属于跨学科概念层级的大概念。它涉及生物学、物理学和化学等多个学科，可以帮助我们理解能量转化是自然界中的普遍现象，适用于多种应用情境。最终，我们可能会触及一些最根本的哲学观点，用于解释世界的本质和运作方式。这些观点构成了最高层级的大概念。例如，“宇宙万物皆处于永恒的变化之中，没有绝对静止的状态”是一个哲学观点层级的大概念，即宇宙中的所有事物都在不断变化和演进。如图 4-5 所示，通过理解大概念的三个不同层级，我们可以更好地组织和关联所学知识，逐步建立起一个完整而连贯的知识体系，进而更好地应对复杂的世界。

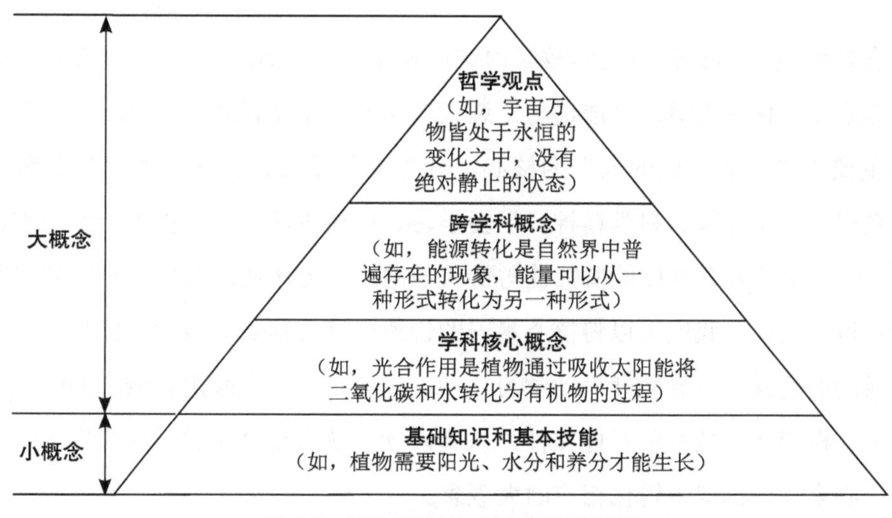

图 4-5　不同层级的大概念及其示例

第二节　基于大概念的学习目标设计方法

大概念是教师在教学中落实核心素养的重要抓手。基于大概念及其对应的知识结构，教师可以为学习者设计合适的学习目标，把他们在协作问题解决学习中的固有认知负荷控制在合理范围内。在设计基于大概念的学习目标时，首先，需要在深入研读《科学课标》和科学教材的基础上，结合教学实际情况提取相应的大概念；然后，需要以大概念为核心建构相应的知识结构；最后，需要基于大概念及其知识结构，为学习者撰写适宜的学习目标。因此，在本节中，我们主要介绍基于大概念的学习目标设计的关键步骤，为大家科学地设计基于大概念的学习目标提供指导方法。

一、确定大概念的提取路径

在设计基于大概念的学习目标时，教师首先需要运用科学的方法遴选和提取大概念，为学习者在协作问题解决学习中需要达成的学习目标提供立足点。从实践操作上看，教师可以从核心素养、课程标准、学科教材、生活意义等角度切入，提取相应的大概念。这些角度不是彼此独立的，而是相辅相成的[2]。

（一）从核心素养中转化大概念

大概念是联结核心素养与具体教学内容的桥梁，对组织课程与教学活动具有重要意义。将核心素养转化为大概念是遴选与提炼大概念的主要路径之一。目前，中国学生发展核心素养主要以“全面发展的人”为核心，分为文化基础、自主发展、社会参与三个方面，综合表现为人文底蕴、科学精神、学会学习、健康生活、责任担当、实践创新六大素养[7]。由于核心素养具有高度的概括性与价值导向性，无法通过具体的知识和反复的技能训练直接获得。因此，我们可以将核心素养的价值内涵转移到大概念，并将其作为联结和统领教学活动的桥梁，引导教师设计学习活动。也就是说，在圈定大概念的时候，教师可以将核心素养框架作为核心的目标文件，认真研读，然后结合所教学科的内容特点及教学经验，从核心素养的框架中转化相应的大概念。

（二）从课程标准中演绎大概念

课程标准是我国指导课程与教学改革的基本依据，是教师开展日常教学活动的指导性文本。作为国家课程的基本纲领性文件，课程标准提出了面向全体学生的学习基本要求。原则上，所有大概念的提取都要参照课程标准。因此，课程标准是建构学科大概念的重要渠道。

为了更好地贯彻与落实核心素养，2022 年国家针对每门中小学课程颁布了基于核心素养的新课程标准。虽然有些学科的课程标准并没有明确提出学科大概念，但是，教师要有课程视野，有意识地挖掘具体的知识点，并围绕上位的学科概念、原理和思维方法提炼大概念。另外，教师可以基于自身学科知识和教学经验的积淀，在研读课程标准的过程中分析出适合不同教学内容的大概念。

（三）从学科教材中提取大概念

虽然我们提倡教师进行个性化教学，避免在教学过程中单纯为了教授教材而使用教材。但是，这并不意味着教师在教学过程中不需要研读教材。教材中呈现的知识结构和教学素材是教师开展教学活动的基础，是教师教学的重要参考资源。因此，正确分析并把握教材是提取大概念的必要条件。

通过研读教材，教师需要关注其中反复提及的重要知识与内容，理解隐含在字里行间的重要核心知识，从而从教材中提炼出相应的大概念。首先，教师可以在“单元起始处”和“单元结尾处”等重要的地方提取大概念。其次，教师可以从要教、要学、要考的重难点内容入手进行分析，进一步厘清知识学习的进阶发展与重要节点，建构知识之间的内在本质联系，这些往往是大概念产生的来源。最后，在备课时，教师还可以不断地反问自己:“在教学过程中，学习者要掌握的内容中哪些最重要？”“为什么这些内容最重要？”等等。通过这种不断地追问和反思，教师可以逐渐接近大概念。

（四）从生活意义中挖掘大概念

生活世界虽然看似无序、零碎，实则蕴含着丰富的意义。人在科学世界中所获得的理智发展，只有回归到现实的生活世界中才能被赋予人生的真正意义。因此，生活意义对于教师在教学中提取大概念具有重要的指导作用。在组织教学内容和活动时，教师可以以所教学科的知识点为基础，通过不断地反思与归纳生活素材来进行大概念的提取、细化和调整。

总的来说，大概念的提炼不是一蹴而就的。在提取大概念时，教师不仅需要深入研读课程标准、教材和各类课程资源，秉持研究者的心态不断改进教学；还需要归纳梳理相似学习内容的共性，厘清知识学习的进阶发展与重要节点，着力建构知识之间的内在本质联系，从而为学习者找到在协作问题解决学习中需要掌握的最核心、最重要的关键概念。

二、确定大概念的知识结构

大概念不是一个单一的词语，而是一个横向延展、纵向深入、指向实践的多层次多维度的复合概念。因此，在明确了单位教学时间内的大概念之后，教师需要遵循以下四个步骤来建构和明确基于大概念的知识结构。

第一步：确定关键的大概念

在设计大概念时，教师在基于核心素养、课程标准、学科教材、生活意义等角度提取了大概念之后，需要综合权衡学习主题、情境、内容和学习者特点等多重要素，从众多的大概念中确定一个关键的大概念。这个大概念不仅应符合教学的实际情况，还应充分涵盖希望学习者掌握的关键概念及其他相关概念。

第二步：确定核心概念、关键概念和共通概念

核心概念是经由大概念发展延伸而来的特定概念。虽然大概念本身具有深刻的意涵和广泛的适用性，但如果没有核心概念来明确探讨和引导思考的方向，大概念可能会呈现出抽象模糊的面貌，缺乏教学方面的实用性。因此，在选定大概念后，教师需要明确与之相关的核心概念。这些核心概念是建构基于大概念的知识结构的关键要素，学习者必须深入理解这些核心概念，才能真正地掌握大概念。在选定核心概念后，教师还需要进一步明确与核心概念相关的关键概念。这些关键概念有助于进一步解释、支持和扩展核心概念，使其更加具体和实用。最后，教师需要探索与大概念、核心概念和关键概念相关的共通概念。这些共通概念可以帮助学习者在不同领域之间建立联系，促进思维和知识的综合运用，从而提升他们的学习能力和问题解决能力。

第三步：建立基于大概念的层次结构

在设计大概念时，当大概念、核心概念、关键概念和共通概念都基本确定好之后，教师需要按照层级进行梳理和呈现，确定每个概念之间的层次关系和依赖关系，从而建立清晰的知识结构。一般地，教师可以将大概念置于顶层，将核心概念置于下一层，将关键概念置于更下一层。在梳理不同概念之间的层次结构和关系时，教师还需要对大概念中包含的内容进行动态调整，确保学习者在规定的时间内能完成对相关概念的理解，从而形成对大概念的整体理解。

第四步：完善基于大概念的层次结构

当梳理好大概念及其对应的其他概念的逻辑关系后，教师需要添加详细信息和联结，以完善基于大概念的层次结构。教师可以为每个概念添加详细信息、具体知识点和实例，以帮助学习者更深入地理解每个概念，并提供相关示例来加强理解。另外，知识结构的设计应根据具体的学习目标和受众需求进行调整和优化。在这一过程中，教师可以邀请其他人提供反馈，以检查知识结构的逻辑性和有效性，并根据反馈进行相应的改进。

三、呈现大概念的表征方式

大概念是一个复合概念，是贯穿于整个教育教学的重要线索。为了对大概念进行系统思考与整体规划，教师可以使用韩国天主教大学的邦·达米（Bang Dami）研究团队提出的“金字塔模式”来表征基于大概念的知识结构[8]。“金字塔模式”由大概念、跨学科概念、学科概念、知识点等部分组成（如图 4-6 所示）。它的核心思想是将知识或概念按照层次结构排列，将重要的、核心的概念置于金字塔的顶端，将较为具体的概念放在底部，形成递进的层次结构。这种模式的结构呈现出金字塔的形状，从上到下逐渐变得更加具体和详细。教师可以根据这种模式来组织课程内容，确保学习者在学习过程中能逐步建立对知识体系的整体理解。具体地，我们以达米研究团队建构的基于“结构性”的大概念及其对应的知识结构为例，介绍运用“金字塔模式”表征基于大概念的知识结构的三个关键阶段[9]。

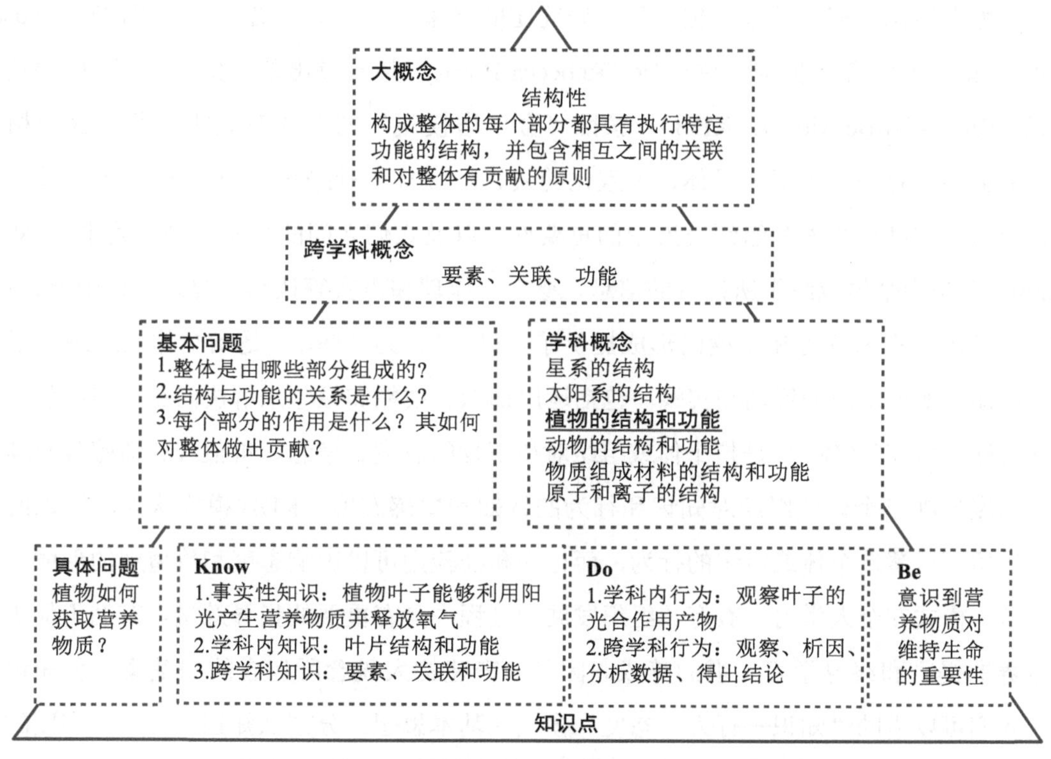

图 4-6　基于“结构性”的大概念及其对应的知识结构

第一阶段：依托课程标准和教学内容梳理大概念。在建构基于“结构性”的大概念及其对应的知识结构时，研究团队经历了三个主要环节，从而确定了科学课程中的大概念。第一环节，五位中小学科学教师和五位科学教育专家研读了与大概念相关的国外文献，深入研究了大概念的本质内涵，并达成了共识。第二环节，研究团队对韩国 2009 年修订的科学课程标准及教材进行了分析，提取了小学1—6年级的科学课程基本学习要素。第三环节，研究团队将大概念与基本学习要素进行分类对应，并在考虑大概念的有效性和恰当性的基础上不断地进行筛选、整合、修改和调整，最终确定了“多样性”“结构性”“交互性”“动态性”四个科学大概念。对于“结构性”这一大概念，研究团队达成了统一认识，即学习者通过科学课程内容的学习，最终需要达成的“专家式”认识是理解自然界整体与部分之间相互关系的重要观念，理解构成整体的每个部分都具有执行特定功能的结构，以及这些结构在整体上发挥的作用。另外，研究团队认为，学习者在形成对“结构性”这一大概念的“专家式”认识时，还需要对要素、关联和功能等跨学科概念形成深入认识。因此，在“结构性”这一大概念中，要素、关联和功能被视为非常重要的跨学科概念，如图4-6所示。

第二阶段：运用“金字塔模式”梳理大概念下属的概念。在对上位的大概念及相对上位的跨学科概念有了基本定位之后，研究团队借鉴了加拿大学者苏珊·德雷克（Susan Drake）和美国学者丽贝卡·伯恩斯（Rebecca Burns）共同提出的“知识—行为—态度”模式（Know-Do-Be Model，KDB），按照“金字塔模式”的形式对大概念所包含的相对下位的重要内容进行了更加具体、细致化的表达。“知识—行为—态度”模式主要强调知识、行为和态度在个人和组织发展中的重要性，以及它们之间的相互关系。其中，“知识（Know)”是指个体或组织所拥有的信息、概念、原理和事实等认知内容。在这个模式中，知识是基础，它为行为和态度的形成提供了基础。“行为（Do)”是指个体或组织基于所掌握的知识所展现出的行动和实践，包括运用知识、技能和经验来解决问题、完成任务或实现目标。“态度（Be)”是指个体或组织对待事物的态度、信念、价值观和情感等心理因素。态度反映了个体或组织对知识和行为的认知和情感态度。KDB模式认为，知识的获取和应用可以塑造个体或组织的行为，而行为和经验则可以影响态度和价值观的形成。因此，这一模式在个人学习、教育和组织发展的过程中具有重要的指导意义，有助于促进综合素养的提升和终身学习习惯的养成。因此，在建构大概念所包含的关键概念和知识点时，我们可以借助“知识—行为—态度”模式的基本思想，分别从知识、行为和态度的角度进行思考，回应学习者在形成相应大概念时需要掌握或者具备的支撑性知识、行为和态度。具体来说，“知识”要素呈现的是学习者在形成大概念时最需要知道哪些知识，主要包括事实、概念等。“行为”要素呈现的是学习者在形成大概念时最需要表现出哪些行为，主要包括研究、技能等。“态度”要素呈现的是学习者在形成大概念时最需要成为具有什么价值观的人，主要包括信仰、态度等。知识部分可以使用“金字塔模式”呈现，事实位于“金字塔模式”的底层，学科概念、跨学科概念分层次放置。

在建构基于“结构性”的大概念时，结合科学课程的教材内容，研究团队通过自上而下地梳理，达成了共识，如图 4-5 所示。学习者形成的结构性大概念可以覆盖星系的结构、太阳系的结构和功能、动物的结构和功能、植物的结构和功能等学科概念。然而，在理解这些学科概念时，学习者需要掌握一些更加具体的事实性知识。例如，在依托“植物的结构和功能”这一学科概念帮助学习者理解“结构性”这一大概念时，教师需要带领学习者理解“植物的结构和功能”这一学科概念下属的一些知识、行为和态度。具体来说，在“知识”要素层面，学习者需要知道的事实性知识是“植物叶子能够利用阳光产生营养物质并释放氧气”；学科内知识是“叶片结构和功能”；跨学科知识是“要素、关联和功能”。在“行为”要素层面，学习者需要掌握的学科内行为是“观察叶子的光合作用产物”；跨学科行为是“观察、析因、分析数据、得出结论”。在“态度”层面，学习者需要“意识到营养物质对维持生命的重要性”。

第三阶段：确定引导学习者建构大概念的驱动性问题。为了明确基于大概念的课程教学的方向，促进学习者对大概念的学习，研究团队认为，需要针对大概念设计具有统领性的基本问题，同时针对支持大概念习得的学科概念设计具有落地性的具体问题。在“结构性”大概念的学习情境中，研究团队设计了三个基本问题：一是整体是由哪些部分组成的？二是结构与功能的关系是什么？三是每个部分的作用是什么？其如何对整体做出贡献？因此，在依托“植物的结构和功能”这一学科概念帮助学习者理解“结构性”大概念时，教师设计的具体问题可以是：植物如何获取营养物质？

经过依托课程标准和教学内容梳理大概念，运用“金字塔模式”梳理大概念下属的概念，确定引导学习者建构大概念的驱动性问题这三个关键阶段，研究团队运用“金字塔模式”可视化呈现了如图 4-6 所示的大概念及其知识结构。基于这一确定好的大概念及其对应的知识结构，教师就可以有针对性地进行学习目标的设计。

四、撰写基于大概念的学习目标

在建立好基于大概念的知识结构之后，教师需要围绕大概念进行学习目标的设计，为后续开展协作问题解决学习过程的设计提供指导方向。从概念上看，学习目标是对学习者学习结果的陈述，说明学习者在完成某一时间段的学习后应该具备的知识、技能和态度。从涵盖范围上看，学习目标可以分为课时学习目标、单元学习目标、课程学习目标。从组成内容上看，学习目标可以分为知识与技能目标，过程与方法目标，情感、态度与价值观目标。在教师设计学习的过程中学习目标发挥着重要作用。它不仅能指引教师整合一节课或一个单元的学习内容，还能指导教师设计最恰当的学习活动，帮助学习者有效达成学习目标。在实践操作层面，教师可以按照“确定大概念中不同概念的知识属性、判断学习不同概念时需达到的认知加工层级、基于知识属性和认知加工层级撰写学习目标”这三个步骤设计基于大概念的学习目标。

第一步：确定大概念中不同概念的知识属性

在设计基于大概念的学习目标时，教师首先需要参考知识分类，梳理基于大概念建构的知识结构中不同组成要素所属的知识维度，为后续设计学习目标做铺垫。从具体到抽象变化的程度看，知识可分为事实性知识、概念性知识、程序性知识。事实性知识是指学习者为掌握一门学科或解决特定问题所必需的基础信息元素，主要包括术语知识（如化学中的元素名称）、具体细节知识（如食物中包含的脂肪、碳水化合物、蛋白质等营养物质）等。概念性知识是指在更大知识框架内，体现基本元素间相互联系并协同发挥作用的知识结构，主要包括分类与类别知识（如水的不同形态、土壤类型划分）、原则和结论性的知识（如数学课程中的勾股定理）、理论模型和系统知识（如国家组织结构、人类进化理论等）等。程序性知识是指执行某项任务的方法、算法、技术和操作规程等，主要涵盖特定学科的技能算法（如整数除法的具体步骤）、学科技巧与方法的运用（如采访技术、科学实验方法），以及识别应用适当程序的时机（如判断何时应用牛顿第二定律）等。

第二步：判断学习不同概念时需达到的认知加工层级

在明确了基于大概念的知识结构中各组成部分的知识属性后，教师需要明确学习者在学习对应的知识时需要达到何种认知层级。依据布鲁姆的认知加工层级分类，学习者在学习某一知识时可能达到的认知水平包括记忆、理解、应用、分析、评价和创造六个层级，如图 4-7 所示。其中，记忆、理解、应用是低阶认知加工层级，而分析、评价和创造是高阶认知加工层级。随着认知加工层级的上升，学习者在处理外界信息时需要进行更为复杂、深刻的认知操作，这将相应地提高其学习效果。

（1）记忆。指学习者从长时记忆中检索相关信息的认知过程，通常包括识别和回忆两个认知环节。其中，识别是指在长时记忆中匹配和确认所需的知识内容，如识别新中国成立的具体日期。回忆则是指从长时记忆中提取所需的知识内容，如回忆中国历史上重要事件的发生日期。

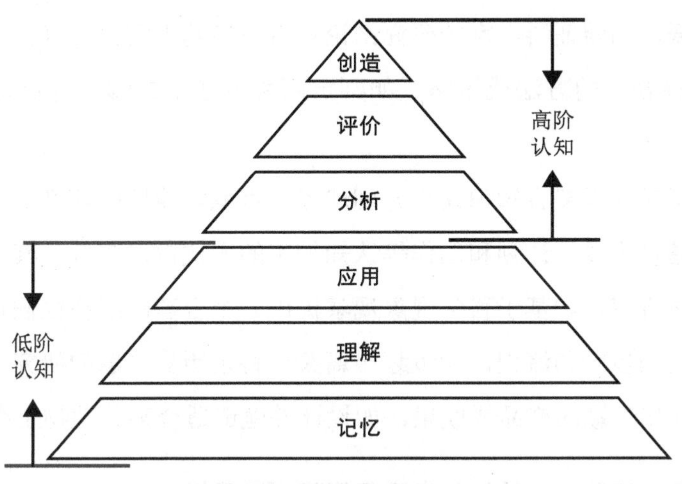

图 4-7　布鲁姆认知加工层级分类

（2）理解。指学习者通过相关信息建构新的意义理解的认知过程，可通过说明、例证、分类、总结、推断及比较等认知加工的方式得以实现。其中，说明是指将一种形式的信息转化为另一种形式，如改写重要演讲或文献的核心内容。例证是指找出概念或原则的实际例子或解释，如提供一幅符合梵高画风的作品。分类是指确定事物所属的类别，如对观察到的动物进行种类划分。总结是指从众多信息中提炼主题或要点，如撰写一段视频中呈现的事件的简要概述。推断是指从已知信息中通过逻辑推理得出结论，如在外语学习过程中，从实例中推导出语法规则。比较是指在两种或多种想法、对象之间找寻并分析其对应关系与差异，如对比现代小说与古代小说在叙事手法上的区别。

（3）应用。指学习者在不同情境下运用程序性知识解决问题的认知过程，执行和实施是实现这一认知加工层级的关键步骤。其中，执行是指将所学技能应用于熟悉的任务情境，如计算三位数除以两位数的除法问题。实施则是指将技能拓展至新情境中加以运用，如正确应用牛顿第二定律解决物理问题。

（4）分析。指学习者将材料分解为各个部分，并明确各部分之间的相互联系及它们在整个结构或功能中的作用的认知过程，可以通过区分、组织和归因分析等认知加工的方式得以实现。其中，区分是指识别并分辨出学习材料中相关与不相关、核心与次要的部分，如区分数学中有理数和无理数的不同特征。组织是指确定某一知识点在复杂知识体系中的定位和作用，如阐述二氧化碳在植物光合作用中的具体作用。归因分析则是指探寻材料背后的观点、偏见、价值观或意图，如解读文章作者的政治立场及其在文中隐含的意义。

（5）评价。指学习者根据既定标准对信息、观点或产品进行判断的认知过程，可以通过检查和评判等认知加工的方式得以实现。其中，检查是指为了发现过程或产品内部的一致性缺失或错误，如验证科学家的研究结论是否严格基于实验数据得出的。评判则是指针对特定问题选择合适的方法或策略，如判定两种方法中的哪一种更适合用来解决特定问题。

（6）创造。指学习者整合知识元素并创造出连贯或功能性的新产品、新模式或结构的认知过程，可以通过生成、计划和创作等认知加工的方式得以实现。其中，生成意味着提出替代假设或解决方案，如基于科学现象观察提出一个合理的解释性假设。计划是指设计完成某项任务所需的步骤和流程，如策划一篇关于特定历史主题的研究论文大纲。创作则是指创新性地制作出新颖的产品或成果，如设计并建造适合某种动物生存的生态栖息地。

第三步：基于知识属性和认知加工层级撰写学习目标

当明确了基于大概念的知识结构中不同概念的知识属性及其需要达到的认知加工层级之后，教师需要将认知加工层级对应的行为动词与具体概念相结合，采用动宾结构的文字陈述形式表述学习目标。具体地，教师可以参照表 4-1 中的行为动词，选择与认知加工层级相匹配的行为动词来撰写学习目标。

表 4-1　行为动词参照表

序号	认知层级	认知层级对应的动词
1	记忆：从长时记忆中检索相关知识	识别、回忆、排列、定义、定位、回顾、背诵、描述、重复、选择、引用、标签、复制、命名、陈述……
2	理解：从相关信息中建构新的意义	说明、例证、总结、推断、解释、归纳、重述、复述、转述、指示、重新组织、翻译、转化、盘点、辩护、报告、重写……
3	应用：在特定情况下执行或使用某种程序性知识解决某一问题	执行、实施、证明、诊断、对比、分类……
4	分析：将材料分解为不同的部分，并确定各部分之间与整体结构或用途之间的关系	区分、组织、归因、预测、改变、调查、比较、图解、检查、测验、合并、计算、发现、概述、解决……
5	评价：根据某种标准做出判断	评判、评价、评估、辩解、估算、建议、达标、支持、批评……
6	创造：将元素组合在一起，形成一个连贯的或功能性的整体；或将元素重新组织成新的模式或结构	生成、计划、创作、安排、集合、组成、制造、提议、验证、绘制、设计、发明、制订、创造、管理……

在设计基于大概念的学习目标时，教师可以借助表 4-2 更好地将知识和相应的认知加工层级对应起来。具体地，教师可以先梳理教学中涉及的知识及其对应的维度，然后判断

学习者在学习某个知识时需要达到的认知加工层级，然后参考表 4-1，运用动宾结构陈述学习目标。以“第一次世界大战”历史教学内容为例，说明科学撰写学习目标的主要环节。首先，在这一课程单元中，学习者应掌握的事实性知识涉及第一次世界大战的时间跨度、参与国家及主要历史事件等基本信息。其次，概念性知识层面要求学习者理解战争的性质和分类、相关因果词语表述（如民族主义、帝国主义等）及它们在一战背景下的作用。接着，在程序性知识方面，学习者需要能够阐述第一次世界大战的原因、结果及联系。然后，对于事实性知识，学习者需要达到记忆这一认知层级。对于概念性知识，学习者需要达到分析认知层级。对于程序性知识，学习者需要达到创造这一认知层级。最后，基于上述分析，在这一课程单元教学中，可设计如下学习目标：第一，记忆并识别第一次世界大战的关键事件、参与国家及具体爆发日期。第二，比较民族主义与帝国主义的不同特征，明确二者在第一次世界大战爆发过程中的作用差异。第三，选择恰当的理由，并组织成完整的文本表达，解释第一次世界大战爆发的深层原因及其后果。

表 4-2　学习目标确定辅助表

知识维度	认知层级					
	记忆	理解	应用	分析	评价	创造
事实性知识						
概念性知识						
程序性知识						

参考文献

[1] 刘徽 .“大概念”视角下的单元整体教学构型——兼论素养导向的课堂变革 [J]. 教育研究，2020，41（6）：64-77.

[2] 刘徽 . 大概念教学：素养导向的单元整体设计 [M]. 北京：教育科学出版社，2022.

[3] Wiggins G. What is a“big idea”?[EB/OL]. (2010-06-10)[2024-09-08]. https://authenticeducation.org/whatisabigidea/.

[4] 徐洁 . 基于大概念的教学设计优化 [M]. 上海：华东师范大学出版社，2021.

[5] 王李淇，何善亮 . 美国、新加坡、中国（含台湾地区）科学课程（教学）标准中跨学科概念的比较与启示 [J]. 课程教学研究，2024（3）：12-21.

[6] 刘徽 . 大概念教学：素养导向的单元整体设计 [M]. 北京：教育科学出版社，2022.
[7] 林崇德 . 构建中国化的学生发展核心素养 [J]. 北京师范大学学报（社会科学版），2017（1）：66-73.
[8] BANG D, PARK E, YOON H, et al. The design of integrated science curriculum framework based on big ideas[J]. Journal of the Korean Association for Science Education, 2013, 33(5): 1041-1054.
[9] 李刚，吕立杰 . 国外围绕大概念进行课程设计模式探析及其启示 [J]. 比较教育研究，2018，40（9）：35-43.

第五章　基于问题解决的学习活动设计

当明确了基于大概念的学习目标之后，教师需要预设学习者的学习过程，以达成相应的学习目标。从认知负荷角度看，为了避免学习者在学习过程中进行不必要的探索，引发学习者有效的认知发展，教师需要为学习者设计适宜的学习活动，降低学习者在协作问题解决学习中的额外认知负荷，并提升其相关认知负荷。学习科学领域的研究表明，学习者解决问题的过程可以引发多层次、多维度的认知活动，帮助学习者对复杂的知识体系形成深度理解，并促进其高阶思维能力的发展。因此，在开展指向核心素养的学习设计时，可以以问题为抓手，按照问题解决的认知环节为学习者预设和编排相应的学习活动序列，从而助力其核心素养的提升。本章主要带领大家理解认知视角下问题解决的内涵，剖析问题解决的认知机制。在此基础上，详细阐述基于问题解决的学习活动设计思路和策略，为大家科学地设计协作问题解决学习提供过程指引。

第一节　问题解决的基本内容

从认知层面理解个体问题解决的认知规律是教师科学地设计学习活动，助力学习者以协作问题解决学习的方式培养核心素养的重要前提。因此，本节将重点阐述问题解决的概念，问题解决的认知过程模型及问题解决的图式理论，为科学地设计基于问题解决的学习活动提供理论依据。

一、问题解决的定义

（一）什么是问题

“问题（Problem）”一词起源于希腊语“Problema”，意为障碍或阻力，也指疑问

（Question）、不确定的事件（Issue）等[1]。在工作和生活中，我们会面临各种不同的问题，如“如何考入理想的大学”“我的工作目标是什么”等。有时，“问题”也指困境、困惑、窘境，带有一定的情感内涵，如“班中有个问题小孩”“两个人之间有过节”等。在学习科学领域，研究者通常将“问题解决”看作一种认知活动[2]。当个体想要达成某个目标，但无法立刻确定如何采取行动时，就会产生问题。从认知心理学角度看，问题可被视为一种特定的情境，通常包括初始状态、目标状态、约束路径三个要素[3]。问题的初始状态是指在当前问题情境中个体已知的条件或信息。问题的目标状态是个体希望的或已规定好的、要达到的目标结果。问题的初始状态和目标状态之间的差距构成了问题空间。问题的约束路径是指在相应的问题空间中，个体从初始状态达到目标状态所需采取的特定的认知操作与过程。

根据问题目标的清晰度及问题解决策略的数量，问题可以分为良构问题和劣构问题。良构问题的特点在于其已知条件明确，问题解决的规则、方法和流程清晰，问题解决的结果有限且确定。如数学中“已知长方形的长为 5 厘米，宽为 4 厘米，求解长方形面积”的问题，根据提供的信息和目标，人们可以采用明确的方法来解答。相对而言，劣构问题的特点表现为已知条件模糊，解决规则和方法不明确，可能的解决方案多样且结果不确定，如“本科毕业后选择继续深造还是找工作”这样的问题。虽然初始状态和目标状态清晰，但因个体差异，问题解决的方案各异。随着年龄的增长，我们在学习、生活和工作中遇到的大多数问题更偏向于劣构问题。

（二）什么是问题解决

问题解决（Problem Solving）是个体在解决问题的过程中展现出的外显行为，同时也是他们在大脑内部进行的一系列复杂的认知操作过程。从微观认知层面看，问题解决是指个体运用认知策略和方法，将问题从初始状态成功过渡到目标状态的认知加工过程。通常情况下，问题解决过程包含以下四个关键要素[4]，如图 5-1 所示。第一为个体面临的问题初始状态；第二为期望达到的问题目标状态；第三为问题解决的方案，即个体制订出的能够使问题从初始状态平稳过渡到目标状态的行动计划或认知操作序列；第四是问题解决过程。一般来说，在问题解决过程中，个体需要通过反复尝试和试错，基于经验总结和归纳，或者依据科学规律与方法指导行动等途径寻求问题解决方案。个体每次的试错实践、对经验的总结归纳及科学方法的实施，均被视为问题解决过程的一部分。因此，从组成要素的角度看，问题解决意味着个体需要寻找一条穿越问题空间的有效路径，该路径起始于问题的初始状态，遵循一定的路径约束条件，最终指向问题的目标状态。

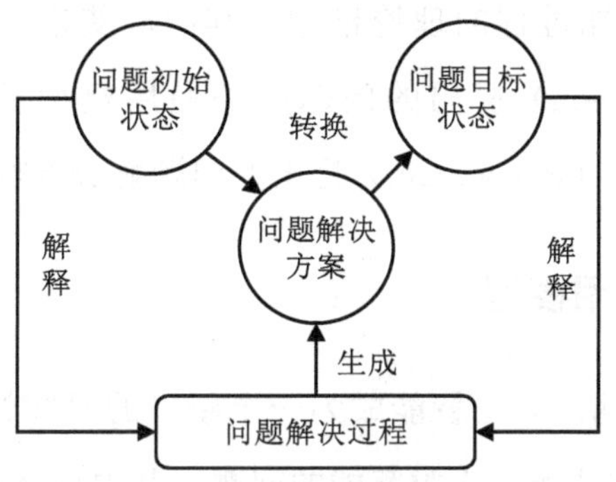

图 5-1　问题解决通用框架

虽然不同的问题蕴含着不同的问题初始状态、问题解决过程、问题的解决方案及问题的目标状态。但是，问题解决的过程一般具有以下四个重要特点[5]。第一，问题解决具有情境依赖性。问题往往潜藏在特定的情境之中。只有当个体面对某一情境且尚未掌握其解决办法时，这个问题才会被视为真正的问题。并且，问题解决的过程会受到具体情境因素的影响。这些因素会影响个体对问题本质的理解及问题解决方案的形成。第二，问题解决具有目标指向性。问题解决的目的是达成明确定义的目标或期望。这一过程具有目标性，旨在探寻一种或一组策略以使问题得到彻底解决或显著改善。为了实现问题解决的目标，个体常常需要将目标细化为一系列子目标，并基于这些子目标建构问题解决策略，然后通过逐步实现每个子目标，最终实现问题解决的整体目标。第三，问题解决具有认知操作性。问题解决过程发生在个体大脑的认知系统中，涉及诸如理解问题、处理信息、记忆提取、逻辑推理与判断等一系列复杂的认知操作。问题解决需要个体的智力和思维的积极参与。若缺乏认知成分，而仅仅是执行一连串有目的性的操作序列，如穿衣、刷牙、打领带等日常生活动作，则不能被视为真正意义上的问题解决。第四，问题解决具有操作序列性。为了实现从初始状态向目标状态的有序过渡，个体必须选取恰当的策略，按照一定的顺序实施一系列的操作步骤和行动。这些有序的步骤和行动共同构成了问题解决的过程，每个步骤或行动都对问题解决的最终结果产生影响，以便问题能从一种状态稳步过渡到另一种状态。

二、问题解决的认知过程模型

为了打开问题解决过程的认知“黑箱”，揭示问题解决的认知机制，自 20 世纪 70

年代开始，许多认知心理学家对问题解决的认知过程进行了由表及里的深入探索，形成了许多描述问题解决认知过程的理论模型。其中，艾伦·纽厄尔（Allen Newell）和赫伯特·西蒙（Herbert Simon）提出的问题解决通用模型及约翰·布兰斯福德（John Bransford）和巴瑞·斯泰恩（Barry Stein）提出的问题解决五阶段模型备受关注。

（一）问题解决的通用模型

在20世纪50年代初期，人工智能成为一个新兴的研究领域。研究者们开始探索如何使用计算机系统模拟并解决类似人类智能的问题，其中包括问题解决、学习和语言理解等。纽厄尔与西蒙作为人工智能领域的先驱之一，主要从认知科学的角度深入探讨了问题解决的本质。1957年，二人共同提出了一种适用于解释不同领域问题的“通用问题解决模型（General Problem Solver，GPS）”，如图5-2所示。该模型通过引入目标导向、问题空间及启发式搜索等概念，详尽地描述了个体在面对不同问题时所采用的基本思维和认知操作流程。

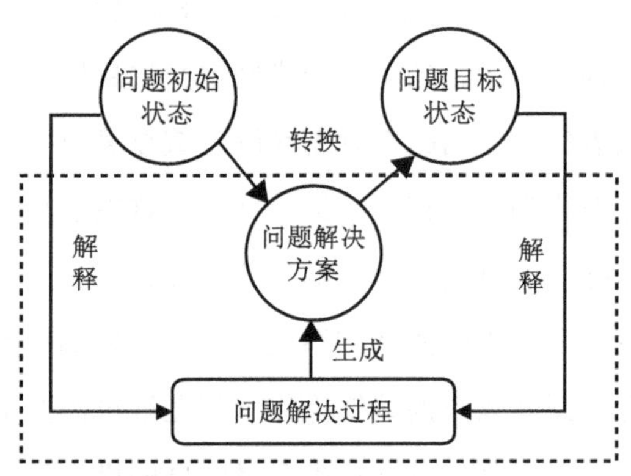

图5-2　通用问题解决模型示意图

首先，在通用问题解决模型中，纽厄尔和西蒙主张问题解决是一个目标导向的过程。在解决问题时，个体需要基于对问题的初始状态与目标状态之间差异的分析，通过思考推导出一系列认知操作步骤，以不断缩小初始状态与目标状态之间的差距，直至最终解决问题。

其次，他们提出了“问题空间”的核心概念。问题空间是指从问题初始状态到目标状态之间的鸿沟，可以视为由问题解决过程中涉及的概念、规则、原则等构成的认知操作的可能性集合[6]。不同领域的问题具有各自独特的问题空间。例如，在解决物理和语言学等不同知识领域的问题时，个体需要运用不同的概念体系、思维模式等认知要素。因此，为了帮助学习者成功解决某一类问题，必须确保他们对相关概念、规则及原则有充分的认识和理解。

最后，在通用问题解决模型中，纽厄尔和西蒙强调了启发式搜索在问题解决中的重要作用。解决某一问题时，个体并非盲目探寻所有可能的问题解决路径，而是采用启发式搜索策略挑选最有可能达到目标状态的路径，从而提高搜索效率。具体来说，个体在问题空间中进行一系列认知操作的探索，旨在找出最佳路径来解决问题。这些认知操作主要包括两种类型：一是理解过程，即在解决问题时，个体首先需要准确提取并组织问题信息，根据个人经验和知识建构问题结构，并形成对问题空间的理解。这个过程受到个体知识经验、注意力、记忆和思维等心理过程的影响。二是检索过程，即在建构的问题空间内，个体需要利用自身经验和认知技能，对相关信息和知识进行搜索、编码和重组，形成问题解决方案，以达到问题解决的目的。在这个过程中，个体通常会将要解决的问题分解为一系列的子问题，并逐步细化问题空间，然后寻找每个子问题的解决方案，直至找到问题解决方案为止。通常，问题解决的基本流程包括：首先，对比分析初始状态与目标状态，设定首个子目标；随后，寻找实现此子目标的方法或操作步骤，并在此基础上继续设立新的子目标，如此循环迭代，直至最终解决问题。总的来讲，通用问题解决模型不仅为当时人工智能领域的发展提供了关键的理论基础，也为认知和教育领域的研究者深入探究问题解决的认知本质提供了重要的理论指导。

（二）问题解决的五阶段模型

在 20 世纪 80 年代，认知心理学领域掀起了一波研究热潮，尤为重视思维与学习过程的重要性。在这一时期，认知心理学家布兰斯福德与神经科学家斯泰恩深刻认识到，有效的问题解决不仅是一种能力，更是一种可以经由系统性学习和训练得以提升的认知策略。两位学者结合他们在人类思维、学习及创造力研究领域的成果，借鉴了问题解决及认知心理学领域的实践经验，于 1984 年合作出版了《理想问题解决者：提高思维、学习与创造力的指南》一书，提出了 IDEAL 问题解决模型，如图 5-3 所示。该模型指出，问题解决的全过程包含五个关键阶段：发现与明确问题（Identify problems and opportunities）、表征问题（Definegoals）、形成问题解决方案（Explore possible strategies）、实施问题解决方案（Implement chosen strategy by anticipating outcomes and acting）、评价与反思问题解决过程（Look back and learn）[7]。IDEAL 模型综合了认知心理学、教育学及创造力培养的原理，突出了识别、定义、探索、行动及反思问题解决各环节的重要性，为深入理解问题解决的认知机制提供了重要的理论框架[8]。

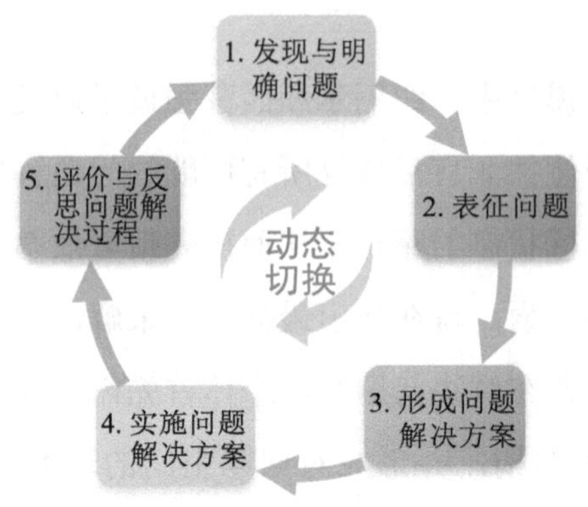

图 5-3　IDEAL 问题解决模型

1. 发现与明确问题

发现与明确问题这一阶段主要涉及对当前面临问题的深入理解和准确界定，包括对其进行定性分析、分类等认知操作。它是整个问题解决过程的起点，在很大程度上决定了后续问题解决的方向。在学习或生活情境中，精准识别待解决的问题是一项颇具挑战性的任务。多种因素可能妨碍个体有效识别问题，如个体缺乏主动思考和审视问题的习惯；不具备与问题相关的必要背景知识；过于急切地寻求问题解决方案，而忽视了深入理解并确定解决问题的关键之处。研究发现，特定领域的专家通常会花费更多时间细心考量和精准界定问题的本质属性。然而，新手学习者往往倾向于略过细致界定问题的环节，仅对要解决的问题做出较为表面化的定义[9]。

2. 表征问题

在成功识别问题之后，个体必须准确地定义和建构问题的表征。这一过程涉及将问题的任务要求转化为便于人类操作的内在认知结构，这将直接决定问题解决的过程效率及其结果。

问题表征主要包括两个相互关联的阶段：问题转译与问题整合。在问题转译阶段，个体需要将问题中的每个元素或表述转换为对应领域内的专业语言或符号形式。如在数学中运用符号、图表等形式来表示题目给出的已知条件。在问题整合阶段，个体需要将问题的所有信息综合起来，通过归纳和整理等方式，形成一个具有逻辑关联的整体表述框架。

在问题表征阶段，个体可以运用内在表征和外在表征两种方式完成恰当的问题理解与重构。第一，内在表征是指个体基于对问题文字和句子含义的理解，利用既有的认知模型和经验知识，对所需解决的问题进行深度理解和转化。它主要体现在个体思维层面的认知活动。第二，外在表征是指个体借助书写、绘图、制作示意图等可见形式，辅助其系统、有序地解析和重组问题。常见的外在表征手段包括记录问题要点、绘制概念图、建立操作模型等。这些方式能够辅助和强化个体的内在表征过程，从而有效地推动问题解决的进程。

3. 形成问题解决方案

在识别问题并完成表征后，个体需要选择恰当的策略来操作问题表征，以寻找通往问题目标状态的有效解决方案。针对不同的问题表征结果，个体所采取的问题解决策略也会有所不同。对于相对简单的问题，个体可能已经在长时记忆中存储了解决此类问题的图式。这时，个体通过模式再认的认知过程，就能直接提取相应的问题解决方法，从而显著减少在问题空间中的认知搜索时间，快速明确问题解决方案。然而，当问题变得复杂且问题解决策略无法被直接提取或不为个体所熟悉时，个体就需要运用更为复杂的探索策略来建构问题解决方案。

在探究问题解决方案的过程中，认知心理学家借鉴了信息加工理论，提出了算法式问题解决策略和启发式问题解决策略两种主要类型。算法通常是指一系列逐步实现目标的明确步骤。算法式问题解决策略是指个体遵循特定的问题解决方法、程序或路径，逐级尝试解决问题的方法。这种策略往往有固定的问题解决步骤或路径。个体执行这种策略时，主要涉及系统地检索已掌握的知识与技能，并按照一定的规则有条不紊地对问题进行解析，直至最终解决问题。启发式问题解决策略是另一种常见的应对复杂问题的方法，尤其适用于结构不良、缺乏明显算法的复杂问题。面对复杂问题时，个体需在问题解决过程中灵活调用原有的知识图式，并根据以往的经验对问题解决过程做出思考、判断和决策。在这一过程中，个体需根据问题解决的实际推进过程不断地获取灵感，从而适时地调整问题解决的策略和思路。

常见的启发式策略主要包括手段—目的分析法、逆向推理法及类比思维法。其中，手段—目的分析法是将问题分解成若干个更小的子问题，并确定解决每个子问题的具体措施，以达成解决整个问题的目标。在处理复杂问题时，这种方法有助于将难题拆解为易于处理的部分，逐个击破，最后达到总体目标。逆向推理法则是从预设的目标状态出发，反向思考并推断出实现目标所需的步骤和条件，以探寻达到目标的途径，尤其适用于目标清晰但途径不明的情况。这种策略能帮助个体有效地简化问题，使问题解决过程更加可控。类比思维法则是通过对比新问题与之前已经成功解决过的类似问题，找出问题之间的共性特征，从中汲取启示，应用相似的解决方法来处理新问题。使用类比思维法可以加速个体问题解决的进程，避免重新开始从零思考。

4. 实施问题解决方案

在完成问题表征并明确了问题解决方案之后，个体需要将解决方案具体化，并采取实际行动进行落地实施。这是问题解决过程中至关重要的环节。具体化问题解决方案的过程涵盖了明确行动计划、分配任务和资源、制订时间表、设定目标及确立评价标准等多个方面。个体必须将解决问题的思路与策略转化为可执行的具体步骤和行为，以确保在实践中能够有效实施和执行。

在这个阶段，个体在执行问题解决方案时会展现出一定的行为差异性。经验丰富的个体能在执行问题解决方案的过程中运用丰富的程序性知识和条件性知识判断所采用的策略是否合适，反思出现的问题并做出快速而恰当的调整，展现出较强的灵活性。然而，有些个体在执行问题解决方案时，往往过于依赖陈述性知识，急于求得问题解决的结果而忽视了对问题解决方案的反思与调整，也不愿意根据实际情况灵活调整问题解决策略。这可能导致问题解决失败。

5. 评价与反思问题解决过程

在问题解决的最后阶段，个体需要对自身在问题解决过程中的行为表现进行深入评价和反思。这一环节不仅有助于他们理解问题解决的结果和方案的有效性，还能促进他们对问题及其解决方案进行持续性思考。

一般来说，评价问题解决效果涵盖了两个层面：第一，个体需要全面回顾并分析整个问题解决的过程。这包括识别问题解决过程中遇到的主要难点与关键节点；验证推理过程是否合乎逻辑；判断所采用的方法和工具是否得当及最终结果是否成功达到预期的目标状态等。通过这样的评价，个体能认清自己在问题解决过程中取得的成功之处与不足，从中汲取宝贵的经验教训。第二，个体需要对问题解决过程进行总结归纳。这意味着要总结解决类似问题的结构特征和解决思路，概括适用于未来相似情境的问题解决策略；明确从问题解决过程中学到的重要经验和教训等。这种总结和提炼有助于个体建构起问题解决的基本框架和思维模式，为后续解决新问题提供有价值的线索和启示。从这一角度看，问题解决不仅是一种认知过程，更是一个元认知的过程[10]。通过反思问题解决过程，个体可以洞察自身的潜在问题，改进解决方法，培养创新思维和批判性思维能力，提升自主学习及自我调控的能力。

综上所述，问题解决是一个复杂且动态的认知过程，通常包含五个关键阶段：发现与明确问题、表征问题、形成问题解决方案、实施问题解决方案及评价与反思问题解决过程。在实际问题解决的过程中，这五个关键阶段并非严格线性展开。个体往往不遵循固定的顺序依次完成相应的认知和行为活动，而是根据问题特性、所处的情境及个体认知发展水平等特点，在不同认知阶段之间灵活调整和切换，从而顺利地解决相应的问题。

三、问题解决的图式理论

虽然问题解决的认知过程模型为我们科学地理解问题解决这一复杂认知过程提供了有力的理论支撑，但随着对问题解决认知研究的不断深入，研究者们意识到针对不同种类的问题，个体的问题解决的认知过程存在着一定差异。其中，基于对各类问题解决过程的深度探究，世界知名教育技术学及学习科学研究专家乔纳森（David H. Jonassen）于 2015 年提出了问题解决的图式理论 [11]。这一理论不仅为我们理解问题解决的认知过程开辟了新的视角，也为我们扩展问题解决的研究领域提供了新的思路。

（一）问题图式的基本概念

问题图式由图式这一概念衍变而来。“图式”（Schema）在认知心理学中是一个核心概念。它指的是储存在人类大脑中的抽象化认知结构或框架，有助于人们快速识别、理解和整合新信息，并将其与已有的知识体系相结合或对新信息进行分类和理解。相对应地，问题图式（Problem Schema）是指个体在解决问题时基于专业的实践应用和提炼而形成的一种认知模型或结构，是个体通过解决某一类问题所积累的经验结晶。问题图式能帮助个体将已掌握的问题解决策略映射到新的问题上，从而快速对新的问题进行表征并形成问题解决方案，进而推进问题解决的进程 [12]。

问题图式在个体问题解决过程中发挥着至关重要的作用。首先，问题图式有助于帮助个体分析问题，使他们准确识别问题的关键要素及其相互联系，简化问题的理解难度。其次，问题图式有助于个体快速搜索问题解决方案，为寻找答案提供出发点。个体可根据已有的问题图式探索可能的问题解决途径，并从既有的知识和经验中建构问题解决的方法。再者，问题图式有助于个体定位问题解决策略，其中包含通用的问题解决模式和方法。这些策略可应用于不同情境，辅助个体在综合考虑问题相关信息的基础上明确最佳问题解决方案。

乔纳森教授强调，问题解决是基于问题图式的认知活动。若个体掌握了不同类型问题对应的问题图式，则表征问题就会变得相对简单。个体只需要将现有的问题图式应用到具体问题即可。相较于新手，专家在解决问题时会表现出更高的效能，因为他们能够迅速辨识出问题所属类型，无须在问题空间中进行过多的认知搜索，从而快速找到恰当的问题解决方案[13]。然而，新手由于缺乏丰富的问题图式储备，往往难以识别问题类别，只能依赖较为初级的问题解决策略，如手段—目的分析法来应对问题。但是，随着新手针对某一类特定问题进行反复的实践训练及反思，他们就能在大脑中建构相应的问题图式。这样，当遇到类似的新问题时，他们也能熟练地应用相应的问题图式，高效地解决问题。

（二）问题图式的主要类型

由于不同类型的问题蕴含着不同的问题解决图式，所以，在面对和解决不同类型的问题时，个体需要应用不同的问题表征方式、认知结构和思维模式来解决特定类型的问题。因此，对问题图式类型的深入研究有助于我们更全面地理解个体问题解决的认知本质。通过多年的研究积累，乔纳森从良构问题与劣构问题的视角出发，系统地整理并归纳了不同类型的问题图式，并在此基础上提出了问题解决的图式理论[11]。这一理论框架中涵盖了诸如逻辑类问题、运算类问题、故事类问题、故障类问题、决策类问题、调研类问题、探究类问题及设计类问题八种常见的问题图式类型。

1. 逻辑类问题

逻辑类问题具有特定的规则体系和约束条件，要求个体在特定的情境中运用复杂的认知规律找出最优解。常见的逻辑类问题包括魔方、桥牌、跳棋等。在解决逻辑类问题时，个体必须具备清晰的分析能力和出色的逻辑推理技巧，并且能够灵活应用特定领域的认知规则与策略。

逻辑类问题具有两大核心特征：第一，不同类型的逻辑问题往往需要个体采用相应形式的问题解决策略。这意味着每种逻辑问题都需要个体采用独特的推理方法才能找到最有效的解决方案。例如，在桥牌游戏中，参与者需要考量手中牌的分布情况、对手的叫牌信息及可能存在的牌型组合。这一推理过程涉及对大量信息的整合分析，同时要求参与者具有较高的专项知识和技能水平。第二，个体在某类逻辑问题上所展现出的解决能力并不能轻易地迁移到其他类型问题的解决之中。举例来说，一个人在围棋方面技艺精湛，这并不必然保证他在数学推理方面也具有同样出色的能力。

2. 运算类问题

运算类问题通常要求个体遵循严格的步骤和有限的程序来解决问题，并得出明确、具体的答案。运算类问题既可以是简单的计算任务，如求两个数之和或预测一个序列的下一个数值；也可以是较为复杂的操作，如解方程式、解决几何难题。此外，运算类问题常常与现实生活和实际应用紧密相连，如计算购物折扣、调整食谱配料比例及计算房贷利息等。

在面对运算类问题时，个体需要对数字、符号、公式和规则进行合理推导、深入分析和精确计算，从而得到正确的答案或解决方案。运算类问题的一个显著特点是其确定性和唯一性，即通过恰当的运算与推理过程，个体可以得出正确答案或解决方案。这一特性使运算类问题具备明确的标准，可用于判断答案是否准确无误。值得注意的是，在解决运算类问题的过程中，不仅计算的最终答案至关重要，计算的过程同样具有重要意义。因为正确的答案只是结果的体现，而计算过程则能揭示个体解决问题的思路和方法。

3. 故事类问题

故事类问题在正规教育中极为常见，通常表现为一系列变量被巧妙地编织进一个通俗易懂的故事背景中。例如，小红原本有三个苹果，接着小明又给了她三个苹果，现在请问小红共有多少个苹果？这就是一个典型的故事类问题。

研究表明，若要有效地解决故事类问题，个体不仅需具备良好的文字理解能力，还需拥有数据可视化的能力、挖掘问题深层结构的能力、按正确顺序组织解题步骤的能力及评估问题解决方案有效性等能力[14]。解决这类问题时，个体需要遵循几个关键步骤：第一，识别情境变量。个体需从故事内容中提炼出关键的变量，即与问题直接相关的元素。如上述案例中，苹果的数量就是核心变量。第二，选择合适的方法。根据故事描述的问题特性，个体需选用合适的计算方法或数学概念。这可能包括基础算术运算、代数表达式乃至更复杂的数学原理等。第三，执行算法，得出答案。个体将选定的算法应用到故事中的变量上，以求得一个量化的结果。第四，验证答案的合理性。解决问题后，个体还应核查所得答案是否符合故事逻辑及实际情境的要求，确保答案的正确性。

4. 故障类问题

故障类问题通常涉及设备、系统、流程或组织运作中出现故障或异常状况。这些问题要求个体具备对故障系统深入且全面的理解能力。在此基础上，个体需要对系统内部的问题进行细致的诊断分析，以揭示导致故障的根本原因，并采取相应措施使系统恢复正常运行状态。这类问题广泛存在于技术支持、维修服务和工程实践等众多领域之中。举例来说，在工业生产场景下，如果一台机器突然停止工作，那么，故障类问题的核心就是查明这台机器停机的确切原因，并据此制订出合理的修复方案。另外，在信息技术行业，网络连接中断就是一个典型的故障类问题。它要求个体找出导致网络断开的原因，并按照步骤实施恢复措施。

故障类问题往往具有复杂性特征，可能牵涉到多个组件或系统的相互影响关系。一个小的局部故障有可能引发连锁反应，波及其他部分甚至整体系统的正常运转。因此，在解决此类问题时，个体通常需经历一系列严谨的分析和操作过程，包括搜集详尽信息、细致分析数据、执行测试验证等，逐步缩小潜在故障范围，并逐个排除各种可能的原因。这是一个反复迭代的过程。此外，解决故障类问题很可能需要跨部门或团队之间的协同合作，共同致力于问题的解决，并通过总结经验教训，采取预防措施来避免再次发生类似故障。

在问题解决五阶段模型的认知框架下，结合故障类问题图式的特点，可以将故障类问题解决的认知过程简化为五个核心环节，如图 5-4 所示。

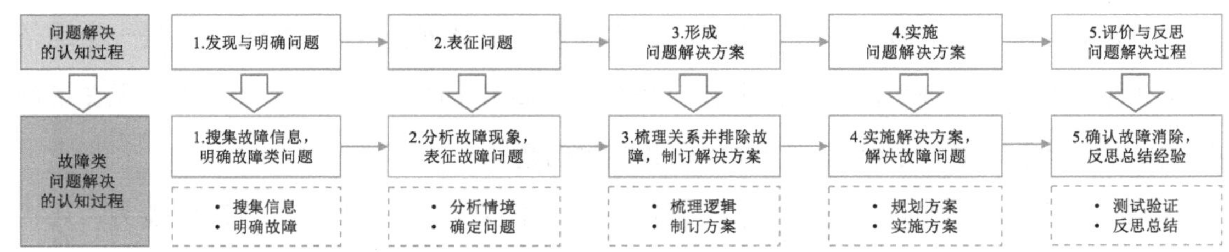

图 5-4　故障类问题解决的认知过程

（1）搜集故障信息，明确故障类问题。首先，个体需系统地搜集与故障现象相关的信息，包括但不限于故障发生的时间和地点、详尽的故障描述、故障前的操作或事件记录等。此外，查阅相关的文档、日志和报告有助于理解系统的原始设计和实际运行状态。在此基础上，个体需要根据搜集到的信息，明确识别故障的具体表现，详细描述其特征属性，从而确保对故障问题进行全方位、细致入微的记录，识别异常表现及其可能的原因。

（2）分析故障现象，表征故障问题。个体需利用已有的知识储备，分析所搜集到的故障现象，探寻可能导致故障的根本原因。例如，在系统停机情况下，原因可能是电源故障或关键部件失效。进一步解析这些潜在根源问题，列举出可能的故障模式，如针对电源故障，故障模式可以包括电源过载、短路或电压不稳定等情况。随后，针对每种故障模式进行深入分析，确定触发这些模式的具体故障原因，如电源过载的直接原因可能是系统负载过大或供电不足。

（3）梳理关系并排除故障，制订解决方案。个体需要梳理故障事件、故障模式及故障原因之间的逻辑关系，识别导致主要故障发生的因果链路和可能的故障组合。通过逻辑关联的深度分析，找出关键故障因素，进而基于此制订相应的解决方案。以电源过载为例，解决方案可能涵盖改进设计、增设冗余保护、强化维护管理或优化操作流程等措施。

（4）实施解决方案，解决故障问题。在这一阶段，首要任务是合理安排时间、资源，确保解决方案的可执行性和最小化负面影响。然后，按照预先规划的步骤逐步执行解决方案，并在实施过程中严格遵守正确的作业程序和安全规定，确保故障得以彻底修复。

（5）确认故障消除，反思总结经验。个体应确认故障是否已彻底消除，通过必要的测试来验证解决方案的有效性。完成故障排除后，整理并记录整个故障分析过程和定位结果，编制详细的故障报告。该报告可以包含故障现象的详尽描述、故障原因的剖析、最终采用的解决方案或改进建议，从而实现对故障解决过程的反思和经验积累。

5. 决策类问题

决策类问题是指在个人生活、工作环境、商业运营及政策制定等诸多领域中，个体或组织需要采取某种行动以期使面临的情境达到满意状态的问题。如在选择旅游目的地或管理个人财务等场景会涉及决策类问题。

这类问题的核心通常与设定和实现特定目标或最优结果紧密相连，要求决策者将各个备选方案、行动或决定与既定目标相匹配。因此，在解决决策类问题时，个体往往需要面对多个可替代的方案、行动路径或抉择，并对每个选项进行详尽评估，包括权衡其优缺点、可能带来的风险及预期的结果，以便做出最为合适的决策。此外，在解决某些决策类问题时，由于不同的决策可能影响多方面的利益关系，决策者还需充分考虑各相关方的观点、利益诉求及其潜在影响，力求在各种利益之间寻找到平衡点。

在问题解决五阶段模型的认知框架下，结合决策类问题图式的特点，可以将决策类问题解决的认知过程简化为五个核心环节，如图 5-5 所示。

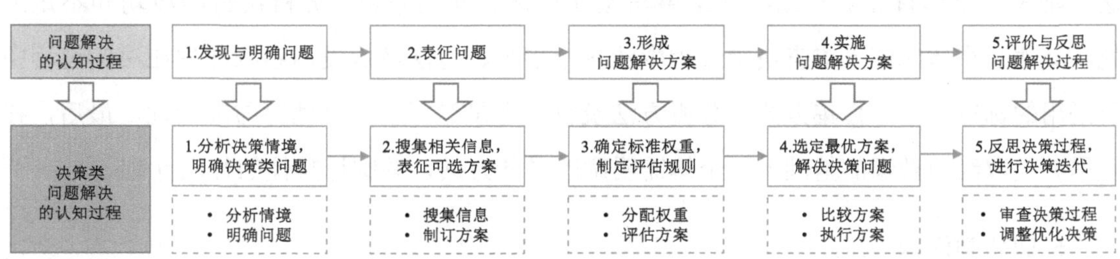

图 5-5　决策类问题解决的认知过程

（1）分析决策情境，明确决策类问题。首先，个体需对当前决策情境进行深入分析，明确决策意图和目标，理解希望通过决策达成的具体预期。接下来，他们需要准确界定决策问题，并将其转化为清晰、简洁的问题陈述，确保能够精确地反映出待解决的核心议题。

（2）搜集相关信息，表征可选方案。在此阶段，个体要广泛搜集与决策问题相关的所有信息，包括数据资料、背景情况、各相关方的观点和建议等，以确保信息全面、准确且来源多元。同时，他们应考虑决策的实际可行性、资源限制及法律法规等约束因素，从而划定决策范围并设定限制条件。基于这些信息和分析结果，个体制订出多个可行的决策备选方案。

（3）确定标准权重，制定评估规则。为了评判各个备选方案的优劣，个体首先需确立评估决策方案的标准。这些标准应与决策目标紧密关联，并提供量化或定性的评价指标，如成本、效益、风险、可行性及时间等。随后，针对每个决策标准分配权重，反映其在整体决策中的重要程度。权重的设定可以依据专家意见、利益相关者的偏好、定量分析或多准则决策方法等多种途径，确保所有权重之和等于 1，从而保证整体权衡的一致性。

（4）选定最优方案，解决决策问题。在建立了完善的评价规则后，个体可以借助这些规则对备选的决策方案进行权衡和评价，从而找出最优方案。此过程中，个体可采用决策矩阵、SWOT 分析表等辅助工具系统地评价各方案的优劣势，辅助推进决策进程。最后，个体可以根据每个备选方案的总得分或综合评价结果，选择得分最高或综合评价最高的方案作为最佳方案。此外，在选定最佳方案时，个体还需考虑其他因素，如方案的可行性、接受度、风险承受能力等，并据此对最终决策方案做出必要的调整，确保做出最合适的决策决定。

（5）反思决策过程，进行决策迭代。持续评估与监控是确保决策效果得以有效实现的关键环节。它有助于个体根据实际情况对已选定的最佳决策方案适时进行调整和优化。在这一阶段，个体首先需对比实际结果与预期目标之间的差距，分析决策的成功和不足之处。其次，个体应深入审查决策过程中的各个步骤、方法及假设，系统评估在决策过程中所采用的标准、信息搜集方式、分析方法及权衡考量等因素的合理性与准确性。最后，在反思并吸取经验教训的基础上，个体需明确改进的方向，并制订具体的行动计划。

6. 调研类问题

调研类问题通常涉及对特定主题、现象、市场或领域的深入研究与调查。这类问题的核心目标是搜集信息、数据和见解，以揭示社会中各种现象、行为、发展趋势等的本质特点。调研结果常被用于制定战略决策、指导实践操作，或为学术界贡献某一特定议题的新知识。常见的调研类问题包括：如何改善工作环境并提高员工忠诚度，以及城乡教师在教育资源使用上是否存在差异等。

在面对调研类问题时，个体往往需要在明确存在争议或矛盾的问题的基础上，通过系统地搜集有价值的信息，并对其进行严谨的分析，以准确描述和解释各类社会现象。为了尽可能减少主观偏见，避免得出有误导性的结论，调研过程应遵循科学的研究设计原则，包括合理采样、规范的数据搜集、深入的数据分析及准确的结果报告等步骤。因此，调研类问题解决可以视为个体逐步明确并解决有争议或矛盾的问题；选择合适的研究方法与工具，有效获取并梳理相关信息；将这些信息结构化呈现，以便他人理解和接受，从而消除模糊观念的过程。

在问题解决五阶段模型的认知框架下，结合调研类问题图式的特点，可以将调研类问题解决的认知过程简化为五个核心环节，如图 5-6 所示。

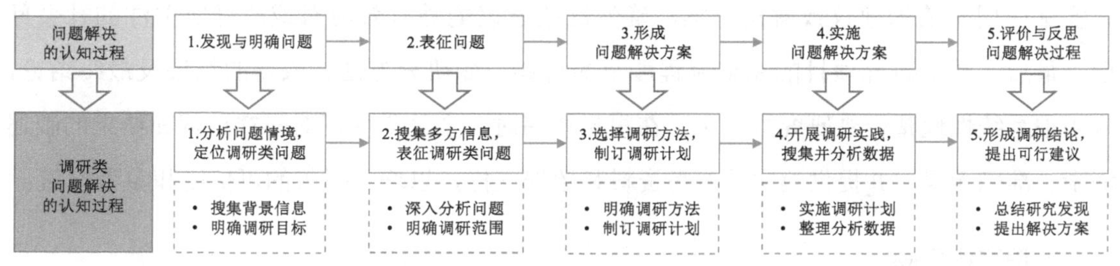

图 5-6　调研类问题解决的认知过程

（1）分析问题情境，定位调研类问题。个体需与利益相关方进行深入讨论，在此过程中搜集必要的背景信息。在对问题情境进行全面且细致的梳理与分析之后，明确调研的具体目标。如探究某个社会现象产生的原因及其影响范围，评估某项政策或项目实施的有效性，或为某一特定问题提供解决方案和改进建议等。这一系列前期工作都是为了准确地确定并聚焦于一个合适的、具有针对性的调研问题。

（2）搜集多方信息，表征调研类问题。在确定调研类问题之后，个体需对问题的各个维度进行深入剖析和理解。这涵盖了对问题历史脉络的梳理、影响因素的细致分析及关键变量的确立等步骤。在这一过程中，个体可能要运用数据分析、文献资料整理和专家访谈等多种研究方法，以明确研究的具体范围和关注焦点，进而建构对问题准确而全面的描述与表征。

（3）选择调研方法，制订调研计划。首先，个体需回顾调研目标，明确希望通过调研获得什么样的信息或解决什么问题。其次，个体需明确搜集哪些数据以回答研究问题，并根据数据需求，选择合适的调研方法。最后，个体需根据选择的调研方法，制订详细的调研计划。即确定调研的时间安排、数据搜集方式、样本选择、调研工具和调研流程等，确保计划合理、可行。

（4）开展调研实践，搜集并分析数据。首先，个体需按照既定的调研计划执行各项活动，如问卷调查、访谈和观察等，以系统性的方式搜集所需数据，并在实施过程中严格遵循调研计划，注意尊重与保护被调研者的隐私权及其他相关权益。当数据搜集完毕后，个体需进行数据整理和分析，确保数据的一致性和可用性。然后，个体需根据研究目标和问题，选择适当的数据分析方法和工具，生成数据分析结果。

（5）形成调研结论，提出可行建议。首先，个体需对研究发现进行归纳与总结，并深入阐释研究发现的意义与潜在影响，同时将它们与相关领域的既有研究成果进行比较和讨论，进而严谨地推导出研究结论。其次，基于得出的研究结论，个体需提出切实可行、具有实际应用价值的建议或解决方案，确保这些建议能够有效应对或改进所关注的社会问题。最后，整个研究项目的完整流程涉及的材料，如研究方法、取得的结果及最终结论，应当被系统性地整合进研究报告中。在报告撰写时，个体需保证对研究过程和结果的叙述清晰、准确无误，并提供翔实的参考资料和数据支撑，以增强报告的可信度和参考价值。

7. 探究类问题

探究类问题是指个体需要通过科学的方法对观察到的现象进行深入探讨、验证和解析的问题。具体来说，它涉及个体运用实验设计与实施手段，针对特定主题、领域或现象展开深度思考、探索研究，旨在揭示研究对象的复杂性或创新见解的问题。在日常生活中，探究类问题无处不在，如哪种口味的薯条更受欢迎，将花放置于不同颜色的水中是否会改变其颜色等。

在解决探究类问题时，个体首先需结合已有的知识经验，对观察到的现象形成假设，然后设计并开展实验来检验这些假设。其次，通过对数据和结果进行整合分析，不断调整或验证假设，最终提炼出科学原理或原则。

探究类问题广泛存在于各个学科领域中，具有鲜明的特点和解决问题的独特方式。首先，探究类问题大多关注的是变量间特定的因果关系，致力于探讨两个或多个明确界定且可测量的变量之间的联系。其次，探究类问题是可证伪的。如果搜集到的数据不支持所提出的变量关联，则可以否定原先的假设。这是科学研究的核心特征之一，因为它允许排除缺乏证据支持的假说。最后，探究类问题的解决过程具有可复制性。其他研究人员可以通过相同或不同的方法重复测试和验证，以确保所得结论的可靠性和非偶然性，从而避免实验误差的影响。

在问题解决五阶段模型的认知框架下，结合故障类问题图式特点，可以将探究类问题解决的认知过程归纳为以下五个核心环节，如图 5-7 所示。

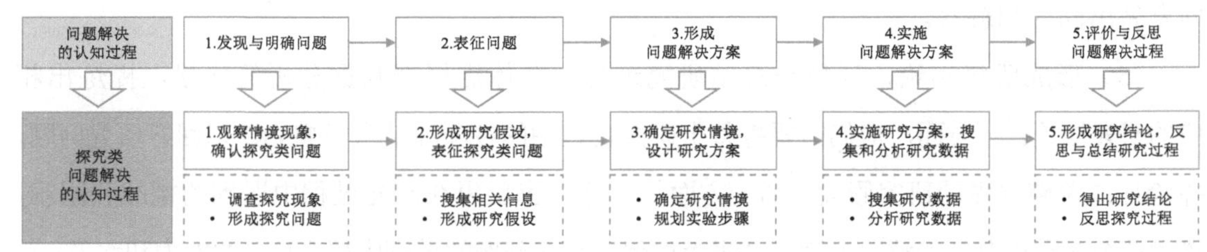

图 5-7　探究类问题解决的认知过程

（1）观察情境现象，确认探究类问题。发现问题作为解决问题的起始点，通常涉及对现象、现状或需求进行深入的观察与理解。在这一阶段，个体需通过观察、调查、对话、文献研究等方式对关注的现象进行全面探究，并运用现有的知识体系对该现象进行思考，从而提炼出一个具有深度探索价值的问题。通常而言，一个好的探究类问题应具备开放性特征，如探讨为何会发生这种现象，探究哪些因素可能对该现象产生影响，以及判断该现象是否具有广泛存在的普遍性等。

（2）形成研究假设，表征探究类问题。一旦问题被明确识别，个体需根据探究问题的特点进行研究和调查，以实现对问题的理解和表征。为达到这一目标，个体可采取多种途径，如查阅相关的文献资料和研究成果、进行实地考察或实验研究，以及与专家或其他领域内专业人士展开讨论等，从而获取更多的信息、数据和文献支撑。这有助于个体更全面地掌握问题的背景环境、影响因素及可能的原因，并从理论层面建构相应的研究假设。研究假设实质上是个体针对问题提出的推测或预测，旨在指导后续的研究进程。当形成科学合理的研究假设后，个体即完成了对探究类问题的有效表征，为进一步探寻解决方案奠定了坚实的基础。

（3）确定研究情境，设计研究方案。在对问题进行了深度剖析后，个体需通过诸如头脑风暴、研读文献及创造性思考等手段来设计研究方案或实验。研究方案在整个研究过程中扮演着蓝图的角色。在此阶段，个体需明确方案中的变量和测量指标，并据此确定研究场景及研究方案的具体操作步骤；同时规划数据搜集和分析的方法，旨在验证初步提出的研究假设。这一步骤通常涵盖方案设计的细节，包括但不限于样本的选择、数据搜集技术的确定等。

（4）实施研究方案，搜集和分析研究数据。个体需遵循设计好的方案，按照预设的步骤和流程落实方案，并在此过程中系统地搜集与记录数据。完成数据搜集后，下一步骤是分析数据。包括运用统计方法、图表构建及模型分析等工具，从数据中挖掘出潜在的模式、关联性或趋势信息。个体需依据所得的数据分析结论，对先前提出的假设及研究核心问题做出回应和解答。

（5）形成研究结论，反思与总结研究过程。个体需根据数据分析的成果，提炼出相应的研究结论。一方面，他们需要将整个研究过程中的各项环节有机整合，以回答研究问题，并验证或调整原先的研究假设。另一方面，个体还应反思在研究过程中遇到的挑战和困难，探讨是否存在更有效的解决方案，并思考如何在解决问题的过程中提升自身的能力和水平。

8. 设计类问题

设计类问题是最具挑战性的劣构问题类型之一，广泛存在于各类专业活动中。解决设计类问题的过程涉及个人或团队通过创新性地构思、规划和设计新的产品、方案、系统或其他解决方案，以满足特定目标对象的需求。这类问题的显著特征是目标模糊且不确定性高，具有多种可能的解决方案和路径。在解决设计类问题的过程中，个体必须综合运用多领域的技能和知识，同时充分考虑诸多约束条件与目标导向，针对问题做出判断，并对问题的本质进行解释、阐述个人观点或提出创新见解。

根据复杂程度，设计类问题可分为三类。第一类是常规性设计问题，其解决流程和步骤相对明确，如编写计算机程序。第二类是半开放性设计问题，虽然处理这类问题的方法有一定的规律可循，如设计一款新汽车，但仍需要灵活应对各种变数。第三类则是开放性设计问题，这类问题没有既定的设计方法论作为指导，通常不局限于对现有产品的改良，而要求进行革新性或颠覆性的新产品研发，对个体的创新能力有着较高的要求[15]。

在问题解决五阶段模型的认知框架下，结合设计类问题图式的特点，可以将设计类问题解决的认知过程简化为以下五个核心环节，如图 5-8 所示。

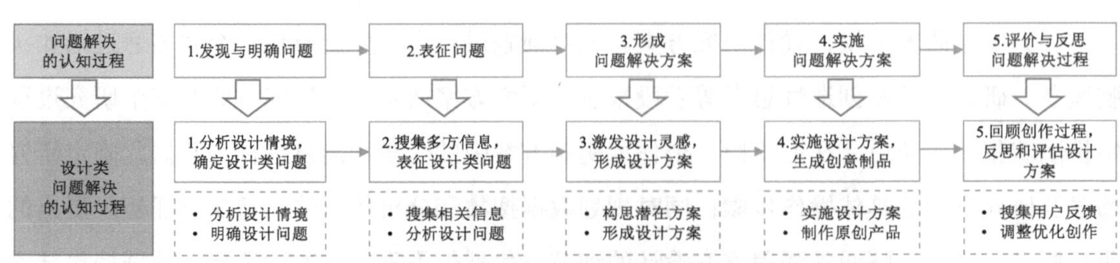

图 5-8　设计类问题解决的认知过程

（1）分析设计情境，确定设计类问题。个体首先需识别并确认存在的问题。在这一阶段，个体应当重新审视特定设计需求、用户体验或产品功能的不足之处。通过与利益相关者进行有效沟通，系统地搜集用户反馈情况和市场趋势数据，并结合已有的知识储备，识别出与问题密切相关的各个关键因素，进而精准把握问题的本质及其背后的需求，确保对问题进行准确而全面的定位和理解。

（2）搜集多方信息，表征设计类问题。一旦问题得到确认，个体需对问题进行深入而细致的分析和表述。在此阶段，个体应全面、深入地了解目标用户的具体需求，系统地评估用户的体验，并结合技术可行性等多种因素，对问题进行详尽而准确的剖析与描绘。这一表征问题的过程有助于个体明确设计的边界、设定合理的目标及预见可能遭遇的挑战，为后续建构设计方案提供坚实的基础。

（3）激发设计灵感，形成设计方案。在明确问题表征的基础上，个体需着手探寻可能的解决方案。这一过程涵盖了一系列创新活动，如实施头脑风暴、研究市场趋势、剖析竞品特性、追踪最新技术发展等，旨在催生多样且富有创新性的设计方案。在这一阶段，个体应积极调动创造性思维，提出既满足用户需求又能有效解决问题的设计方案。一般来说，设计灵感源于个体的独特性，每个人都有自己激发创意的独特方法和途径。个体可以通过搜集和设计与主题相关的素材、研读相关文献、鉴赏同类作品、积累视觉或听觉元素等手段，以开阔视野并丰富创作内涵。同时，个体还可以通过与他人交流想法、分享观点，使不同领域的知识、观念相互碰撞融合，从而催生新的视角与思考，并以此为基础开始初步构思和设计草图，逐步建构和完善设计方案。

（4）实施设计方案，生成创意制品。一旦设计方案得到确定，个体应着手将创意和构想转化为实施策略，并启动执行阶段。在这一阶段，个体需与相关团队紧密合作，以确保设计方案能在实际环境中得到有效落实。这一步骤通常包括制订详尽的设计实施方案、绘制精确图纸、制作功能原型等，目的是将设计想法切实地转变成可操作的实体形态。在实施过程中，个体需依据创作主题和方向，系统地搜集和整理相关的素材及参考资料，选用合适的工具和技术手段来构建原型或产品模型。具体活动可能涵盖从草图绘制到高级原型创建、用户测试等环节，以便不断迭代和完善设计方案。此外，他们还可能通过制作实物模型、数字化原型及样品产品的形式，对创意进行直观化验证与改进。这些原型或样品不仅有助于个体深入理解设计效果并做出调整，也便于其向其他团队成员或利益相关者展示，从中获取有价值的反馈意见。

（5）回顾创作过程，反思和评估设计方案。设计是一个循环往复的过程。个体需对设计方案的实际执行效果进行评估，积极搜集用户反馈信息，并对照设定的目标，评估实际达成结果的程度。通过严谨的评估过程，个体能明确识别哪些方面已成功实现目标，哪些方面尚待改进，进而将这些经验教训融入新一轮的设计迭代中。在遵循解决设计类问题的五个基本阶段时，循环特征尤为明显。因为，在评估和反思阶段，个体可能发现未曾预见的新问题或潜在机会。这有可能促使设计流程重新回到识别与定义问题的起始环节。换言之，个体在解决设计类问题的过程中，所采取的方法是动态且持续调整的，旨在确保设计方案在真实应用环境中能达到最佳性能表现，保证设计方案能满足预期的需求标准，并在不断优化中逐渐得到完善。

综合来看，问题解决的认知过程模型主要通过发现与明确问题、表征问题、形成问题解决方案、实施问题解决方案、评价与反思问题解决过程这五个阶段，解释了问题解决的一般流程。这一模型能为教师系统地规划学习者的问题解决路径提供清晰的流程框架。与之不同，问题解决的图式理论则侧重于揭示不同类型问题在问题解决过程中所展现出的独特性，赋予教师深度洞察不同类型问题的本质与特性的能力。这能为教师设计针对性强、精准度高的问题解决学习过程提供深层次指导。

第二节　基于问题解决的学习活动设计方法

通过理解问题解决内涵及其认知规律，我们清楚地认识到：学习者问题解决的过程与其认知发展之间存在着密切的关系。在解决不同类型的问题的过程中，学习者需要在工作记忆中进行一系列复杂的认知操作，如频繁地检索、提取和编码信息等。这些认知操作对学习者工作记忆中的知识建构过程至关重要。如果学习者在问题解决过程中认知操作的质量越高，那么，学习者的学习效果就越好。因此，从认知负荷理论的角度看，围绕问题解决的认知规律设计学习活动，不仅可以避免学习者进行不必要的自我探索，还可以引导他们参与有效的认知过程。这不仅可以降低学习者在学习过程中的额外认知负荷，还可以提升相关认知负荷。所以，本节主要从实践操作的层面介绍基于问题解决的认知规律进行学习活动设计的基本思路和策略，为开展指向核心素养的学习活动设计提供过程指导。

一、基于问题解决的学习活动设计思路

在设计协作问题解决的过程时，教师可以基于问题解决图式理论中提及的问题类型的特点，按照问题解决五阶段模型的基本环节，从支撑学习者顺利解决问题的角度为学习者设计相应的学习活动序列，从而引导学习者参与相应的认知环节，逐步带动学习者有序且高效地推进协作问题解决的学习进程。具体地，基于问题解决的学习活动设计的基本思路如图 5-9 所示，主要包括：创设问题情境，引出驱动性问题；提供学习资源，带领学习者剖析问题；整合多方资源，共同商定问题解决方案；实施解决方案，检验问题解决效果；反思总结与评价，反思问题解决过程这五个主要环节。

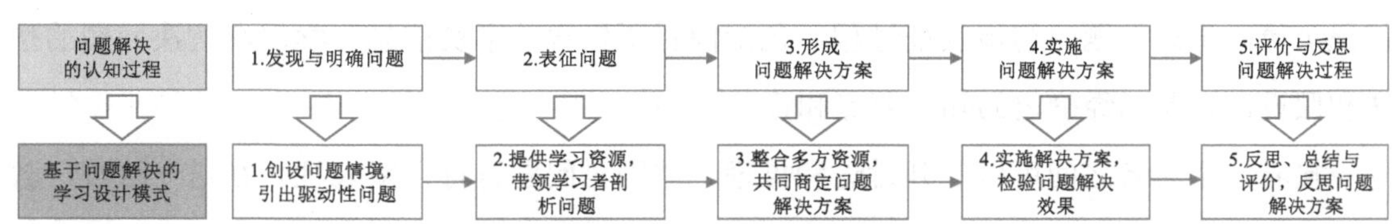

图 5-9　基于问题解决的学习设计模式

1. 创设问题情境，引出驱动性问题

在基于问题解决的学习中，问题被视为激发学习者有效学习的起点。因此，为了确保学习者通过问题解决过程达成预定的学习目标，教师首先需结合学习者的认知特点、教学内容及教学时长等因素，以适当方式创设问题情境，从而引出能驱动学习者参与学习过程的问题。

第一步，教师应结合教学实际情况，为学习者精心创设问题情境。学习者面对的问题应当具有强烈的情境性。这些情境可以源自现实生活，也可以是经过改造或模拟的虚拟环境。通常包括但不限于原始生活情境、复制的生活情境、简化的日常生活情境、改造的生活情境、跨学科综合情境及特定学科情境六种类型 [16]。

第二步，在确定了问题情境的基础上，教师可以借助问题图式理论，基于学习者在问题解决中需要建构的大概念来设计特定类型的问题。当教师设计的驱动性问题的类型不同时，学习者后续要经历的基于问题解决的学习过程也会有所不同。教师所设计的驱动性问题应在学习者的认知能力和胜任力范围内，既能激发他们的学习兴趣与积极性，也要足够具有挑战性，以提升其参与度，进而驱动他们主动解决问题。另外，值得注意的是，在设计驱动性问题时，教师需注意以下几点：一是问题必须关联所学领域的核心概念和原理；二是问题的设计要从确定学习者需掌握的基本概念与原理出发，进而设计待解决的具体问题 [17]。

2. 提供学习资源，带领学习者剖析问题

从认知角度看，问题解决的过程实质上是个体对问题信息进行识别、提取、理解和表述的有意识、有计划的认知活动。因此，当驱动性问题设计好之后，教师需要向学习者提供相应的学习资源，并引导他们从多维度、全方位的角度对问题进行深入剖析，以完成对问题的有效表征。

面对待解决的驱动性问题时，首先，学习者需要对问题进行内化理解并形成表征。学习者需运用已掌握的知识体系，结合当前可利用的学习资源，系统地剖析问题中的具体信息，明确相关的术语和概念，列举可能的解决方案，并在认知层面建构关于问题中规则、条件及目标等的理解框架。因此，在解决问题的实践过程中，教师可以指派一名学习者担任记录员，记录问题的初步表征过程，包括问题所包含的事实信息、学习者解决问题的想法和假设，以及已经确定的知识要点和行动策略。

接着，学习者之间可以展开讨论和推理，共同对问题进行重新表征。在这一阶段，教师应指导学习者不断对比、综合现有信息，适时调整和完善问题的表征状态，拓展或聚焦问题焦点，并对学习重点进行修正和明确界定。

最后，教师需要引导学习者就问题的表征达成共识。学习者和教师需要共同确立问题解决的目标，确保在定义、事实、概念等基础知识方面取得一致理解，为后续的基于问题解决的学习环节做好充分准备。

3. 整合多方资源，共同商定问题解决方案

在对问题进行充分表征之后，接下来的阶段便是探索可能的问题解决方案。在这个环节中，学习者需要整合多方资源，调动自己已有的认知结构，以寻找解决问题的有效方法和路径。

具体来说，当学习者理解了问题的核心含义和目标后，他们应充分利用自己的既有知识储备，明确问题所属的知识领域，并识别解决该问题所需运用的相关知识点。随后，通过文字描述、表格梳理、图像描绘或符号表达等方式展现其思维过程，提出潜在的解决方案。在此过程中，学习者应当灵活运用形象思维、逻辑推理及直觉判断等多元化的思考方式，激活大脑中的既有认知网络，整合各种学习资源，与教师或其他学习者共同对问题展开直观洞察、深度分析和丰富联想，力求提出解决问题的多种策略。此外，学习者还应对所提出的每种解题方法进行详尽的解释和论证，系统地探寻并验证解决问题的方法和途径。

4. 实施解决方案，检验问题解决效果

在通过论证与推理得出问题解决的方案之后，学习者接下来需要实施问题解决方案。这意味着他们需将理论层面的问题解决思路转化为实际行动，从假设阶段过渡到实际操作阶段，验证预设方法的有效性，并根据执行过程中的反馈意见不断调整和完善原有设想。

在明确了问题解决的策略和预备采用的方法后，学习者必须将脑海中的“想法”付诸实践。这一过程实质上是一种不断试错、修正和迭代的过程。学习者可以通过书面表达、符号计算、动手实验等多种方式来落实思考成果，实践问题解决的具体路径，并针对实际情况灵活地调整预设方案。在此过程中，教师可以为学习者设计并提供不同的学习支撑环境，辅助学习者实践问题解决方案。例如，创设真实的物理实验环境，让学习者在模拟现实场景中践行解决方案；搭建虚拟的学习平台，让学习者借助数字化的计算机模拟工具来演练问题解决的过程；提供真实的生活场景，让学习者落地实施问题解决的方案。

5. 反思、总结与评价，反思问题解决方案

在问题解决完成后，学习者需对问题解决的整个过程进行反思，检验所得到的结论，并对所采用的思路和方法展开讨论，深入思考问题解决过程中存在的可优化空间。在这一环节，学习者不仅要验证问题解决结果的正确性，还要回溯整个问题解决过程，考虑是否存在更优的方法，并总结这类问题的一般解决规律。通过反思，学习者能够把相关的概念、具体技能及策略与当前的问题类型紧密结合，形成更加一致连贯的理解，这对于知识的迁移应用至关重要。

在问题解决过程中，反思的重要性体现在：一是帮助学习者将新获取的知识与原有知识体系建立联系，有意识地提炼出更具概括性的认知结构，防止知识变得僵化或过于受特定情境限制；二是帮助学习者深入理解如何将已掌握的策略迁移应用于新的任务场景中；三是帮助学习者深入认识使用过的思维模式和学习策略，从而提升学习者的思维能力。

当问题解决完成后，教师应引导学习者回顾并反思整个问题解决过程，鼓励他们以口头方式或书面记录的形式思考如下问题：在与他人的交流互动中学到了什么？在后续类似问题解决过程中应注意哪些关键点？对于相似问题或相反问题可以归纳出什么样的问题解决规律？在此阶段，教师应当激励学习者发表独特的观点，帮助他们将他人传授的思维方式内化为自身的思维技能，培养学习者监控和反思问题解决过程的能力。这样，学习者可以从问题解决的过程中提取有益的策略、经验和范式，并将其融入自身认知结构中，从而提升问题解决能力。

总的来说，在设计协作问题解决的学习过程时，可以基于问题解决图式理论中提及的问题类型的特点，按照问题解决的五个认知阶段，为学习者创设相应的学习活动，引导学习者在完成学习活动的过程中高效地运用知识，经历完成“发现与明确问题、表征问题、形成问题解决方案、实施问题解决方案、评价与反思问题解决过程”五个认知环节，从而助力学习者达成预设的学习目标。

二、基于问题解决的学习活动设计策略

在设计协作问题解决学习时，我们可以按照问题解决认知过程模型的基本思想为学习者编排有序的协作问题解决学习过程。此外，为了促进学习者在协作问题解决中通过问题解决顺利地达到学习目标，还需要运用一定的设计策略，优化基于问题解决的学习活动，确保学习者的认知负荷控制在合理范围内。目前，在众多的基于问题解决的学习设计策略中，驱动性问题的设计策略和基于样例的设计策略备受关注。

（一）驱动性问题的设计策略

在设计基于问题解决的学习时，教师应根据学习主题和教学情境特点，为学习者设定符合其认知水平的驱动性问题。从概念上看，驱动性问题是指教师依据学习目标，结合学习者的认知特征预先设定的问题，其具有一定的挑战性和吸引力，旨在激发学习者的学习热情，引导他们进行全面而深入的学习探索。

根据问题解决的图式理论可知，不同类型的驱动性问题会引发学习者不同的问题解决过程。因此，在实际教学中，围绕同一学习主题，教师可以设计多种类型的驱动性问题。当驱动性问题的类型不同时，学习者完成的学习活动序列也会有所不同。例如，在带领学习者建构“昆虫习性”的大概念时，如果教师为学习者设计的是探究类驱动性问题，如“昆虫如何繁衍后代”，那么，学习者可能需要完成观察、记录、分析、交流和总结等一系列学习活动，才能回答这一驱动性问题，从而形成对“昆虫习性”大概念的理解。然而，如果教师为学习者建构的是设计类驱动性问题，如“如何创造一个能吸引更多昆虫的环境”，那么，他们可能需要完成理解昆虫习性、设计并搭建昆虫栖息地、测试其有效性等一系列学习活动，才能回答这一驱动性问题，从而形成对“昆虫习性”大概念的理解。由此可见，在基于问题解决的学习中，教师为学习者设计的驱动性问题基本上就预设了学习者后续的学习活动序列。

一个好的驱动性问题能够为学习者提供广阔的、多维度的探索空间，激发学习者的学习动机和兴趣，使其主动参与到探索的过程中，同时还能为学习者指出持续思考和探究的方向。一般来说，高质量的驱动性问题通常具备三个显著特点：情境性、挑战性和开放性。首先，高质量的驱动性问题应该具有真实的问题情境。这种情境性使驱动性问题具有明确的应用场景，可以帮助学习者更好地理解，并专注于特定问题的解决。其次，驱动性问题往往涉及具有一定复杂度和挑战性的内容，能鼓励学习者进行深度思考，以及分析与解决问题，从而促进他们的成长和进步。最后，驱动性问题通常具有开放性的特点。它不能简单地用“是”或“否”来回答，而需要学习者整理信息、分析数据并做出评价，进而引发他们进行深入的思考、探索和讨论，从而培养其创新思维和多角度观点。

在设计协作问题解决学习中学习者需要解决的驱动性问题时，教师可以从设计本质问题、关注学习者主体性、注重有效的交互三个角度设计驱动性问题[18]。

第一，在设计驱动性问题时，教师要从问题层次和深度的角度出发，将具体的内容问题提升至本质层面。这意味着教师应从具体的实例中抽象出普遍、深刻且触及事物本质规律、核心概念和深层次意义的问题。如针对友情故事的学习，教师不应向学习者提出“在故事中，谁是主角最好的朋友”这一类型的具体问题。因为这类具体问题触发学习者进行思考而获得的新认知过于具体，并不能帮助他们迁移性地解决新问题。为了引导学习者形成对所学主题的深度认知，教师应提炼出更高级别的驱动性问题，如“什么是真正的朋友”。通过探讨这样的问题，学习者需要从不同故事中的人物关系深入理解友谊的本质，从而获得可迁移的知识和能力。也就是说，在设计驱动性问题时，教师需要去除具体的细节部分，运用进一步抽象化的方式，围绕关键要素或核心概念，为学习者设计更普遍、更综合、更高层次的驱动性问题。

第二，在设计驱动性问题时，教师应从尊重和激活学习者主体性的角度考虑，充分结合学习者的已有经验、兴趣点及认知发展水平定位本质问题，同时引导学习者自发地提出问题，并通过筛选和优化最终形成驱动性问题。在教学过程中，教师可以引导学习者围绕某一主题提出问题，然后从学习者提出的问题中挑选和优化出合适的驱动性问题。虽然学习者提出的问题是教师设计驱动性问题的重要来源，但教师仍需对问题的质量进行把关，确保问题既切合主题又具有足够的挑战性和启发性。对于一些无关紧要或表述不清的问题，教师应引导学习者进行改进和完善。

第三，在设计驱动性问题时，教师应从学习的社会性交互的视角出发，设计能有效引发冲突的问题。埃里克森等人提出了事实型、概念型和争论型三种类型的问题，其中，争论型问题是驱动性问题的一种表现形式。争论型问题，正如其名，旨在引发学习者之间进行有效的辩论与争议。这类问题往往需要较多的讨论时间，但能激发学习者的讨论热情。通常情况下，争论型问题没有绝对正确的答案，通过这类问题能引导学习者展开讨论与争议，并将他们的思维提升至更具普遍性的概念层面。教师在设计有效的争论型问题时需考虑以下几个要点：首先，争论型问题必须与学习内容紧密相关，可以围绕某个概念、现象或问题的不同解读或观点建构；其次，问题表述应简洁明了，以便让学习者迅速把握问题的核心；再次，问题应具备一定的开放性和多义性，允许学习者在辩论过程中从不同角度提供论据和观点；最后，问题应具有足够的吸引力，能激发学习者的思考兴趣和探索欲望。例如，在探究绿色能源主题时，教师可以设计这样一个争论型问题：我们应该投入更多资源来开发绿色能源吗？这个问题同时包含了多种可能的解释和论据，有利于调动学习者的兴趣，促使他们在辩论过程中深入挖掘信息并表达多元化的见解，从而有助于建构与绿色能源相关的大概念框架。

（二）基于样例的设计策略

为了降低学习者的固有认知负荷，可以采用基于样例的设计策略来编排基于问题解决的学习活动。样例（Worked-out example）是指帮助学习者有效解决某类问题的具有代表性或典型性的示例或实例，主要用于阐明、解释或演示解决某类问题的方法或步骤等。样例可以是实物、情境、案例等形式，旨在帮助学习者更好地理解和应用特定的原理或规则。另外，样例也可以理解为呈现问题解决步骤和答案的学习材料。通过阅读、观察和思考相应的问题解决的样例，学习者能够理解问题中蕴含的概念、原理、规则、方法或问题解决的图式。例如，在学习制作一道菜肴（如烤面包）时，菜谱中每个步骤组成的集合就是一个样例。新手按照这些样例，可以逐步提升和掌握烹饪技能。

从教学目标上看，基于样例的学习有助于将学习者的能力培养融入独立思考、行动实践和自主学习等维度中，有利于培养和发展学习者解决复杂问题的能力。从教学内容上看，基于样例的学习强调通过范例教学，帮助学习者掌握学科中的基本结构，促进知识迁移，减轻学习负担。从教学程序来看，基于样例的学习通常要求学习者经历“个案理解—类比推广—规律总结—实际运用”四个递进阶段，从而引导学习者逐步深入理解知识。另外，从学习复杂程度上看，基于样例的学习可以分为两类：基于规则的样例学习和基于问题解决的样例学习。前者是指学习者在尚未系统学习相关知识的情况下，通过观察多个样例，进行类比归纳，进而领悟并掌握相应的知识；后者则指学习者在接触样例之前已初步掌握了相关概念、规则和原理，然后通过样例学习，理解如何在实际问题解决中应用这些知识，从而达到深化理解的目的。

学习科学领域中的大量研究表明，基于样例的学习有助于培养和发展学习者的问题解决能力。然而，如果样例设计不合理，不仅可能导致学习者在问题解决过程中无法达到提升学习效果的目的，还会导致学习者注意力分散、认知负荷加重等问题。因此，在基于问题解决的学习过程中，教师可通过“讲解—样例展示—部分任务练习—完整任务实施”四个步骤来精心设计整合样例的学习活动序列[19]。

第一步，在讲解环节，教师扮演指导者的角色，向学习者介绍基本的领域知识、解析核心概念与原理，确保学习者对基础知识有清晰的理解，为后续样例学习奠定坚实的基础。在此环节，教师可以采用启发式教学策略，激发学习者的好奇心和求知欲，提高其学习的积极性。

第二步，在样例展示环节，教师向学习者呈现实际场景中应用知识的案例，引导学习者分析案例，引发其深度思考，培养其问题敏感度。在这一环节，教师可以展示基于真实问题或模拟问题的案例。不论呈现何种类型的案例，目的是借助基于问题的案例引导学习者来理解知识在实际应用中的规则和价值。

第三步，在部分任务练习环节，教师可以布置具有一定挑战性的问题，提供不完整的样例，要求学习者运用部分知识解决问题。这一阶段旨在激发学习者的自主学习能力，促使他们在问题解决过程中逐渐建构和完善认知结构，进一步加强对知识的系统性理解。

第四步，在完整任务实施环节，教师提出更复杂的问题，要求学习者在新的问题情境中运用所学知识解决问题。此环节既可以检验学习者整合知识的能力，又可以锻炼他们的实际应用能力。为帮助学习者在这一环节达成既定的学习目标，教师需为学习者提供及时的反馈，帮助学习者识别和纠正错误，不断优化问题解决的策略。

接下来，我们通过“如何进行文献检索”这一学习设计案例，展示样例设计策略在基于问题解决学习中的具体运用过程[20]。这一案例的知识目标是让学习者理解文献检索的基本概念、文献数据库的组织结构和使用流程，了解不同种类科学文献及其组织方式。技能目标则是要求学习者掌握合适数据库的选择方法、文献检索技巧，熟悉数据库文献检索的操作流程，并能筛选出合适的文献。

在该案例中，教师向学习者介绍完文献检索相关的背景知识之后，在样例展示环节为学习者提供了三个高质量的文献检索样例。每个样例都展示了某一学科研究问题的查询方式及检索结果。教师要求学习者深入研读这些样例，探究为何不同的查询方式会导致不同的检索结果。在部分任务练习环节，教师先介绍操作步骤，再设定一个因使用不完整的查询方式导致检索结果不佳的情境。教师要求学习者调整查询词，完成检索并筛选出相关的文献。接着，在完整任务实施环节，教师明确指定一个具体的文献查询情境和研究问题，要求学习者运用所学知识和已掌握的技能检索出 10 篇最相关的文献。最后，教师进行总结，确保学习者达到知识和技能目标。通过这个案例可以看出，教师运用“讲解—样例展示—部分任务练习—完整任务实施”的流程组织学习活动，有利于学习者理解所学知识，并掌握运用知识解决实际问题的能力。

从认知发展的角度看，基于问题解决的学习是一种有效促进学习者进行复杂认知加工的学习过程。为了最大限度发挥基于问题解决学习的教育价值，教师需科学地设计学习者的问题解决学习过程。一方面，教师应遵循问题图式和问题解决的认知规律，为学习者设计具有逻辑连贯性的学习活动序列，帮助他们建构知识体系。另一方面，教师还需运用驱动性问题设计、样例设计等策略，对学习者基于问题解决的学习活动序列中的某些学习环节进行精细化的设计，为学习者提供高质量的学习体验，使其得到最大化的认知发展。

参考文献

[1] JONASSEN D H. Learning to solve problems: A handbook for designing problem-solving learning environments[M]. London : Routledge, 2010.

[2] MAYER R E.Teaching and Measuring Cognitive Readiness[M]. Boston, MA: Springer US, 2013.

[3] WOOD P K. Inquiring systems and problem structure: Implications for cognitive development[J]. Human Development, 1983, 26(5): 249-265.

[4] NEWELL A, SIMON H A. Human problem solving[M]. Englewood Cliffs, NJ: Prentice-hall, 1972.

[5] MAYER R E, WITTROCK M C. Problem-solving transfer[M]//Berliner D C, Calfee R C. Handbook of educational psychology, New York: Macmillan Library Reference USA, 1996: 47-62.

[6] ANDERSON J R, CRAWFORD J. Cognitive psychology and its implications[M]. San Francisco: WH Freeman, 1980.

[7] STEIN B S, LITTLEFIELD J, BRANSFORD J D, et al. Elaboration and knowledge acquisition[J]. Memory & Cognition, 1984, 12: 522-529.

[8] 胡谊 . 教育心理学 [M]. 3 版 . 上海：华东师范大学出版社，2021.

[9] BRUNING, R. H., SCHRAW, G. J., Norby, M. M. Cognitive psychology and instruction[M]. 5th ed. Upper Saddle River, NJ: Prentice Hall, 2010.

[10] SCHOENFELD A H. Making sense of"out loud"problem-solving protocols[J]. The Journal of Mathematical Behavior, 1985, 4(2): 171-191.

[11] 乔纳森 D H. 学会解决问题：支持问题解决的学习环境设计手册 [M]. 刘名卓，等译 . 上海：华东师范大学出版社，2015.

[12] GICK M L. Problem-solving strategies[J]. Educational Psychologist, 1986, 21(1-2): 99-120.

[13] SWELLER J. Cognitive load during problem solving: Effects on learning[J]. Cognitive Science, 1988, 12(2): 257-285.

[14] LUCANGELI D, TRESSOLDI P E, CENDRON M. Cognitive and metacognitive abilities involved in the solution of mathematical word problems: Validation of a comprehensive model[J]. Contemporary Educational Psychology, 1998, 23(3): 257-275.

[15] CHANDRASEKARAN B, TANNER M C, JOSEPHSON J R. Explaining control strategies in problem solving[J]. IEEE Intelligent Systems, 1989, 4(1): 9-15.

[16] 王薇，刘莉 . 问题解决的教育实践特征：基于心理学到教育学的转换 [J]. 教育学术月刊，2021，6：90-96.

[17] 刘徽 .“大概念”视角下的单元整体教学构型——兼论素养导向的课堂变革 [J]. 教育研究，2020，41（6）：64-77.

[18] 夏雪梅 . 学科项目化学习设计：融通学科素养和跨学科素养 [J]. 人民教育，2018，1：61-66.

[19] JANSSEN F J J M, KÖNINGS K D, VAN MERRIENBOER J J G. Participatory educational design: How to improve mutual learning and the quality and usability of the design?[J]. European Journal of Education, 2017, 52(3): 268-279.

[20] 杰罗姆・范梅里恩伯尔，保罗・基尔希纳. 综合学习设计 [M]. 盛群力，陈丽，王文智，等译 . 福州：福建教育出版社，2015.

第六章　基于学习支架的干预设计

从认知负荷理论的角度看，在开展指向核心素养的学习设计时，我们为学习者预设了相应的基于问题解决的学习活动，可以避免学习者在协作问题解决学习中进行不必要的探索，达到降低额外认知负荷的目的。这为学习者运用认知资源进行有效学习创造了条件。但是，研究表明，在缺乏外在干预的情况下，学习者并不能自发地参与到协作问题解决中，完成高质量的学习活动。因此，为了提升学习者在协作问题解决学习中的相关认知负荷，需要进行基于学习支架的干预设计，使学习者能参与到有效的社会性交互中，从而达到促进学习者认知发展的目的。第六章将带领大家理解学习支架的基本概念，掌握学习支架的设计方法，为科学地开展指向核心素养的学习设计提供干预指导。

第一节　学习支架的基本内容

在学习科学中，学习支架主要是指支撑学习者进行有效学习的干预手段的统称。大量研究表明，学习支架可以支持学习者在复杂学习过程中逐步建构知识，使其得到有效的认知发展。本节主要介绍学习支架的基本概念和分类，帮助大家系统地理解学习科学中学习支架的基本内容，为后续设计协作问题解决学习中的学习支架做铺垫。

一、学习支架的概念

“支架”（Scaffolding）又称“脚手架”，这一概念最早出现于建筑领域，是指为了保证施工项目顺利进行而搭设的工作平台。20 世纪 70 年代，美国心理学家大卫·伍德（David Wood）等人将支架这一术语从建筑行业引入教育领域，从而产生了“学习支架”的概念[1]。目前，许多学者提出了关于支架的不同定义。赫瑟林顿·马维斯（Hetherington Mavis）等人认为，学习支架是通过巧妙地构建环境，帮助学习者超越自我潜能，达成更高学习成就的方法[2]。比德·潘妮（Penny Beed）等人认为，学习支架是指教师通过具体地展示或口头解释，向学习者清晰地阐明任务的关键构成要素及完成策略，从而帮助学习者顺利实现预定的学习任务[3]。总的来看，学习支架是一种支持学习者有效学习的策略或方法，具有规划学习流程、提供学习指导、促进协作学习、鼓励自主学习等辅助性和引导性的功能，能有效协助学习者解决复杂问题，并助力其实现独立状态下难以达成的学习目标。

维果茨基认为，在认知发展过程中，学习者具备两种不同层级的认知发展水平。第一种是学习者的实际认知发展水平，即学习者现有心理机能的发展水平；第二种是学习者的潜在认知发展水平，即在外部支持和引导下，学习者可以达到更高层次解决问题的能力及潜能。学习者的实际认知发展水平与潜在认知发展水平之间的差距即为“最近发展区”，如图 6-1 所示。为帮助学习者实现从实际认知发展水平到潜在认知发展水平的跨越，教师或指导者在外部环境中需要适时地为学习者提供必要的支持、引导和协助，这些支持和引导即为学习支架。

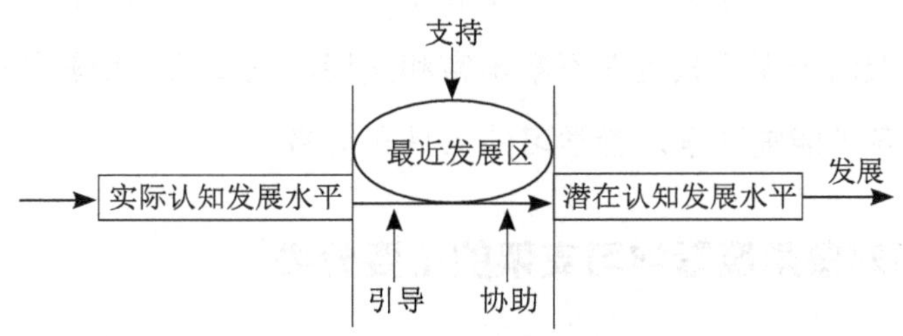

图 6-1　学习者最近发展区示意图

学习科学领域的研究者认为，教师应当在复杂的学习情境中整合运用学习支架来促进学习者认知能力的发展[4]。在处理复杂情境下的学习任务时，学习者需要整合不同领域的知识和技能来解决问题。然而，由于受到自身认知水平、学习能力和经验等方面的限制，学习者往往难以独立完成此类复杂的任务，这会直接影响他们的学习成效。因此，可以在学习中整合学习支架，为学习者应对复杂学习环境中的问题提供有力支持。这不仅有助于减轻他们不必要的额外认知负荷，还可以提升与学习任务紧密相关的相关认知负荷，进而推动学习者达成预定的学习目标。

尽管不同研究者对学习支架概念的具体表述和侧重点不同，但多数学习支架均具有适应性、移除性和责任转移这三大关键特征[5]。第一，学习支架的适应性。教师需要根据学习活动的编排和学习内容的复杂程度，为学习者提供有指导性的临时支架，以帮助学习者对学习内容形成综合理解。另外，教师需要根据学习者的个体差异和学习需求调整学习支架，以确保学习支架与学习者当前的表现水平相匹配。因此，在整合学习支架时，教师需要灵活地应对学习者的多样性，以满足其个性化的学习需求。第二，学习支架的移除性。随着学习者认知技能的发展，学习支架对学习者的支持程度会逐渐降低，最终需逐渐拆除，以帮助学习者逐步获得自主解决同类问题的能力。学习支架的移除时机和速度取决于学习者认知发展水平的程度。第三，学习支架的责任转移。随着学习支架的移除，学习任务的执行责任逐渐转移到学习者身上，学习支架需要促使学习者逐渐承担更多的学习责任。这包括引导学习者发展问题解决和独立思考的能力，以便他们能在无外部支持的情况下也能有效地学习。可见，责任转移与学习支架的移除性特征紧密相关，强调学习者在学习过程中逐渐掌握对自身学习的控制权。

二、学习支架的主要分类

从广义角度看，学习支架被视为一种动态的，能够整合多种资源的干预方法、策略和工具，这些资源包括来自专家、同伴、技术和学习环境等方面的支持[4]。随着信息技术的不断进步，学习支架的表现形式也在不断丰富和发展，逐渐从早期教师或专家为学习者提供的指导，延伸至各种能辅助学习者学习的工具和策略。

（一）从作用对象角度看学习支架的主要分类

从作用对象的角度看，促进学习者在协作问题解决学习中进行有效的社会性交互的学习支架可以简单地分为基于内容的学习支架和基于过程的学习支架两种类型[6][7]。

第一种，基于内容的学习支架，主要是为了帮助学习者理解和掌握具体的知识内容而设计的工具或策略。这类支架通常直接与学习材料的内容相关联，通过提供清晰、结构化的信息，帮助学习者深化理解并建构知识体系。例如，样例就是一种常见的基于内容的学习支架。在教授写作技巧时，教师可能会提供一篇优秀的范文作为样例，让学习者分析其段落布局、语言运用、论点阐述等方面的特点，从而明确写作的目标和规范，提升写作能力。在科学教育中，概念图也是一种有效的内容支架。教师通过概念图以图形化的方式展示各个知识点之间的关系，有助于学习者梳理复杂的科学概念，形成系统化的认知框架。

第二种，基于过程的学习支架，更侧重于指导和支持学习者如何进行有效的学习活动，关注学习的过程而非具体的内容。这类支架旨在培养学习者的自主学习能力和问题解决技能。比如，问题引导就是一种典型的基于过程的学习支架。教师提出开放性、探究性的问题，激发学习者的好奇心和探索欲望，引导其主动寻找答案，而非直接给出结论。这种方式能够促进深度学习，提高学习者的批判性思维和创新能力。再如，协作脚本也是一种基于过程的学习支架，主要用于支持小组协作学习。协作脚本预先设定了一系列合作步骤、角色分工、可能遇到的问题及其解决策略，引导学习者在小组协作中明确目标、有序沟通、共享资源、互相反馈，从而达到高效学习的效果。这种支架不仅能锻炼学习者的小组协作能力，也有助于他们在交流互动中深化对知识的理解和应用。

（二）从教学功能角度看学习支架的主要分类

从功能角度看，促进学习者在协作问题解决学习中进行有效的社会性交互的学习支架可以划分为五种类型：概念性支架、程序性支架、元认知支架、策略性支架和社会性支架[8]。

第一，概念性支架，指引导学习者理解和掌握相关主题和复杂内容，帮助他们识别并建构有序的知识结构的干预手段。这类支架包括但不限于图表、实例、比喻及模型等形式。在学习过程中，为学习者提供与学习内容相关的专业化提示、可视化指导，或利用概念图等方式帮助学习者可视化呈现内容知识，都属于概念性支架的范畴。

第二，程序性支架，指为学习者提供解决问题所需的一系列操作步骤，并采用结构化方式集中和维持学习者学习活动进程的干预手段。这类支架有助于引导学习者完成需结合不同思维模式的问题解决任务，为他们内化和自我调控各种思维技能打下基础。

第三，元认知支架，指鼓励学习者运用自我反思、评估和调节等策略深度参与并监督自我学习进程的干预手段。这类支架涵盖了一系列实践操作，如指导学习者设立明确的学习目标、持续进行自我效能评估，以及灵活调整学习方法。对于初次涉足复杂问题解决领域的学习者来说，元认知支架能协助他们理解和熟练掌握在不同阶段运用分析、建构和批判性评价等高级思维技巧，并通过系统地计划、执行、监测及循环反馈，逐步迈向学习过程的自主化与自动化。

第四，策略性支架，指着重于帮助学习者识别、获取、评价问题解决所需信息，指导其选择适当的方法来解决问题的干预手段，涉及如何规划、组织、监督和评估学习过程等方面。相较于概念性支架关注“需要哪些内容来支撑问题解决”，策略性支架则更强调“如何使用恰当的过程或策略来解决问题”。例如，指导学习者查找信息、形成假设、建构理解等的手段均属于策略性支架。

第五，社会性支架，指促进学习者在复杂情境中与同伴互动，共享知识和经验，共同解决问题的干预手段。这类支架主要聚焦于优化学习者与教师或其他学习伙伴的社会交流与合作环节，旨在通过精心设计的互动情境，催化出更高质量的学习效果与深层理解，进而提升整体的学习成效。

（三）从表现形式角度看学习支架的主要分类

从表现形式的角度看，促进学习者在协作问题解决学习中进行有效的社会性交互的学习支架可以分为教学法学习支架和技术性学习支架两种类型[9]。

第一，教学法学习支架，指通过改进与创新教学方法，提升学习者的学习效果并优化其学习体验的干预手段。在学习科学领域，典型的教学法学习支架有提示性问题支架、图示化支架及角色分配支架等。其中，提示性问题支架通过提出引导性问题，激发学习者的思考、探索和问题解决活动；图示化支架利用图形、图表或模型等可视化工具辅助学习者深入理解和掌握复杂的学科内容；角色分配支架将学习者分配到不同的角色或任务中，促使他们在学习过程中扮演特定的角色，以推动他们进行深层次、全面的学习体验。

第二，技术性学习支架，指借助计算机、移动设备等现代学习技术及平台来辅助和支持小组成员有效地进行社会性互动与认知发展的干预手段[10]。这类学习支架涵盖了多种在线工具、应用程序及专门的学习平台，可以在计算机或移动学习终端上实现。例如，随着网络技术的不断发展，在线学习逐渐成为一种普遍的学习形式。因此，基于网络技术的在线学习课程与环境可以扩大学习者接触优质学习资源的机会，同时为学习者提供更灵活、互动性强和个性化的学习体验。除了设计技术辅助学习者的学习，学习科学研究者还关注如何设计技术强化学习，以提升学习的效率。例如，学习科学研究者关注游戏化学习环境的设计，用以增强学习者的学习投入度和学习体验。另外，通过设计整合编程、3D打印、纺织工艺、机器人等创客技术的学习环境，可以引导学习者在“做中学”，促进学习者高阶思维能力的发展。总的来说，在设计学习时，可以整合教学法学习支架与技术性学习支架的设计，为学习者带来更为丰富、多元、高效、实用且个性化的学习支持，促进学习者在协作问题解决学习中进行有效的社会性交互，从而促进学习者认知的有效发展。

第二节　基于学习支架的干预设计方法

为了最大化协作问题解决学习中社会性交互在促进学习者核心素养发展方面的作用，我们不仅要促使学习者之间进行有序的协调与交流，降低学习者因协调和交流而消耗的外在认知负荷，还要促使学习者在协作中进行有效的协调与交流，提升学习者因协调和交流而产生的相关认知负荷，达到引发有效学习的目的。因此，我们可以以学习支架设计为抓手，有效干预学习者协作问题解决的学习过程，引导学习者进行有序和有效的协调与交流，从而最大化学习者在协作中的认知发展。本节主要从教学法学习支架和技术性学习支架两个方面介绍对学习者协作问题解决学习过程进行干预设计的方法，为开展指向核心素养的学习设计提供干预策略指导。

一、教学法学习支架的设计策略

（一）宏观教学法学习支架的设计策略

宏观教学法学习支架是指对为学习者协作学习过程提供的组织结构或学习流程的支持和指导的干预手段。目前，在学习科学领域，常见的宏观教学法学习支架的设计策略包括协作脚本策略、拼图策略等。

1. 协作脚本策略

协作脚本（Collaborative Script）是一种指导和支持学习者在协作过程中进行结构化交流与互动的策略。它提供了一系列详尽的指导和规则，旨在帮助学习者在协作过程中进行有序且有效的社会性交互，共同解决问题并达成既定的学习目标[11]。一般来说，协作脚本主要以指导说明单（Tip sheet）或流程单（Recipes）的方式呈现给学习者，包括协作学习项目大纲的制订、学习任务的分工、时间安排、学习资源分配、协作工具的使用、沟通计划与规则、评估与反馈机制等内容，如表 6-1 所示。项目大纲的制订和学习任务的分工明确界定了每个学习者的角色和职责，时间安排有利于学习任务的有序推进。通过分配学习资源，能确保小组成员获得完成任务所需的信息资料。同时，协作工具的使用和沟通计划与规则有助于保障小组内部保持高效的小组协同。

表 6-1　协作脚本中包含的基本要素及其内涵

基本要素	协作脚本策略中基本要素的内涵
项目大纲的制订	项目大纲是整个学习项目的总体计划和结构，提供了项目的目标、范围、关键任务和预期成果
学习任务的分工	将整个学习项目划分为可管理的任务，并分配给小组中的不同成员
时间安排	制订项目的时间表，包括开始时间和结束时间，以及各重要节点时间安排和截止日期

续表

基本要素	协作脚本策略中基本要素的内涵
学习资源分配	明确分配在学习任务中所需的学习资源，包括文档、工具、技术支持等
协作工具的使用	确定和使用适当的工具，如版本控制系统、项目管理工具、在线协作平台等
沟通计划与规则	制订明确的沟通计划，包括定期会议、报告频率、沟通工具的选择等。规定小组成员之间的沟通规则
评估与反馈机制	设计项目评估标准，建立反馈机制，监测进展并及时纠正

从功能上看，协作脚本可划分为认知性脚本（Empiricist Scripts）和社会性脚本（Social Scripts）[12]。认知性脚本主要用来支持协作过程中与问题解决紧密相连的认知环节，通常以图表、表格等形式直观展现，涵盖协作探讨中与核心学习任务密切相关的、较为抽象的知识点。这些可视化元素犹如路标，为学习者在讨论中提供了关键内容的支架，起到“锚定”作用，刺激和推动学习者进行新的知识结构建构和整合。相比之下，社会性脚本主要是为学习者搭建和规范协作活动的流程顺序。它明确定义了学习者间的互动行为模式，并将这些行为按逻辑链条组织起来，有利于学习者建构有序且结构化的互动过程。以互惠式教学（Reciprocal Teaching）为例，该教学模式就充分运用了社会性脚本[13]。在互惠式教学场景中，学习者需要遵循特定的互动结构，在小组内共同解析文本材料，轮流扮演教师和学习者的角色。教师负责提出针对文本的问题，并引导学习者进行解答；之后，教师尝试归纳文本主旨，若有必要，学习者进行补充和完善。教师还需与学习者协同攻关，识别并解决文本中的难点。如此循环往复，互惠式教学不仅规划了具体的互动活动——提问、互助回应等，而且赋予了这些活动在社会情境下的深层意义和连贯序列，有力地促进了学习者的协作学习。相较而言，认知性脚本实质上是对协作学习内容的一种外在引导机制，它更聚焦于学习任务本身，与领域知识联系更为紧密，目的是促使学习者更多地参与到与学习任务相关的活动中，从而有效地激发他们的知识获取和建构过程。而社会性脚本更加关注协作过程中学习者相互作用的结构，目的是强化学习者之间的建设性互动，鼓励他们积极澄清个人观点、融合同伴见解，从而深化对概念模型的理解和修正。

已有研究证实，协作脚本在协作学习方面发挥着显著的促进作用，能够有效提升学习者的协作表现和学业成绩。在小组协作中，共享协作脚本有助于小组成员明晰协作解决问题的目标指向，降低协作过程中的不确定性与协调难度；同时，还有助于培养学习者的元认知能力，激发积极的学习动力和情感状态[14]。

2. 拼图策略

拼图策略（Jigsaw Strategy），简称 Jigsaw 策略，是由美国著名社会心理学家埃利奥特·阿伦森（Elliot Aronson）在 20 世纪 70 年代所开创的一种鼓励学习者共享信息、共同解决问题的协作学习方法 [15]。Jigsaw 一词最初源于一种将零散部分组合成完整图画的拼图游戏。该游戏可以锻炼人们的记忆力、分析推理能力和动手能力。在协作学习情境中，拼图策略借鉴了协作完成拼图的整体性理念，核心思想是：首先，将综合性的学习任务或者资源拆分成多个相互独立的模块，并将学习者分组；然后，每个小组的学习者专门深入研究和掌握其中一个模块的内容；接着，各小组成员携各自专门钻研的成果，相互交流和分享；最后，学习者通过整合各个模块所学知识，共同实现对整个学习任务或资源的深度理解和掌握。大量研究表明，教师在课堂中应用拼图策略组织学习者进行协作学习，可以减少学习者之间不必要的认知冲突，提升学习者的成绩 [16]。

在教学实践中，我们可以遵循以下七个步骤来设计和实施拼图策略，从而引导学习者有序且高效地推进协作学习过程。第一步，组建学习小组。通常每个小组由 3 至 5 名成员组成。这些小组可以是具有相似背景的同质组，也可以是根据任务特性和学习者不同需求设立的异质组。第二步，分解学习任务。教师将综合性的学习任务拆分成若干个可独立存在的子任务，确保每个小组成员研究和掌握其中一部分子任务。第三步，进行小组学习。小组成员深入研究和理解自己负责的任务，并在此过程中成为该领域的“专家”，为后续的知识分享做好准备。第四步，组建“专家”小组。教师将各小组中负责同一学习材料或任务的“专家”重新组合成新的“专家”小组，即新小组内聚集了来自不同原小组的“专家”成员。第五步，进行“专家”小组的学习。在这一阶段，“专家”小组中的成员可以在有一定知识积累的情况下，分享他们对同一学习材料或任务的看法和理解。这种有积累、有准备的分享、讨论和协作使小组中每个成员都能畅所欲言，以确保他们均能获得新的信息、知识和理解。第六步，在学习小组中进行知识整合。“专家”小组中的代表分别回到原先的学习小组，并依次分享各自对学习材料或任务的理解。各小组基于不同“专家”代表的理解，讨论并整合各自所学的知识，形成完整的学习成果或问题解决方案。第七步，反馈与总结。在这一阶段，学习者共同回顾整个协作学习过程，相互评价，总结经验教训，并提出改进意见，以此促进学习者的自我反思和进一步提高。

拼图策略是引导学习者与其他小组成员有效分享知识和经验的一种干预方式，可以促进小组成员之间的深度互动与相互依赖，提高学习者的学习成效。首先，将拼图策略融入协作学习的过程中，使每个学习者在小组内担任特定知识领域的权威角色，并负责向组内其他成员传授知识。这激发了学习者的参与积极性，并让他们完成充满挑战性和趣味性的学习任务，从而有效推动学习进度[17]。其次，拼图策略所具备的独特结构设计有助于学习者更深入、更细致地理解各知识点之间的内在联系，如同搭桥铺路般帮助学习者在新旧知识间建立稳固的联结[18]。最后，通过拼图策略可在实践中营造一种积极的相互依存氛围，增强学习者之间的责任感，有效激发学习者的学习积极性，鼓励他们在共同完成任务的过程中积极交流和分享想法。这一过程不仅提高了学习者的学习效率，更在无形中锤炼了他们的社交技能，使其在小组协作和有效沟通方面得到实质性提升[19]。

（二）微观教学法学习支架的设计策略

微观教学法学习支架是指对学习者在协作学习过程中具体的学习环节所提供的支持和干预手段。借助微观层面的学习支架，学习者能在协作学习的不同环节更准确地把握任务要求，并进行有针对性的思考，进而提升整体的学习效果。常见的微观教学法学习支架的设计策略包括角色分配策略、“思考—匹配—分享”策略及交互式提问策略等。

1. 角色分配策略

在协作学习中，角色分配策略是一个关键的微观教学法学习支架。通过为协作学习小组中的每位成员设定特定的角色，确保他们在小组中承担相应的责任和任务，进而促进学习者之间进行高效的社会性交互。角色分配策略中蕴含着群体动力学理论。这一理论指出，个人责任和积极的相互依赖是确保群体顺利运作的重要因素[20]。其中，个人责任是指学习者个人对共同任务或职责的负责程度；积极的相互依赖是指为了达成共同的学习目标，学习者在协作学习过程中需要彼此相互依存、互相促进，形成一种“同舟共济”的紧密联系。角色分配策略的核心作用在于强调个人责任感的重要性，同时建立积极的相互依赖关系来促进群体学习的进步。这种策略鼓励学习者积极参与到协作过程中，全身心投入以共同解决学习问题[21]。

目前，在协作学习中，教师可以采用功能性角色分配支架和认知性角色分配支架这两种策略对学习者的协作学习进行干预[22]。

第一，功能性角色分配支架是指在设计协作学习时，教师可以为学习者分配不同的功能性角色，且每个角色具有明确的责任和需要完成的具体子任务。常见的功能性角色主要包括观察者、记录者、数据收集者、数据分析者、文件编辑者等[23]。例如，在初中历史课程“秦汉历史”这一主题学习中，教师可以按照功能性角色分配支架设计策略，带领小组成员以协作的方式理解“秦汉时期的统一对中国历史产生的影响”这一重要内容。教师可以给小组中每位成员分配历史学者、编写者、研究员和口头报告者等角色。其中，小组内的历史学者主要负责研究具体历史事件；编写者主要负责整理信息、撰写报告；研究员主要负责搜集相关资料、文献；口头报告者则主要负责展示研究成果。最后，他们可以协同合作，共同完成一份综合的历史研究报告。在这一协作学习设计的案例中，通过运用功能性角色分配支架的设计策略，教师可以让具有不同功能性角色的学习者进行有效的协同，共同完成历史探究学习任务，并形成相应的历史认知。

第二，认知性角色分配支架是指在设计协作学习时，教师可以为学习者分配不同的认知性角色，以承担和完成不同类型的认知性任务，从而引导其进行深入的思考、分析和解释[24]。仍以初中历史课程“秦汉历史”这一主题学习为例，教师可以按照认知性角色分配支架的设计策略，给小组每位成员分配不同的认知性角色，如历史分析师、时代解释者、证据搜集者和历史推理者。其中，历史分析师主要负责分析历史事件和趋势；时代解释者主要负责解读不同历史时代的特点；证据搜集者主要负责搜集支持论点的历史证据；历史推理者主要运用历史知识进行深入的推理与阐释。最后，他们可以协同合作，共同完成一份综合的历史研究报告。在这一协作学习设计的案例中，通过运用认知性角色分配支架的设计策略，教师可以让不同认知性角色的学习者在学习任务中按照某种认知方式进行特定类型的思考。这不仅能确保学习者深度研究和理解特定的领域知识，掌握相应的专业技能，还有助于小组成员高效地解决复杂的认知性任务。

研究表明，使用角色分配策略能够提高学习者的协作学习效率。具体地，借助角色分配的干预支架策略能缓解某一成员主导整个交互过程而造成协作中“漂移”现象和“搭便车”现象的发生[24]；能提升小组中学习者的团队责任感和团队学习意识[25]，能增强学习者的组内依赖性，促进学习者之间进行高效和有序的协作[26]；能刺激学习者在小组学习中贡献想法[20]。

2.“思考—匹配—分享”策略

“思考—匹配—分享”（Think-Pair-Share）策略是美国马里兰大学弗兰克·莱曼教授（Frank Lyman）于 1981 年提出的一种促进学习者表达观点和想法的干预策略[27]。这种策略的实施过程主要包括思考、匹配、分享三个环节。

第一环节，思考（Think）。教师向全体学习者提出一个问题、话题或情境，引导他们独立思考并内化问题，形成自己的理解。这些问题旨在启发学习者思考问题的根源、探讨解决方法及预测可能的结果，不仅仅局限于回答事实性内容。

第二环节，匹配（Pair）。教师组织学习者分组，分组方式可以是教师随机分组，也可以是学习者自主分组。在这个环节，学习者分享和讨论其在思考阶段形成的个人观点。

第三环节，分享（Share）。每个小组将其思考成果展示给全班同学，通过讨论、演示、报告等方式分享各自的观点或解决方案，以促进全体学习者共同探讨同一问题或话题。在分享环节结束后，教师可以指导学习者重新分组，让学习者讨论其思维如何因他人的分享而产生变化。

"思考—匹配—分享"策略在各学科教学中具有普遍适用性和易操作性，可广泛运用于各种日常课堂活动中，如概念复习、议题研讨、配对阅读、头脑风暴、测试反馈、主题拓展等，既可作为短至五分钟的即时活动，也可作为长达三十分钟甚至更长时间的教学活动。为了成功应用这个策略，教师应紧密结合教学目标设计问题，确保问题具有一定的挑战性，能激发学生的高阶思维能力，且始终保持对每日或每周教学核心目标的关注。在引入这一策略之前，教师首先需要明确课程的具体教学目标。随后，教师需要根据接下来的课堂阅读材料或学生已掌握的重点概念，精心设计一系列启发式问题或引导语。在向学习者解释该策略的目的和期望结果的同时，也为之后的讨论提供详细的指引。在这个过程中，学习者会经历三个逐步深化的阶段：一是独立思考给定的主题或问题；二是与同伴就相同主题或问题进行深度讨论；三是将自己的观点与全体学习者分享、交流。在实际教学中，教师可以先展示该策略的操作流程，并请一些学习者做示范，确保每个学习者都能正确理解如何使用该策略。同时，教师还应留出足够的时间让学习者提问，解决他们在策略使用过程中的疑问。只有当所有学习者都清楚地了解并掌握了该策略的应用方法，教师才能在学习者执行这些步骤时给予适当的指导和支持，从而确保策略的有效实施。

研究表明，在协作问题解决学习中运用"思考—匹配—分享"策略能有效激发学习者积极参与小组讨论。学习者在面对原本不感兴趣的主题时，也能产生深入探讨的热情[28]。另外，"思考—匹配—分享"策略有助于学习者深化对主题概念性内涵的理解，提升筛选信息、提炼结论及接纳和审视多元观点的能力。而且，此方法能够显著提升学习者的课堂参与度，增进其学习成效，同时促进学习者沟通技巧和问题解决能力的培养[29]。

3. 交互式提问策略

交互式提问（Reciprocal Questioning）策略是促进学习者社会性交互的常见学习干预策略。它鼓励学习者两人或三人一组，围绕学习内容相互提问，以促进他们之间进行有效的社会性交互。交互式提问往往通过预先设定的首句提示或问题框架，给予学习者启示、建议及必要的思维支撑。这些结构化的引导方式旨在帮助学习者搭建起一座桥梁，使其更好地协同解决问题 [30]。

在实际操作中，为使小组间的交互式提问更具针对性和有效性，教师可以根据教学内容和学习者特性为学习者设计个性化的提示性问题。如结合布鲁姆认知层级分类，教师可以为学习者设计记忆性问题、理解性问题、应用性问题、评估性问题、分析性问题及创造性问题，从而触发学习者进行不同认知层级的思考，如表 6-2 所示。

表 6-2　基于布鲁姆认知层级角度的提示性问题分类

问题类型	问题示例
记忆性问题	（1）对于__________，我们已经知道__________。 （2）__________的主要核心思想是什么？
理解性问题	（1）__________的特点是什么？ （2）请解释为什么__________？
应用性问题	（1）你将如何运用__________？ （2）__________可以用来做什么？
评估性问题	（1）请问你是否同意观点__________？请给予证据来支持你的回答。 （2）针对__________，我们可以反驳的观点是什么？
分析性问题	（1）为什么__________会发生？ （2）你认为什么引起了__________？
创造性问题	（1）如果__________会怎么样？ （2）有其他的方法可以用来理解__________吗？

另外，我们还可以根据问题在促进学习者交流中发挥的不同功能，为学习者设计精细化问题、反思性问题和论证性问题等不同类型的提示性问题，如表 6-3 所示。例如，可以提出诸如“为什么……是重要的？……是如何产生影响的？”等精细化问题，引导学习者表达自己的理解和推理；利用“两种方案，你认为哪种方案更好？”“为了实现目标，需要采取哪些措施？”这样的反思性问题，帮助学习者评估不同解决方案的有效性；再通过“支持你想法的证据有哪些？提供的证据是否合理地支持这些想法？”这样的论证性问题，指导学习者完成推理过程。

表 6-3　基于认知功能角度的提示性问题的分类

提问角度	问题的作用	问题的示例
精细化问题	帮助学习者表达想法，阐述解释	为什么……是重要的？ ……是如何产生影响的？ ……有哪些影响因素？
反思性问题	帮助学习者反思 / 评价解决方案的有效性	两种方案，你认为哪种方案更好？ 为了实现目标，需要采取哪些措施？ 目标是什么？
论证性问题	帮助学习者完成推理过程	支持你想法的证据有哪些？ 从何处得到这些证据？ 提供的证据是否合理地支持这些想法？

研究表明，采用交互式提问策略的学习者能够借助提示性问题超越对学习材料的表层理解，激发深层次的认知加工过程，进而更加自如地吸收和内化新知[31]。此外，这类提示性问题还扮演着显性的元认知指导角色。通过引导问题的形式，学习者能敏锐察觉到自身知识体系中的不足、信息理解上的模糊和潜在的逻辑矛盾，从而激发其积极参与学习活动，主动探索问题的答案，与同伴共同开展深度研讨和紧密协作[32]。

二、技术性学习支架的设计策略

随着社会的持续进步，以计算机、互联网及移动设备为核心的信息技术不断渗透至教育领域，深刻影响了学习者的学习方式。这些技术不仅拓宽了学习者获取学习资源的途径，也改变了学习者在学习过程中交流互动的方式。因此，在这样的背景下，学习科学领域的研究者围绕如何设计和利用信息技术来促进学习者在复杂学习中的社会性交互这一议题展开了深入的研究与探索，进而催生了计算机支持的协作学习这一重要的研究分支[33]。

经过多年的理论积累与实践探索，计算机支持的协作学习研究领域积累了大量的技术性学习支架设计策略，为教师科学地设计协作学习中的社会性交互提供了有力指导。通过梳理发现，支持协作学习的技术性学习支架主要包括以下四种类型：支持协作交流的技术性学习支架、支持共享数字资源的技术性学习支架、支持协同知识创建的技术性学习支架、支持群体觉知的技术性学习支架[34]。

（一）支持协作交流的技术性学习支架

在协作学习中，支持协作交流的技术性学习支架主要是指服务于学习者在协作学习活动中进行信息分享、观点表达、任务协调等需求的工具和平台。有效的沟通与讨论在协作学习中发挥着触发深度协作与互动的关键作用，因此，支持协作交流的技术性学习支架被视为支持学习者在协作问题解决学习中进行社会性交互的基石。

从功能特点的角度看，支持协作交流的技术性学习支架通常被分为两种类型：支持同步交流的技术性学习支架和支持异步交流的技术性学习支架。这两种形式的技术性学习支架分别在促进小组成员之间的实时协作对话及非实时的信息交换等方面发挥着独特且重要的作用。

1. 支持同步交流的技术性学习支架

支持同步协作交流的技术性学习支架主要借助实时通信软件实现，旨在促进学习者进行实时互动与讨论，允许他们之间进行即时反馈和动态交互。常见的同步协作交流工具包括实时聊天工具、在线视频会议平台及在线协作白板等。这些工具普遍具备群聊功能，能够支持一对一、一对多乃至多对多等交流模式，其基本特征在于信息的即时传递和用户之间的高度交互。

这类技术性学习支架的典型代表包括实时聊天工具、在线视频会议平台及在线协作白板等。例如，Tesoriero 等人开发了一款情景性对话会议工具（Contextual Chat Conference Tool，CCCT），旨在通过实时通信技术，优化学习群体的互动协作体验，支持学习者在协作问题解决中进行实时协作。该平台用户界面的五个功能各异，且各功能区域协同联动，如图 6-2 所示。其中，文档交互区域能呈现学习者待讨论与注解的学习资料；文本浏览区域能实时展示每位聊天参与者发表的评论；文本—文档关联区域能智能构建并展现消息内容与相关学习资源间的紧密联系；文本创作区域支持学习者撰写待发送的文本信息；在线状态感知区域能够实时动态更新，并高亮显示所有学习者的在线状况信息，从而全方位促进其无缝沟通与协作[35]。

支持同步交流的技术性学习支架在协作学习中的作用主要体现在以下三个方面。第一，它可以支持学习者之间进行实时互动。当教师想要组织学习者进行线上对话、讨论和交流时，这类工具能发挥重要作用。第二，它可以支持学习者之间协同完成学习任务，如协同编辑文档、解决问题或实时展示项目进展等。第三，它可以支持学习者获得即时反馈，帮助其解答疑惑或调整学习进程。

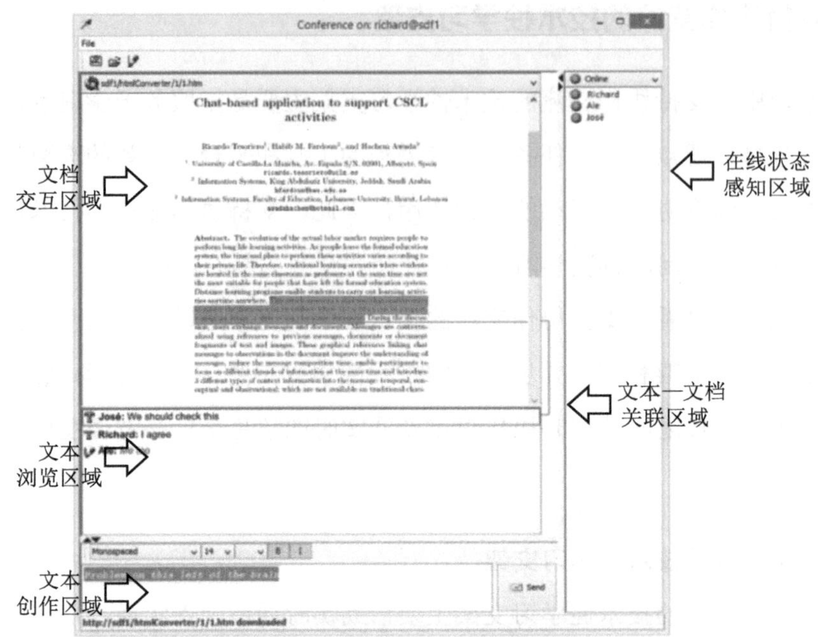

图 6-2　CCCT 界面的示意图

尽管支持同步交流的技术性学习支架在支持学习者进行社会性交互方面具有价值，但也存在局限性。一方面，这类学习支架要求参与者在同一时段进行实时互动，而这在实际操作中可能会受到地理位置分散、时间安排不便等因素的制约，导致寻找适宜的交流时机存在一定的困难[36]。另一方面，在使用诸如在线视频会议平台等同步交流工具时，学习者常常会遇到技术性问题，如音视频传输质量欠佳、网络信号不稳定等问题，这可能影响交流效果[37]。

2. 支持异步交流的技术性学习支架

在协作问题解决学习情境中，支持异步交流的技术性学习支架主要依托网络平台，为学习者提供综合性的资源和协作空间，使他们能够在不受时间和地点限制的情况下进行交流。常见的此类工具包括电子邮件、在线讨论区、博客、社交媒体等，还包括 Wiki、Moodle、MOOC 等平台。

首先，Wiki 平台的核心特点是允许用户即时编辑页面内容，实现所见即所得的编辑体验。通过基于 Wiki 平台的互动过程，学习者不仅可以直接观察并学习他人编辑的内容，促进其对知识的集体理解，共同建构知识体系；还可以为知识的分享和传播提供平台支撑。例如，张志博设计了基于 Wiki 平台的课程，学习者可以针对课程中的问题、主题或阅读材料共同编辑页面、讨论问题、分享观点，从而促进学习者阅读理解能力的提升[38]。

具体地，学习者可以利用 Wiki 平台分组讨论课程内容，共同编辑和完善页面，并加入新的见解和内容，从而丰富知识的广度和深度，如图 6-3 所示。另外，学习者还可以在 Wiki 平台页面上提出问题、分享观点，与其他学习者进行讨论和互动，从而促进学习者之间的合作与交流，如图 6-4 所示。

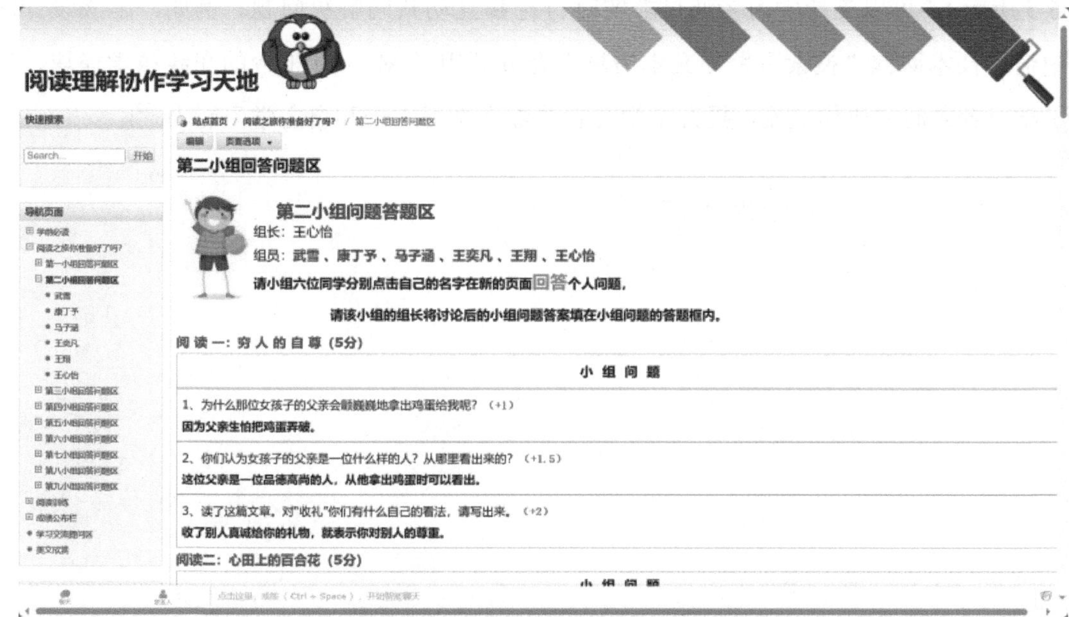

图 6-3　Wiki 平台小组协作界面

图 6-4　Wiki 平台经验交流界面

其次，Moodle 平台是一款开源的虚拟教学系统，具备在线课程设计、资源分享及学习进程追踪等功能。其界面简洁易用，便于学习者操作。在 Moodle 平台上，除了可以参与课程讨论，学习者还可以便捷地共享学习资料，逐步成为课程内容的共创者，从而推动学科知识的建构与发展。此外，平台为学习者提供了讨论、聊天、Wiki 协作等工具（如图 6-5 所示），可以支持学习者通过非实时讨论和互动共同解决问题。例如，赵彧设计的初中信息技术课程“搜索引擎与文本信息”充分利用了 Moodle 平台的在线教学模块，促进了学习者之间的协作交流，提升了学习者的综合学习水平和自主学习能力[39]。

图 6-5 Moodle 平台交流互动模块

再者，MOOC 平台是通过互联网为学习者提供大规模在线课程的在线平台。它不仅可以为学习者提供视频讲座、阅读材料和在线测试等丰富的课程资源，还支持学习者之间建立学习共同体，随时随地参与课程学习、分享个人观点、提出问题，并及时获取其他学习者的反馈意见。例如，周天涯利用在线 MOOC 课程平台建设课程，促进学习者的协作学习与知识建构，如图 6-6 所示[40]。在课程中或课程结束后，学习者可以在 MOOC 平台的讨论区或论坛分享信息和提问，与其他学习者交流和讨论课程内容。另外，学习者还可以方便地在小组内协作、讨论，并共同完成作业或项目。这激发了学习者的协作意识和团队精神，促进了知识的共建和交流。研究结果显示，在 MOOC 环境下开展协作学习，可以有效提高学习者的学习兴趣和学习效果，促进学习者之间的交流协作，培养学习者的独立思考能力和信息获取能力。

图 6-6　中国大学 MOOC 爱课程界面

支持异步协作交流的技术性学习支架在协作学习中的作用主要体现在三个方面。第一，它支持学习者进行深度思考，消除了即时回应同伴的压力，使学习者有更多时间深入思考和准备回复。第二，它支持学习者之间交流内容的持久性记录，形成了可搜索和长期保存的讨论记录，方便学习者随时回顾、复习及参考过去的讨论内容。第三，它支持学习者跨时区协作，可以解决由于空间或时区差异带来的协作困难，使身处各地的学习者能够更轻松地交流与讨论。

同样地，尽管支持异步交流的技术性学习支架在支持学习者协作方面具有其价值，但也存在局限性。首先，异步交流工具的使用依赖于学习者个体的自主性和主动性，需要他们在不同的时间段内自行安排学习和交流，这可能导致学习进程的不连贯性和反馈的延迟。另外，支持异步交流的技术性学习支架往往无法提供即时的互动和沟通体验，导致学习者之间的交流效率不高。因此，在设计和实施协作学习活动时，教师应综合考虑异步和同步交流工具的特点，并根据具体情况选择合适的交流方式。

（二）支持共享数字资源的技术性学习支架

支持共享数字资源的技术性学习支架旨在帮助学习者在计算机或移动设备上协同访问、创建、编辑和分享各类学习材料与内容，从而促进小组成员间的有效沟通与知识共享。这种技术性学习支架不仅有助于节省学习者寻找资源的时间与精力，还能帮助学习者通过分享不同类型的资源激发其多角度的观点和创新思维，为全面探索问题空间、合作建构知识体系及形成解决方案奠定基础。

常见的支持共享数字资源的技术性学习支架包括微博、优酷、B 站等。借助这些社交媒体平台，学习者可以上传和分享文本、图片、视频等多种形式的多媒体资料，为小组协作积累丰富的学习素材，从而进一步深化他们对学习内容的理解。例如，Nascimento 探究了学习者如何通过 Facebook 社交媒体来调节在协作学习中的群体协作水平[41]。该研究通过搜集某大学计算机支持的协作学习课程中，学习者在 Facebook 群组页面上的在线活动数据，深入剖析了学习者在此社交平台上的互动交流模式。研究期间，学习者借助文字讨论形式积极分享知识，并运用 Facebook 内置的图片、视频分享功能来表达多元情感状态，如喜欢、热爱、关注、喜悦、惊叹、悲伤和愤怒等。研究表明，在利用社交媒体开展的协作学习环境中，学习者表现出显著的自我调节行为特征，特别是在在线完成协作任务、按照协作脚本指导和角色扮演等情境下。

另一种支持共享数字资源的技术性学习支架包括金山文档、腾讯文档等。通过这些协同编辑工具，学习者可以共同编辑文字、插入图片和视频链接等内容，并实时将成果分享给同伴。这不仅促进了学习者根据自己的兴趣和优势贡献个性化的学习资源，还能激励学习者围绕共享资源进行集体探讨，加深彼此间的学习合作。另外，在协作过程中，学习者可以充分利用协同编辑工具中的注释、回复等功能，以深化对共享资源的深入理解。研究表明，在学习资源上添加批注或回复不仅能有效增强学习者与学习资源之间的互动，还能促进他们主动理解和评价学习材料。这一过程还促使学习者之间有针对性地开展后续讨论与交流，从而进一步深化学习的协作和互动。例如，协作注释工具 TeamTat 具有动态定制、跨文档关联性和集成可视化等特点，能够有效支持学习者对文本进行高效、高质量的多用户标注[42]。第一，TeamTat 注释编辑界面内嵌了动态实体类型选择机制，用户可以根据具体需求动态定制用户界面。如图 6-7 所示，学习者可以通过预设的注释模式自动生成下拉菜单，列举出针对当前项目适用的所有注释类别，实现有效管理和界面的定制化配置。第二，使用 TeamTat 可以实现关联成分的关系结构的注释，这意味着学习者可以跟踪和记录不同部分之间更为复杂的联系。如图 6-8 所示，这种关联关系并不局限于单个句子或段落内，而能在整个文档层面展开。第三，TeamTat 具备集成可视化提示功能，这可以帮助小组成员更快地了解其他人工作的状态。如图 6-9 所示，该平台通过运用色彩编码与文本标记（如灰色下画线表示“Chk1”，黑色下画线表示“Wee1”，无下画线标识“Cdc25”)，呈现特定概念注释上的共识与争议状态。通过观察学习者能迅速获知，“Chk1”注释得到了一致认同，“Wee1”在概念上存在异议，而“Cdc25”仅被一位协作者所标注。这种直观的反馈形式极大地简化了学习者对其他协作者大量注释数据的快速评估与决策过程。

支持共享数字资源的技术性学习支架在促进协作学习方面具有独特的价值。第一，它可以为学习者提供定制化的学习资源，满足不同学习者的需求。学习者可以根据自身学习的习惯和节奏选取最适宜的教育资源，从而提升学习效果。第二，它可以拓展学习者的学

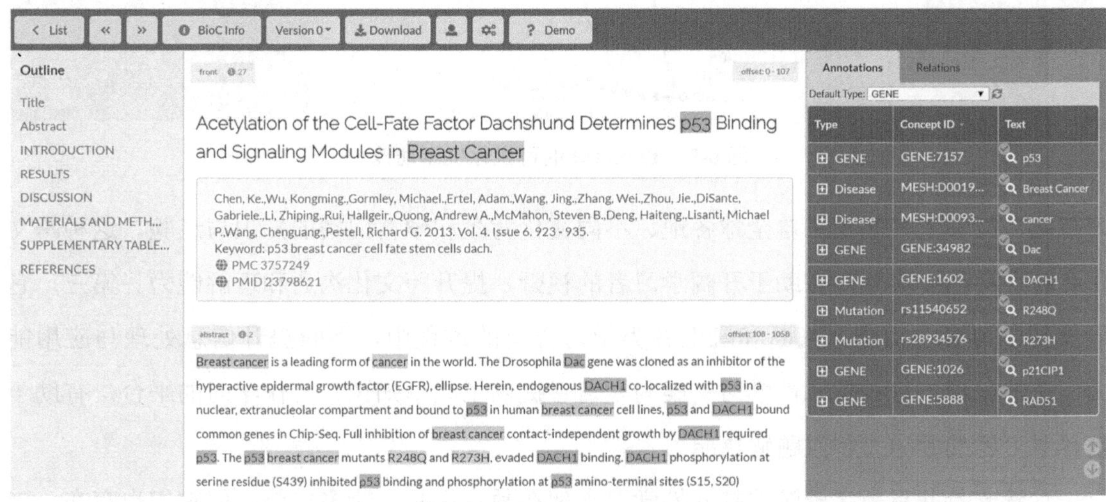

图 6-7　TeamTat 注释编辑界面

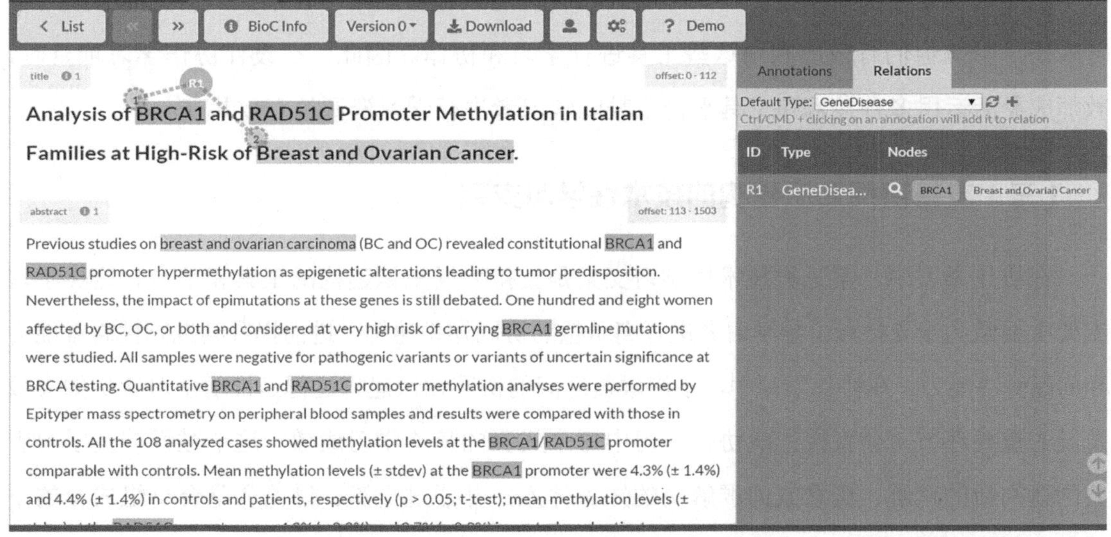

图 6-8　TeamTat 显示关系结构的注释

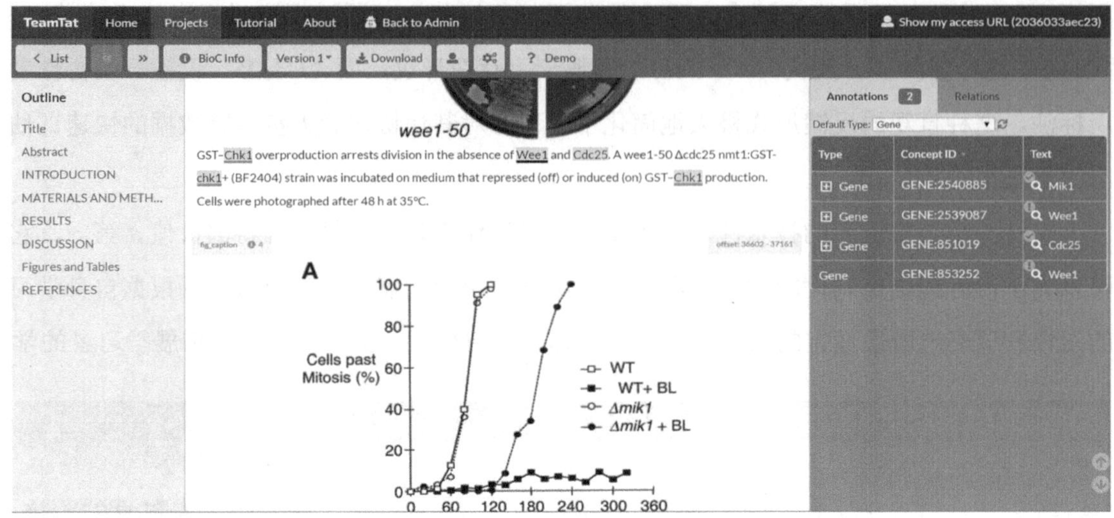

图 6-9　TeamTat 的可视化提示功能

习范围，能够使其触及来自全球各地、不同文化背景和学科门类的知识与经验。这种跨文化和跨学科的交流互动有助于开阔学习者的视野，提升跨文化沟通和理解能力。第三，它能够使学习者在筛选、判断和融汇各类学习资料的过程中，不断提升信息处理与应用能力。总的来说，这种技术性学习支架为学习者提供了共享知识、合作学习的平台，有助于培养学习者的领导力和问题解决能力。

尽管支持共享数字资源的技术性学习支架在教育中具有诸多优势，但它们也存在一定的局限性。例如，这种技术性学习支架的使用对学习者的技术能力要求较高，要求他们具备一定的数字素养和操作技能。对于缺乏相关技能或经验的学习者来说，这可能会成为学习障碍，影响他们有效地利用这些工具进行学习和协作。因此，在设计协作学习项目时，教师应灵活运用多种技术和工具平台，鼓励学习者进行学习资源的有效共享。

（三）支持协同知识建构的技术性学习支架

在协作学习中，第三类技术性学习支架是支持协同知识建构的工具和平台。这类学习支架主要致力于支持和引导学习者进行高质量的协同知识建构，进而提升其批判性思维能力和问题解决能力。在协作学习中，小组成员之间的协同知识建构过程是推动学习者认知有效发展的重要环节，会直接影响协作学习中每个成员的最终学习成效。这个过程涉及学习者共同建构新的理解、概念或问题解决的知识体系，并通过交流、讨论和整合小组成员的不同观点与信息，最终形成集体性的学习成果。协同知识建构既能深化学习者对学科内容的理解，又能培养其小组协作和沟通能力，为应对复杂问题和未来挑战提供全面的学习支持。

第一，教师可以借助协作概念图、在线白板等协同编辑工具，规划学习者的学习路径，鼓励小组内的学习者共同参与知识建构。在使用这些工具的过程中，学习者可以通过静态或动态的视觉化手段将协作学习过程中的概念和思想直观展现，降低交流成本，激发小组学习者的群体智慧。例如，Mural 是一款基于网络环境设计的协作概念图建模应用。学习者可以利用其提供的界面（如图 6-10 所示），清晰展现他们对概念、逻辑关联及结构关系的理解，进而支持小组协作解决复杂问题。另外，Mural 能促进学习者间的社会性交流与互动。Mural 中体现社会性支持功能的示意图可参见图 6-11。一方面，Mural 支持小组成员在统一的问题空间内实时协同建构，通过图示化的形式共同呈现思考过程和观点。这意味着不同的学习者可以在同一界面上同步创建、编辑和修改小组共享的概念图。另一方面，Mural 还允许小组成员围绕共建的学习制品展开论证性讨论。具体来说，小组成员可以在协作问题空间内的任何位置，或者针对小组学习制品中的任意图示化语义组件添加批注，以便提问、发表评论或回应他人观点。

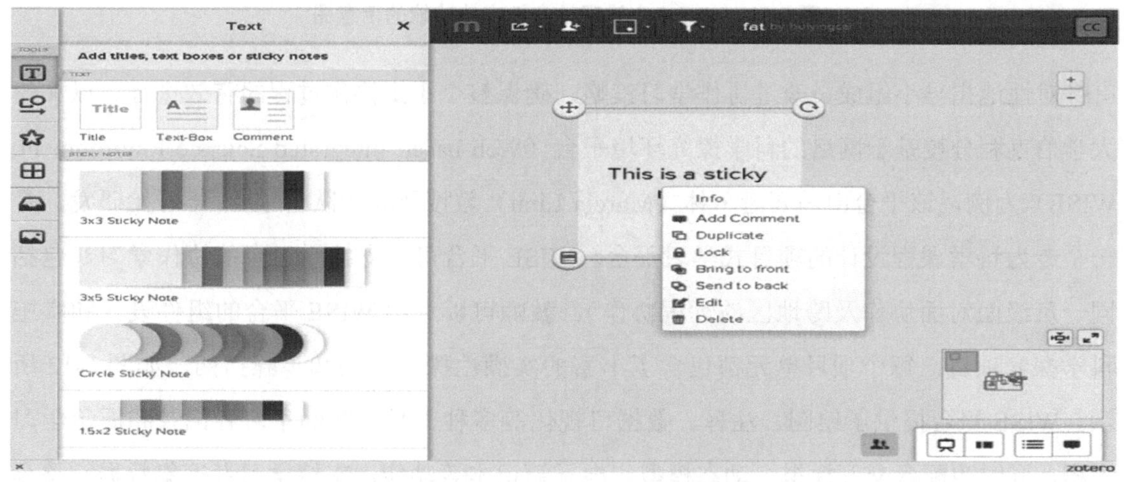

图 6-10　Mural 协作概念图界面

第二，教师可以借助网络或移动终端搭建虚拟学习环境，支持小组成员进行协同知识建构。这样的虚拟学习环境可以集成多种便捷的工具和资源，促进小组成员之间的实时协作和信息共享。首先，教师可以在虚拟学习环境中创建各类在线学习资源，如编制教学内容、提供学习扩展材料及呈现作业要求等，便于学习者随时查阅、研讨。其次，教师可以利用虚拟学习环境中的讨论板及在线讨论工具，组织并鼓励学习者围绕学习内容和学习任务开展即时的分享和讨论。最后，教师可以利用虚拟学习环境中的学习评价机制，引导小组成员及时监控和调整学习进度。通过对学习者的表现进行适时的评估和反馈，教师能

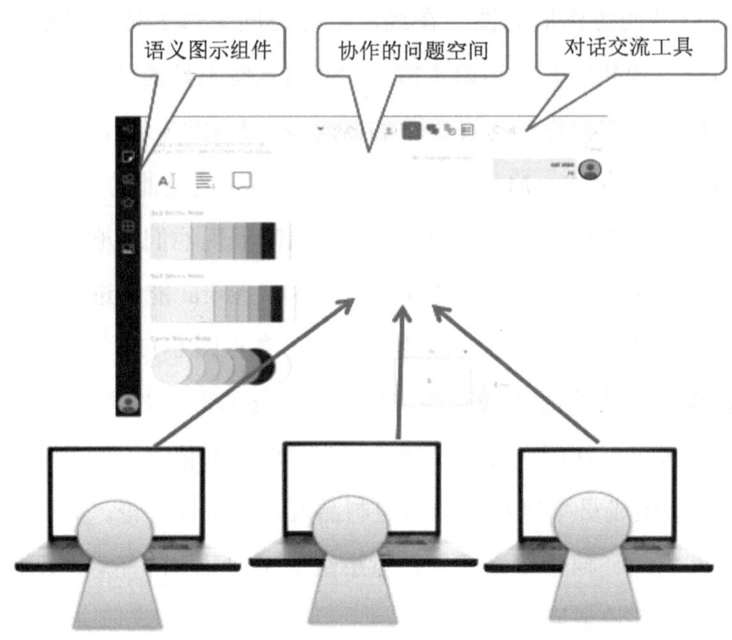

图 6-11　Mural 中体现社会性支持功能的示意图

有针对性地指导小组成员改进协作学习策略，确保整个小组协作过程的有效进行。以加州大学伯克利分校基于网络的科学探究环境平台（Web-based Integrated Science Environment, WISE）为例，该平台由马西娅·林（Marcia Linn）教授及其团队自 1996 年开始研发，是一个专为科学课程设计的项目式学习平台。WISE 平台可以支持学习者的协作学习（包括同一班级面对面协作及跨地区的远程协作）。教师可以利用 WISE 平台的组件设计和实施科学探究项目，每个项目单元都包含了丰富的实操性探究活动和步骤指南，如图 6-12 所示。WISE 平台提供了绘图、注释、数据可视化等多种工具，帮助学习者记录和展示学习进程，同时也配备交互模拟、动态模型、电子笔记本等功能，支持学习者搜集数据、整合证据并撰写研究报告，使他们能按照科学家和工程师的方式进行基于探究的学习。

吕贝贝等研究者以“光合作用”项目为例，探究了如何基于 WISE 平台进行多样化知识呈现，以培养学习者的探究思维[43]。第一步，学习者可以基于 WISE 平台中的活动分析和表征工具，创建可视化的图标和箭头，描绘光合作用中能量的变化，如图 6-13 所示。通过后台数据，教师能够清晰地了解不同学习者在探究过程中的观点、问题和表现。第二步，学习者需要完成 WISE 平台上的测试性、反思性和驱动性问题，如图 6-14 所示。在回答关于“太阳能抵达植物叶片时的变化”的选择题时，学习者有 3 次回答机会，每次回答可能有不同的分值，回答正确后即进入下一环节的学习。第三步，学习者可以利用 WISE

平台进行动态交互式实验，模拟光合作用过程，探索光照强度对葡萄糖含量的影响，如图 6-15 所示。学习者可以选择左侧不同强度的光能、不同浓度的 CO_2 和 H_2O，点击“开始”按钮，模拟“光合作用”过程。

图 6-12　WISE 平台操作界面

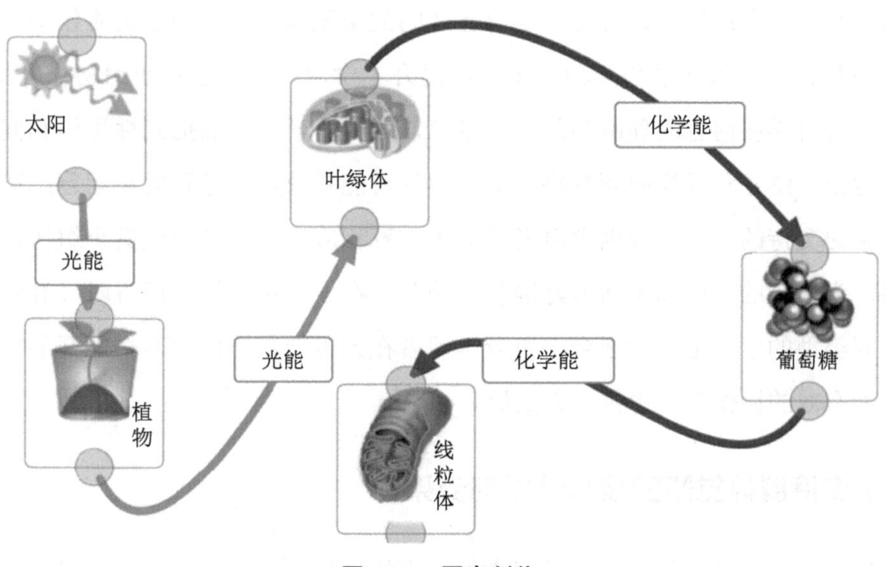

图 6-13　图表制作

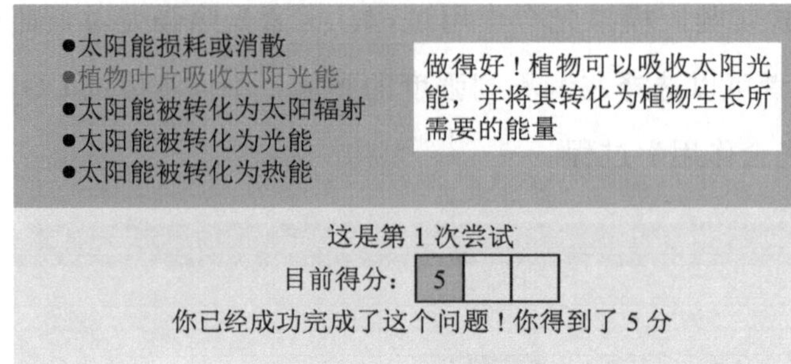

图 6-14　平台任务

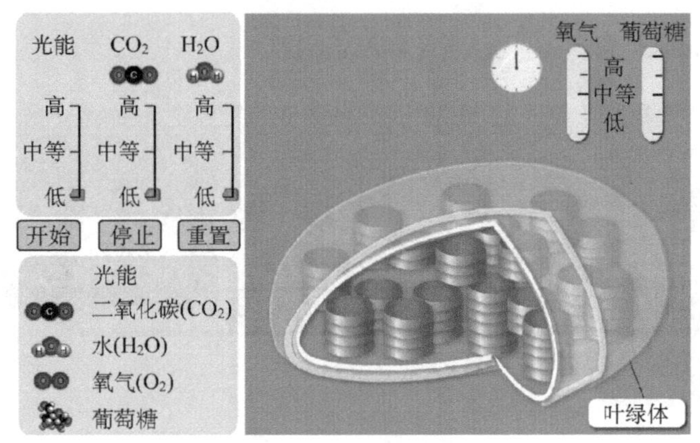

图 6-15　互动功能

在协作学习中，支持协同知识建构的技术性学习支架在教育场景具有独特价值，具体体现在以下几个方面：第一，促进了学习者之间的交流和合作，为小组协作提供了便捷的平台，从而加强了知识共享与互动；第二，提升了学习效果，通过小组协作和知识共建，深化了学习者对学科内容的理解和掌握；第三，培养了学习者的批判性思维和问题解决能力，通过讨论、辩论和寻找问题解决方案，学习者能有效地思考和解决问题；第四，提供了个性化学习支持的可能，根据学习者的需求推荐相应资源，以及促进小组协作和沟通技能的发展，为未来的工作和生活做好准备。因此，在设计协作学习任务时，教师应充分运用各种不同类型的学习工具和平台，引导学习者在预设的数字化学习空间开展协同知识建构活动，为有效的协作学习提供有力支撑。

（四）支持群体觉知的技术性学习支架

在协作学习中，第四类技术性学习支架是支持群体意识提升的工具和平台。使用群体觉知工具（Group Awareness Tools），能将协作过程中难以直接观察到的信息，如当前学习活动中群体的观点、协作活动的进度等以可视化的方式呈现给小组成员，帮助他们了解整个小组的活动状态和进展[44]。在协作过程中，如果学习者能及时掌握同伴或协作群体当前所处的学习阶段、参与的具体活动、知识水平、兴趣偏好及情感状态等信息，可以有效减少群体成员在协调任务进程与人际关系上不必要的认知精力，增强群体成员间的社会性交互，推动有效协作学习的发生。群体觉知工具不仅能帮助学习者更全面地理解、监控、反思和调整小组协作学习的状态和过程，还能激活学习者的元认知能力，以更好地调整自身与同伴的合作状态，促进深度协作互动[45]。

目前，支持协作学习的群体觉知工具主要包括基于认知信息的群体觉知工具、基于行为信息的群体觉知工具及基于社会性交互信息的群体觉知工具[46][47]。

第一，基于认知信息的群体觉知工具在协作学习中扮演着重要角色。这类工具主要用来捕捉小组成员的认知状态、知识水平和学习目标等反映其思维与认知过程的关键信息。这种工具通常采用数据指标、概念图等定量或定性的可视化表征等方式，展示小组成员对学习内容的理解程度和掌握状况。例如，Sangin 及其团队研发的 KAT 知识感知工具[48]，通过测试题目收集各学习者对知识掌握情况的信息，并针对特定子主题计算每个学习者的得分，然后以条形图的形式将这些信息直观地呈现给其他学习者，如图 6-16 所示。这样，学习者就能依据可视化的信息了解小组中其他成员的学习进展，并据此调整问题提出方式和解释方式，以适应不同小组成员的知识水平。

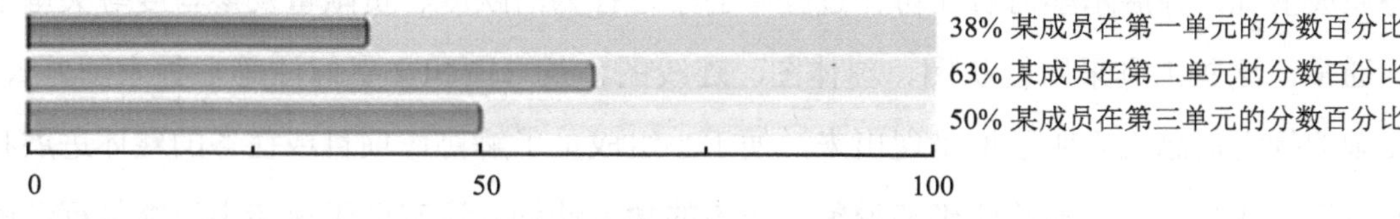

注：每个条形代表学习者关于教学文本相关章节的知识水平。

图 6-16　KAT 认知评估信息图

另外，在 Engelmann 的研究中，概念图作为群体感知工具在协作学习中发挥了关键作用。首先，学习者阅读相关材料并自行绘制关于学习主题或任务的概念图。接着，在协作学习阶段，每位学习者会收到小组内其他成员绘制的概念图。通过对比分析自己的概念图与同伴的概念图（如图 6-17 所示），学习者能识别出彼此间知识的重叠部分和差异之处。研究结果显示，这种方法使学习者能更准确地把握同伴的知识结构，进而更有针对性地讨论未共享的知识点，有效激发了学习者之间的深入探讨[49]。

第二，基于行为信息的群体觉知工具着重于呈现学习者在协作学习过程中的行为表现数据。这类工具关注的信息包括学习者当前所进行的活动、上线频率、发表观点的数量等

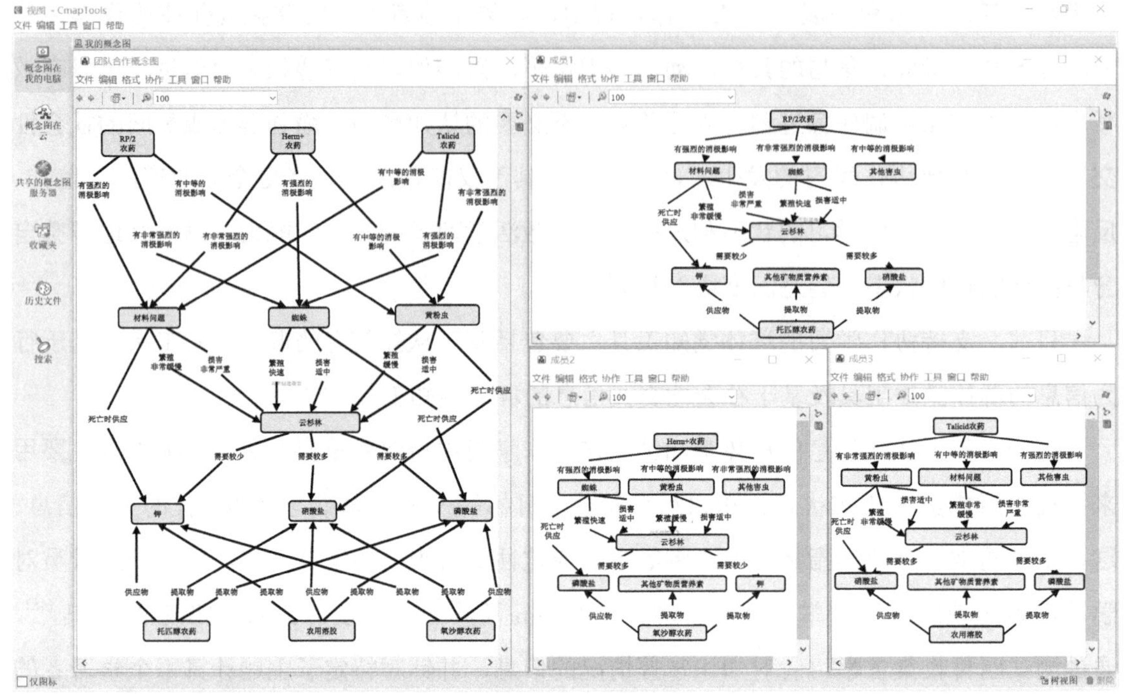

图 6-17　协作阶段概念图的界面对比

具体行为指标。它们能够反映学习者在协作过程中的互动情况，如回复次数、编辑次数及任务完成情况，并展示学习者在协作过程中的学习行为活跃度、贡献量及参与度等关键参数。通常，这些工具采用柱状图、球体图、连线图、条形图和文字标注等多种表征方式，将复杂的行为信息直观明了地呈现出来，便于小组成员了解协作项目或任务的整体进展状况及目标达成情况，并据此明确和调整下一步的学习计划。这有助于保持小组整体行动的一致性和协同性，确保每个成员对协作学习任务的方向有准确而深入的认知。

以 Janssen 等人在虚拟协作研究所（Virtual Collaborative Research Institute，VCRI）的研究为例，他们开发了一款关注学习者行为信息的群体觉知工具——Participation-Tool（PT），如图 6-18 所示。使用该工具能不断收集小组成员的参与率数据，并将其转化为可视化的图表，小组成员能直观地比较自己与他人的参与水平，如图 6-19 所示。研究表明，这一群体觉知工具能提升小组成员的协作学习投入度，从而提升协作学习的效果 [50]。

第三，基于社会性交互信息的群体觉知工具主要呈现小组成员之间的社交关系、互动频率及合作氛围等社会性交互信息。借助此类工具，学习者可以深入地了解小组内部的社交动态，明确自己在小组中的角色定位，认识自身在互动过程中的影响力及其与其他成员间的合作关系。这有助于学习者或教师及时调整和优化小组互动模式，建立更为紧密的

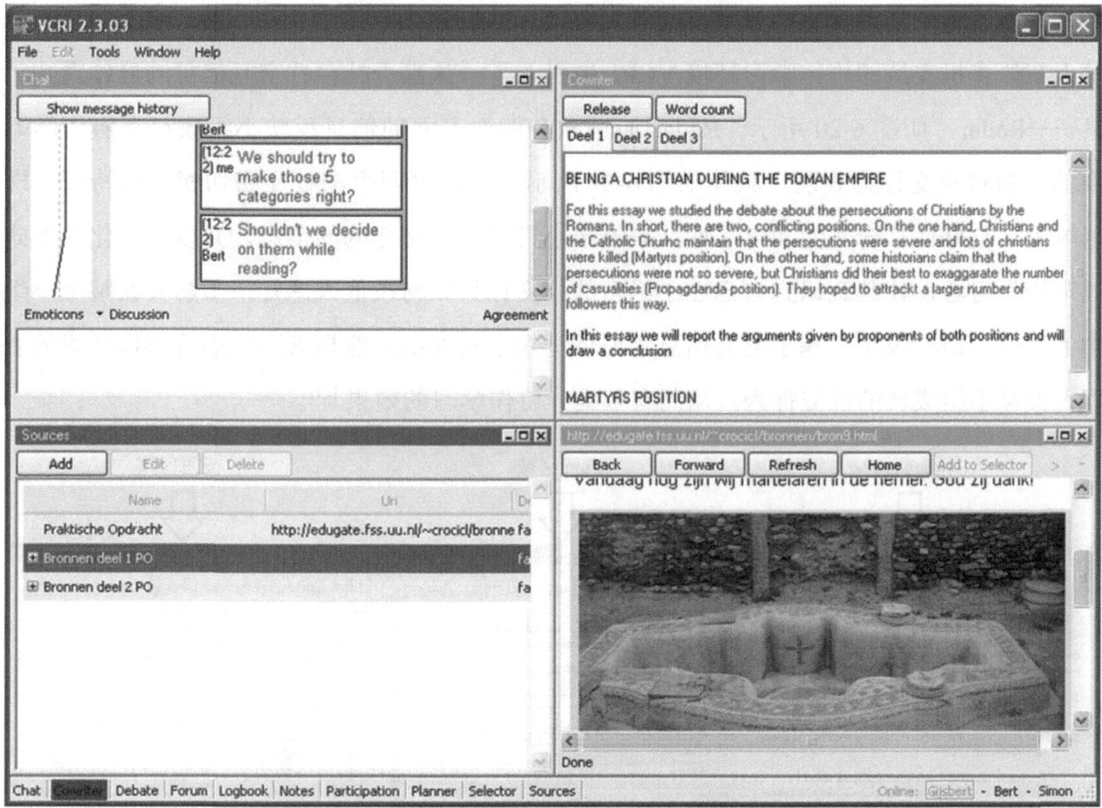

图 6-18　虚拟协作研究所（VCRI）界面

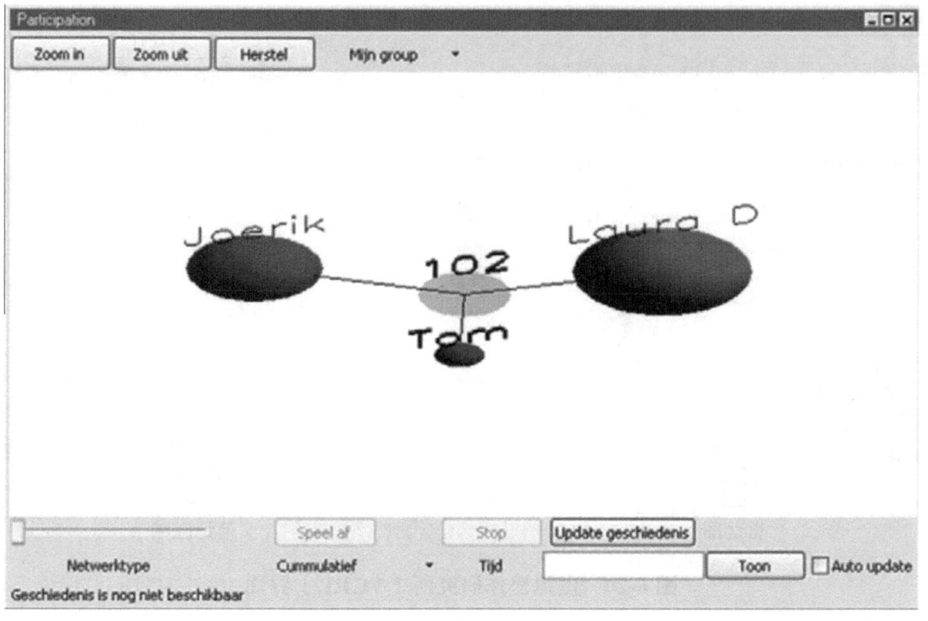

注：图中球体大小和参与率成正比。

图 6-19　学习者参与率屏幕截图

合作关系，激励学习者更积极地参与社交互动，共同致力于实现小组目标。例如，Phielix等人在计算机支持的协作学习环境 VCRI 中引入了一款基于社会性交互信息的群体觉知工具——Radar，如图 6-20 所示。Radar 通过六个特性方面的信息反映小组成员在协作学习中的认知和社交行为表现，具体如图 6-21 所示。其通过四个与社交密切相关的特征，即影响力、友好性、合作性和可靠性，来收集小组成员社交行为的信息，并以可视化的形式展现给学习者，让其意识到自己在小组内的社交行为如何被他人感知，了解其在整个小组中的地位。研究表明，基于社会信息的群体觉知工具 Radar 能显著影响小组协作学习的表现，改善小组成员的社交行为，从而有效提升协作学习的效果 [51]。

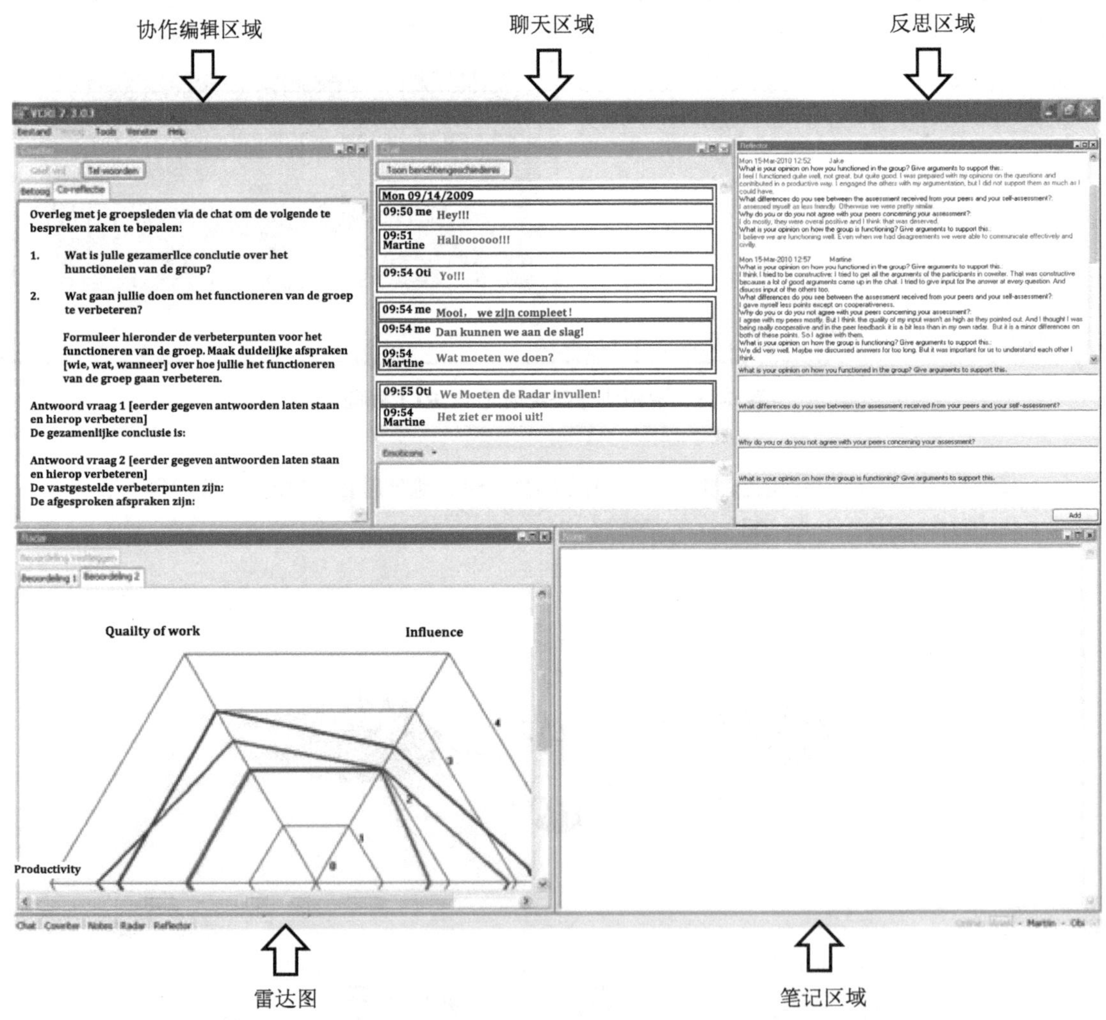

图 6-20　虚拟协作研究所（VCRL）界面

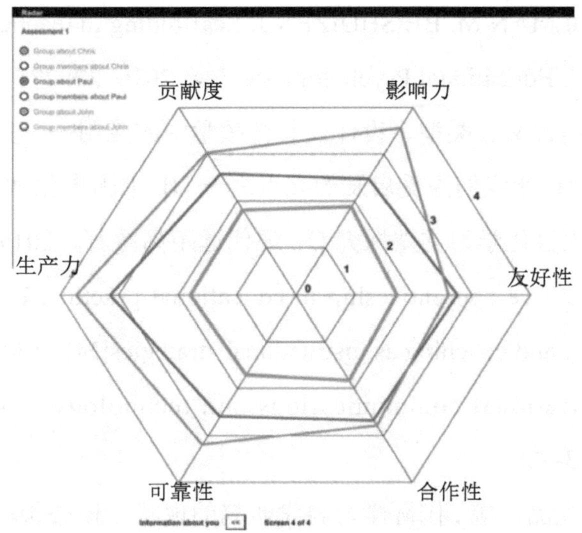

图 6-21　Radar 输出的小组评估示例图

在设计协作学习时，教师应巧妙运用不同类型的群体觉知工具，对学习者的协作学习过程进行有效干预。对于学习者来说，群体知觉工具不仅有利于监测学习过程中的动态变化，还能促进小组成员间的互动协作。这些工具提供的关于任务进度、目标达成、互动状态和情感体验等信息，能为学习者创造更加透明、开放的学习环境，使小组成员更好地认识到彼此的贡献，更高效地协同工作，进而提高整个小组的学习成效。对于教师来说，群体觉知工具能帮助他们更准确地把握学习者的学习状态和学习进展。依据实时获取的信息，教师能提供更具针对性的指导和支持，从而有效推动学习者的协作学习。

参考文献

[1] WOOD D, BRUNER J S, ROSS G. The role of tutoring in problem solving[J]. Journal of Child Psychology and Psychiatry, 1976, 17(2): 89-100.

[2] HETHERINGTON MAVIS, E. & ROSS PARKE, D. CHILD PSYCHOLOGY. A Contemporary View Point[M]. New York: McGraw Hill Book Company, 1986.

[3] BEED P L, HAWKINS E M, ROLLER C M. Moving learners toward independence: The power of scaffolded instruction[J]. The Reading Teacher, 1991, 44(9): 648-655.

[4] KIM M C, HANNAFIN M J. Scaffolding problem solving in technology-enhanced learning environments (TELEs): Bridging research and theory with practice[J]. Computers & Education, 2011, 56(2): 403-417.

[5] VAN DE POL J, VOLMAN M, BEISHUIZEN J. Scaffolding in teacher-student interaction: A decade of research[J]. Educational Psychology Review, 2010, 22: 271-296.

[6] 何克抗 . 教学支架的含义、类型、设计及其在教学中的应用——美国《教育传播与技术研究手册（第四版）》让我们深受启发的亮点之一 [J]. 中国电化教育，2017，4：1-9.

[7] 李梅 . 在线环境下项目化学习支架探究 [J]. 现代远距离教育，2019，1：3-9.

[8] DENNEN V P. Cognitive apprenticeship in educational practice: Research on scaffolding, modeling, mentoring, and coaching as instructional strategies[M]. // Jonassen D H. Handbook of research on educational communications and technology. London and New York: Routledge, 2004: 813-828.

[9] 任友群，赵建华，孔晶，等 . 国际学习科学研究的现状、核心领域与发展趋势——2018 版《国际学习科学手册》之解析 [J]. 远程教育杂志，2020，38（1）：18-27.

[10] JEONG H, HMELO-SILVER C E. Seven affordances of computer-supported collaborative learning: How to support collaborative learning? How can technologies help?[J]. Educational Psychologist, 2016, 51(2): 247-265.

[11] KOLLAR I, FISCHER F, SLOTTA J D. Internal and external scripts in computer-supported collaborative inquiry learning[J]. Learning and Instruction, 2007, 17(6): 708-721.

[12] WEINBERGER A, ERTL B, FISCHER F, et al. Epistemic and social scripts in computer–supported collaborative learning[J]. Instructional Science, 2005, 33: 1-30.

[13] PALINCSAR A S, BROWN A L. Instruction for Self-Regrulated Reading[M]//RESNICK L, KLOPFER L E. Toward the thinking curriculum: Current cognitive research. Alexandria: Assn for Supervision & Curriculum, 1989: 19-39.

[14] MIAO Y, HOEKSEMA K, HOPPE H U, et al. CSCL scripts: Modelling features and potential use[M]. // Koschmann T. Computer support for collaborative learning: learning 2005: the next 10 years. London : Routledge, 2017: 423-432.

[15] ARONSON E, BRIDGEMAN D. Jigsaw groups and the desegregated classroom: In pursuit of common goals[J]. Personality and Social Psychology Bulletin, 1979, 5(4): 438-446.

[16] ADAMS F H. Using jigsaw technique as an effective way of promoting cooperative learning among primary six pupils in Fijai[J]. International Journal of Education and Practice, 2013, 1(6): 64-74.

[17] ARONSON E. Nobody left to hate[J]. The Humanist, 2000, 60(3): 17-21.

[18] SAMUEL I R. Effects of jigsaw IV, group investigation and reversed jigsaw cooperative instructional strategies on basic science students' achievement and retention[J]. International Journal of Education Research, 2018, 6(2): 54-62.

[19] VOYLES E C, BAILEY S F, DURIK A M. New pieces of the jigsaw classroom: increasing accountability to reduce social loafing in student group projects[J]. The New School Psychology Bulletin, 2015, 13(1): 11-20.

[20] STRIJBOS J W, MARTENS R L, JOCHEMS W M G, et al. The effect of functional roles on perceived group efficiency during computer-supported collaborative learning: a matter of triangulation[J]. Computers in Human Behavior, 2007, 23(1): 353-380.

[21] STRIJBOS J W, DE LAAT M F. Developing the role concept for computer-supported collaborative learning: An explorative synthesis[J]. Computers in Human Behavior, 2010, 26(4): 495-505.

[22] PALINCSAR A S, HERRENKOHL L R. Designing collaborative learning contexts[J]. Theory into Practice, 2002, 41(1): 26-32.

[23] STRIJBOS J W, MARTENS R L, JOCHEMS W M G, et al. The effect of functional roles on group efficiency: Using multilevel modeling and content analysis to investigate computer-supported collaboration in small groups[J]. Small Group Research, 2004, 35(2): 195-229.

[24] DE WEVER B, VAN KEER H, SCHELLENS T, et al. Roles as a structuring tool in online discussion groups: The differential impact of different roles on social knowledge construction[J]. Computers in Human Behavior, 2010, 26(4): 516-523.

[25] DE WEVER B, SCHELLENS T, VAN KEER H, et al. Structuring asynchronous discussion groups by introducing roles: Do students act in line with assigned roles?[J]. Small Group Research, 2008, 39(6): 770-794.

[26] 郭晓枫 . 计算机支持协作学习的角色设计及实证研究 [D]. 上海：华东师范大学，2013.

[27] LYMAN F T. The responsive classroom discussion: The inclusion of all students[J]. Mainstreaming Digest, 1981, 8(1): 109-113.

[28] MARZANO R J, PICKERING D J. Building academic vocabulary: Teacher's manual[M]. Alexandria, VA: Association for Supervision and Curriculum Development, 2005.

[29] FITZGERALD D. Employing think-pair-share in associate degree nursing curriculum[J]. Teaching and Learning in Nursing, 2013, 8(3): 88-90.

[30] SULISWORO D, ISHAFIT I, FIRDAUSY K. The Development of Mobile Learning Application using Jigsaw Technique[J]. Int. J. Interact. Mob. Technol., 2016, 10(3): 11-16.

[31] KING A. Guiding knowledge construction in the classroom: Effects of teaching children how to question and how to explain[J]. American Educational Research Journal, 1994, 31(2): 338-368.

[32] XIE K, BRADSHAW A C. Using question prompts to support ill-structured problem solving in online peer collaborations[J]. International Journal of Technology in Teaching and Learning, 2008, 4(2): 148-165.

[33] SAWYER R K. The Cambridge handbook of the learning sciences[M]. Cambridge: Cambridge University Press, 2005.

[34] JEONG H, HMELO-SILVER C E. Seven affordances of computer-supported collaborative learning: How to support collaborative learning? How can technologies help?[J]. Educational Psychologist, 2016, 51(2): 247-265.

[35] TESORIERO R, FARDOUN H M, AWADA H. Chat-based application to support CSCL activities[C]// Social Computing and Social Media. Applications and analytics: Proceedings of the 9th international conference, SCSM 2017, Held as part of HCI international 2017, Vancouver, BC, Canada: Springer, 2017: 161-177.

[36] LOWENTHAL P, BORUP J, WEST R, et al. Thinking beyond Zoom: Using asynchronous video to maintain connection and engagement during the COVID-19 pandemic[J]. Journal of Technology and Teacher Education, 2020, 28(2): 383-391.

[37] LOWENTHAL P R, WEST R E, ARCHAMBAULT L, et al. Faculty perceptions of using synchronous video-based communication technology[J]. Online Learning Journal, 2021, 25(4): 74-103.

[38] 张志博 . Wiki 在小学高年级语文阅读理解教学中的应用研究 [D]. 上海：上海师范大学，2018.

[39] 赵彧 . 核心素养下基于 Moodle 平台的初高中信息技术衔接教育研究 [D]. 重庆：西南大学，2022.

[40] 周天涯 . 基于 MOOC 的混合式教学模式研究 [D]. 南京：南京邮电大学，2016.

[41] NASCIMENTO PINELI A. CSCL in social media: how learners demonstrate socially shared regulations of learning?[D]. Sao Paulo: A. Nascimento Pineli, 2021.

[42] ISLAMAJ R, KWON D, KIM S, et al. TeamTat: a collaborative text annotation tool[J]. Nucleic Acids Research, 2020, 48(W1): W5-W11.

[43] 吕贝贝，刘杨．“WISE”中的“光合作用”探究教学简介 [J]. 生物学教学，2018，43（9）：11-13.

[44] 张思，李红慧，郭桐羽，等．群体感知工具支持下的协作互动：特征、网络与网络发展轨迹 [J]. 现代教育技术，2023，33（9）：78-88.

[45] PIFARRÉ M, COBOS R, ARGELAGÓS E. Incidence of group awareness information on students' collaborative learning processes[J]. Journal of Computer Assisted Learning, 2014, 30(4): 300-317.

[46] BUDER J, BODEMER D. Supporting controversial CSCL discussions with augmented group awareness tools[J]. International Journal of Computer-Supported Collaborative Learning, 2008, 3: 123-139.

[47] 欧阳嘉煜，汪琼．CSCL 情境中的群体感知工具：设计类型与效果评估 [J]. 现代远距离教育，2022，1：14-23.

[48] SANGIN M, MOLINARI G, NÜSSLI M A, et al. Facilitating peer knowledge modeling: Effects of a knowledge awareness tool on collaborative learning outcomes and processes[J]. Computers in Human Behavior, 2011, 27(3): 1059-1067.

[49] ENGELMANN T, HESSE F W. How digital concept maps about the collaborators' knowledge and information influence computer-supported collaborative problem solving[J]. International Journal of Computer-Supported Collaborative Learning, 2010, 5: 299-319.

[50] JANSSEN J, ERKENS G, KIRSCHNER P A. Group awareness tools: It's what you do with it that matters[J]. Computers in Human Behavior, 2011, 27(3): 1046-1058.

[51] PHIELIX C, PRINS F J, KIRSCHNER P A, et al. Group awareness of social and cognitive performance in a CSCL environment: Effects of a peer feedback and reflection tool[J]. Computers in Human Behavior, 2011, 27(3): 1087-1102.

第三部分

指向核心素养的学习设计项目案例

不同课程具有不同的教学内容和育人目标，但是，它们都可以引导学习者在理解特定教学内容的基础上培养和发展核心素养。因此，在第三部分，我们主要基于中小学数学和信息科技跨学科的内容，运用指向核心素养的学习设计行动框架，分别设计三个基于协作问题解决的学习项目案例，为教师科学地开展指向核心素养的学习设计提供案例指导。

第七章 数学课程中指向核心素养的学习设计项目案例

数学是关于数、量和形状及其之间关系的学科。在基础教育中，数学是教师引导学习者通过逻辑推理、计算实践、归纳演绎等方式，理解和应用数量关系与空间形式的课程。这一课程的教学目标是引导学习者掌握数学知识，提升创造性地运用数学知识解决复杂问题的能力，以及借助数学知识培养学习者逻辑思维、空间想象、抽象概括等能力。这些能力不仅是学习者深入学习数学及其他相关学科的重要基础，更是他们在日常生活中进行理性思考、高效决策的有力保障。因此，为了培养适应时代需求的高素质人才，我们需要在数学课程中为学习者创设基于协作问题解决的学习情境和体验，从而助力学习者数学核心素养的达成。在本章中，我们运用指向核心素养的学习设计行动框架，聚焦数学课程中的教学内容，围绕协作问题解决学习中的大概念、问题解决及学习支架三个关键要素，呈现了一个名为“神奇的蜂巢：探索几何与自然之美”的项目，为大家开展指向核心素养的学习设计提供案例指导。

第一节 “神奇的蜂巢：探索几何与自然之美”项目中的学习目标设计

“神奇的蜂巢：探索几何与自然之美”是小学四年级数学课程中的教学内容。为了依托“神奇的蜂巢：探索几何与自然之美”这一教学内容培养学习者相应的数学核心素养，首先，我们研读了《义务教育数学课程标准（2022 年版）》（后文简称《数学课标》）和数学教材，围绕“蜂巢”这一学习主题，确定了“利用数学知识探索自然界中的规律，开发服务于人类的产品”的大概念。随后，结合学习者的认知水平和教学实际情况，建构了相应的知识结构，并撰写了学习目标。该项目旨在引导学习者理解数学中密铺的概念及原理，掌握正六边形周长和面积的计算公式，理解物体抗压性能与其底面积相关等知识，从而帮助其运用数学知识理解蜜蜂使用正六边形结构建造蜂巢的原因，认识到蜂巢结构在生活中的应用，使他们能够按照蜂巢的结构特点设计和改造校园内物品。希望借助此项目使学习者深入理解“图形与几何”这一核心概念，从而助力其数学核心素养的达成。本节主要呈现“神奇的蜂巢：探索几何与自然之美”这一基于协作问题解决学习项目中的学习目标设计过程，为大家开展指向核心素养的学习目标设计提供案例指导。

一、大概念及其知识结构的设计

在运用指向核心素养的学习设计行动框架设计“神奇的蜂巢：探索几何与自然之美”项目时，我们首先深入研读了《数学课标》及数学教材，明确了学习者需要掌握的大概念及其相应的知识结构。

通过研读《数学课标》，我们发现，数学课程中包括“数与代数”“图形与几何”“统计与概率”“综合与实践”四个主要学科核心概念。其中，在“图形与几何”部分，学习者需要认识常见的平面图形，体验平面图形的周长和面积的测量与计算过程，理解图形的平移、旋转和轴对称，形成初步的量感、空间观念和初步的几何直观[1]。

此外，通过研读中小学数学教材，我们注意到，北师大版《数学四年级下册》教材“数学好玩”模块主要包括“可密铺的图形”和“密铺的原理”两个部分[2]。在“可密铺的图形”部分，学习者需要亲自动手进行实验，尝试拼接不同的基本图形，在实际操作过程中自主地探究可以实现密铺的图形类型，从而在实践中对图形的拼接特性有更直观的认识，以培养空间思维能力。在“密铺的原理”部分，学习者需要仔细观察密铺图形中各个基本图形之间的角度关系，分析其在拼接过程中是如何相互补充，从而实现无缝拼接的，以此深入理解图形密铺的原理。另外，我们还发现，苏教版小学科学五年级下册第二单元“仿生”的“生物的启示”一节中“研究蜂巢结构的奥秘”相关教学内容涉及密铺这一知识点。在学习“研究蜂巢结构的奥秘”这一内容时，学习者还需要深入探究蜜蜂选择正六边形结构筑巢的缘由，进而从数学角度揭示正六边形结构在建造蜂巢方面的独特优势，包括材料节省程度、空间利用率及结构稳定性等。

因此，基于对《数学课标》和数学教材的分析，我们确定了“利用数学知识探索自然界中的规律，开发服务于人类的产品”的大概念，并采用邦·达米研究团队提出的“金字塔模式”[3]，围绕该大概念建立了一套完整的知识结构，如图 7-1 所示。希望学习者围绕“蜂巢”这一学习主题，在学习“密铺的概念及原理”“图形面积与周长计算”“正六边形面积公式推导”等知识点的基础上，理解“图形与几何”核心概念及“结构与功能”共通概念。另外，学习者从数学的角度理解“蜂巢”的几何特点并由此设计产品，从而建构“利用数学知识探索自然界中的规律，开发服务于人类的产品”的大概念。

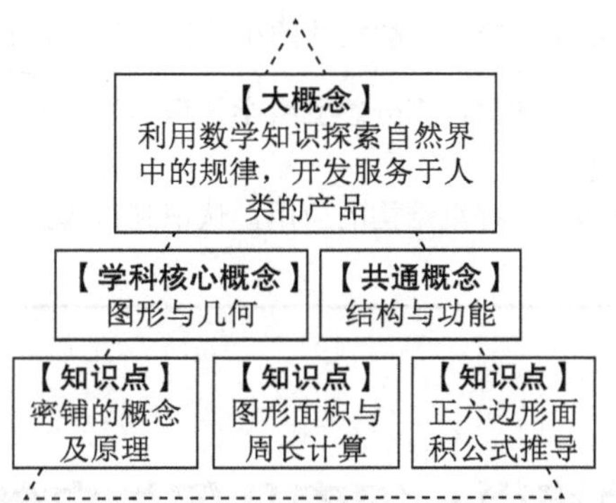

图 7-1 “神奇的蜂巢：探索几何与自然之美”项目中的大概念及其知识结构

二、基于大概念的学习目标设计

在确定了大概念及其知识结构之后，我们对四年级学习者的认知特征进行了分析。从知识掌握角度看，在正式学习本单元知识之前，学习者已经对三角形和四边形的基本特征及内角度数相关知识有了充分的认识，还系统地学习了小数加减法与小数乘法的运算规则，并且在观察物体方面也积累了一定的经验。此外，他们也对仿生学有了初步的了解。在日常生活和之前的学习过程中，学习者接触过一些简单的仿生学例子，例如他们知道飞机的机翼设计灵感来源于鸟的翅膀。这种初步认知使他们能够从生物的结构和功能中获取灵感，从而进行发明创造。从认知水平发展的角度看，四年级的学习者正处于从具体运算阶段向形式运算阶段过渡的关键时期。在这个阶段，他们的思维方式逐渐从依赖具体的事物和直观的经验，向能进行抽象的逻辑推理转变。此外，学习者已经具备了一定的自主学习能力，这意味着他们可以在适当的指导下进行自我探索和学习。

基于对学习者知识掌握和认知水平发展的分析，我们从知识与技能、过程与方法，以及情感、态度与价值观这三个维度设计了基于大概念的学习目标，具体如表 7-1 所示。

表 7-1 “神奇的蜂巢：探索几何与自然之美”项目中基于大概念的学习目标

目标分类	学习目标的具体内容
知识与技能	（1）观察自然界蜜蜂筑巢的密铺现象，初步理解密铺的含义和原理； （2）探究“等周问题”，用数学知识解读蜂巢正六边形结构的合理性； （3）掌握正六边形的面积计算公式，并能使用其解决实际问题

续表

目标分类	学习目标的具体内容
过程与方法	（1）通过小组协作，通过拼摆不同种类的图形探索密铺的特点，从而在探究的过程中培养观察、猜测、验证、推理和交流的能力； （2）通过开展科学实验，理解物体的抗压性能与其底面积有关，从而培养研究意识
情感、态度与价值观	（1）通过欣赏密铺图案，充分感受数学知识与生活的密切联系，经历欣赏数学美、创造数学美的过程； （2）通过了解和设计蜂巢结构的应用，认识到仿真技术的发展给人们的生产、生活带来了便利

第二节 “神奇的蜂巢：探索几何与自然之美”项目中的学习活动设计

为了帮助学习者在协作问题解决学习中获得具有启发性和趣味性的高质量深度学习体验，从而助力学习者核心素养的达成，我们需要以“问题”为抓手，按照不同类型的问题解决认知环节为学习者预设和编排相应的学习活动序列。这样可以避免学习者在学习过程中进行不必要的探索，降低学习者的额外认知负荷；还可以引导学习者参与到引发有效认知的学习活动中，提升学习者的相关认知负荷。本节主要呈现“神奇的蜂巢：探索几何与自然之美”这一基于协作问题解决学习项目中的学习活动设计过程，为大家开展指向核心素养的学习活动设计提供案例指导。

一、驱动性问题的设计

为了帮助学习者达到预设的学习目标，我们为学习者设计了“为什么蜜蜂的蜂巢是正六边形结构的”这一探究类的驱动性问题。在此基础上，为学习者设计了 5 个学习活动，如图 7-2 所示。期望在三个课时内带领学习者理解密铺的概念和原理，探究正六边形的面积、空间利用率及抗压性能等，分析在自然界与人类生活的多种场景应用正六边形的优势，从而帮助学习者在协作问题解决学习项目中建构大概念。

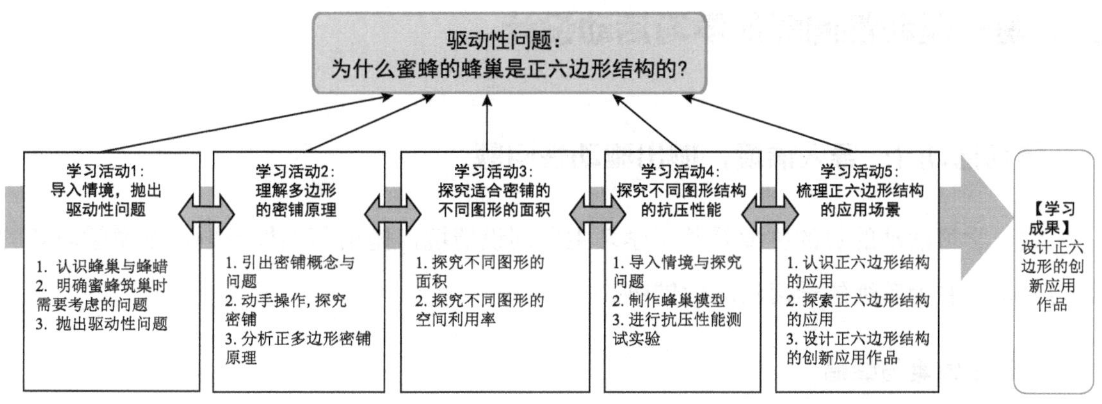

图 7-2 "神奇的蜂巢：探究几何与自然之美"项目中学习活动序列的设计

"为什么蜜蜂的蜂巢是正六边形结构的？"这一驱动性问题是"神奇的蜂巢：探究几何与自然之美"项目的学习主线，驱动并贯穿于学习者的整个学习过程[4]。为了帮助学习者顺利解决这一问题，我们为学习者设计 5 个紧密关联且层层递进的学习活动。学习者在逐步完成各项学习活动的过程中，顺利解决"为什么蜜蜂的蜂巢是正六边形结构的？"这一驱动性问题。学习活动 1 是导入情境，抛出驱动性问题。在该环节，通过带领学习者观看蜂巢结构的相关视频和图片，理解蜂巢的结构与功能特点，并抛出驱动性问题，从而引发学习者思考"蜂巢为何是正六边形结构的"这一问题。学习活动 2 是理解多边形的密铺原理。在这一学习活动中，学习者通过探究不同图形的密铺情况，在众多图形中分析正六边形在密铺方面的优势。这能为学习者理解"蜂巢为何是正六边形结构的"提供依据。学习活动 3 是探究适合密铺的不同图形的面积。在这一学习活动中，学习者通过计算、对比及分析适合密铺的不同图形的面积，从数学的角度理解在有限材料的情况下，正六边形结构具有更大的空间优势。帮助学习者从空间利用的角度理解蜜蜂巢为何是正六边形结构的。学习活动 4 是探究不同图形结构的抗压性能。在这一学习活动中，通过对不同图形的模型开展抗压性能实验，帮助学习者理解正六边形结构在抗压性能方面的优势，从而帮助学习者从结构坚固性的角度理解蜂巢为何是正六边形结构的。学习活动 5 是梳理正六边形结构的应用场景。在这一学习活动中，通过介绍正六边形结构在生活中的应用情况，让学习者认识到正六边形结构的优势不仅仅体现在蜂巢中，在人类生活的多个方面均有所体现。另外，通过设计具有正六边形结构的作品，学习者能够加深对物体的结构与功能的理解，从而深化所学知识。这 5 个学习活动环环相扣，以驱动性问题为核心，逐步引导学习者从不同角度深入探索和理解蜂巢为何是正六边形结构的，最终助力学习者全面理解并解决驱动性问题，实现知识的整合与大概念的建构。

二、基于驱动性问题的学习活动设计

学习活动 1：导入情境，抛出驱动性问题

这一学习活动的目的主要是基于学习主题创设情境，抛出驱动性问题，激发学习者的学习兴趣，并为后续的学习活动做铺垫。

1. 认识蜂巢与蜂蜡

教师为学习者播放蜜蜂采蜜的相关视频，要求学习者观察蜂巢在结构和功能两方面的特点。在视频观看完成后，教师引导学习者回答问题并进行总结：在结构上，蜂巢为正六边形结构，排列紧密；在功能上，蜂巢能够储存蜂蜜，保护蜜蜂幼虫等。

2. 明确蜜蜂筑巢时需要考虑的问题

教师通过呈现蜂巢结构的相关图片，让学习者知道蜂巢是用蜂蜡做成的。随后，教师介绍蜂蜡的基本属性，如质地、颜色等，并介绍蜂蜡形成的相关数据（如表 7-2 所示）。基于此，教师引导学习者认识到：蜂蜡来之不易，蜜蜂使用蜂蜡建造蜂巢是一件十分辛苦的事情。随后，教师引导学习者思考：如果运用有限的蜂蜡建造蜂巢，应考虑蜂巢的哪些特点？

表 7-2　蜂蜡形成的相关数据

	数值	说明
工蜂寿命	约 1 个月	工蜂的平均寿命约为一个月
工蜂一生采集蜂蜜量	约 3 克	一只工蜂一生中大约能采集 3 克蜂蜜
1 克蜂蜡所需蜂蜜量	8 ～ 10 克	制成 1 克蜂蜡需要 8 ～ 10 克蜂蜜
工蜂一生能制成蜂蜡量	小于 1 克	一只工蜂一生采集的蜂蜜仅能制成不足 1 克的蜂蜡

在此基础上，教师引导学习者进行小组讨论，再邀请 2 ～ 3 个小组分享其观点。最后，教师进行总结：蜜蜂在建造蜂巢时，蜂巢的空间要尽可能大。这是因为越宽敞的蜂巢能储存越多的蜂蜜，同时也更有益于蜜蜂幼虫的生长发育。

3. 抛出驱动性问题

在学习者理解蜂巢的结构特点，了解建造蜂巢需考虑空间宽敞的情境下，教师抛出驱动性问题："为什么蜜蜂的蜂巢是正六边形结构的？"在引导学习者表达其猜想之后，教

师整理并形成回答问题的研究假设：正六边形结构的蜂巢能使蜜蜂的活动空间更宽敞。接下来，教师带领学习者进行探究，验证这一假设的合理性。

学习活动 2：理解多边形的密铺原理

这一学习活动的目的主要是让学习者通过动手操作和对比观察，学习密铺的相关知识，从使用空间的角度帮助学习者理解蜂巢为正六边形结构的原因。

1. 引出密铺概念与问题

教师向学习者呈现蜂巢结构的相关图片，引出蜂巢结构的密铺属性。然后，自然地引入密铺的概念，即用形状、大小完全相同的一种或多种平面图形进行拼接，使彼此之间能严丝合缝刚好拼接在一起，没有空隙，也不重叠。这个现象在数学中叫作“密铺”。

基于此，教师向学习者提出问题：“为什么蜜蜂用正六边形而不用其他图形来密铺自己的家呢？”旨在引发学习者思考，激发他们的好奇心。

2. 动手操作，探究密铺

接下来教师带领学习者探究密铺的属性。教师提供 6 套材料，每套包含 10 张形状相同的彩纸，分别可以用来制作圆形、正三角形、正方形、正五边形、正六边形、正七边形的模拟蜂巢。

为了方便组织活动，教师将学习者分为 6 个小组，并确定每个小组的组长。接着，每个小组组长领取一套材料，小组成员折叠相应图形的模拟蜂巢基本结构单元，然后将它们拼接、搭建在一起。拼接完成后，教师指导各组学习者在记录单上绘制其所拼接的图案，并观察对应图形的模拟蜂巢基本结构单元是否能实现密铺。

接着，各小组在教室的白板上展示其密铺结果，并汇报他们观察到的现象和得出的结论。可以发现，使用 6 种不同图形的基本结构单元进行密铺之后形成的图案如表 7-3 所示。基于白板上各小组展示的结果，教师进行总结：我们无法对圆形、正五边形和正七边形进行密铺，但是，可以对正三角形、正方形和正六边形进行密铺。最后，教师要求学习者从密铺的角度解释蜂巢是正六边形结构的原因，并记录在记录单上。

表 7-3　不同图形的密铺图案

圆形密铺图案	正三角形密铺图案	正方形密铺图案

续表

正五边形密铺图案	正六边形密铺图案	正七边形密铺图案

3. 分析正多边形密铺原理

为了拓展学习者对密铺原理的理解，首先，教师向学习者提问：为什么只有正三角形、正方形和正六边形可以实现密铺呢？接着，教师带领学习者回顾各种正多边形的内角度数，并将其填写在表 7-4 中。然后，学习者观察可以实现密铺的图形的重合点，并以重合点为中心，数出重合点围绕的基本图形个数。最后，教师引导学习者列出算式，进行计算，并把计算结果填至表格的相应位置[5]。

表 7-4　不同等边图形的密铺情况

图形	能否实现密铺	内角度数	重合点围绕的基本图形个数	算式	能否整除
圆	不能	/	/	/	/
正三角形	能	60°	6	360÷60=6	能
正方形	能	90°	4	360÷90=4	能
正五边形	不能	108°	/	360÷108≈3.3	不能
正六边形	能	120°	3	360÷120=3	能
正七边形	不能	约 129°	/	360÷129≈2.79	不能
边数＞7	不能	130°＜内角度数＜180°	/	360÷ 内角度数	不能

在完成表格的填写后，教师引导学习者对表格中的数据进行分析与讨论。学习者可以得出结论：若某一正多边形的内角度数能够被 360 整除，则该多边形可以实现密铺。

接下来，教师鼓励学习者进一步猜想：正八边形、正九边形及正十边形能否实现密铺。然后引导学习者依据前面得出的结论进行推理，通过验证发现，正八边形、正九边形及正十边形均无法实现密铺。在这一过程中，教师不仅可以带领学习者从数学的角度理解密铺的原理，还能引导他们运用这一原理进行预测和推理。

学习活动 3：探究适合密铺的不同图形的面积

这一学习活动的目的主要是引导学习者推导正六边形的面积计算公式，探究不同图形的面积及空间利用率，从而理解蜜蜂选择正六边形结构建造蜂巢的科学依据。

1. 探究不同图形的面积

基于上述学习和讨论，教师带领学习者继续思考：为使活动空间最大化，蜜蜂可以选择正三角形、正方形或正六边形进行密铺，建造蜂巢。为什么蜜蜂最终选择了正六边形，而没有选择正三角形或正方形呢？学习者表达想法之后，教师引导学习者进行探究：当蜜蜂使用一定量的蜂蜡以密铺的形式建造蜂巢时，使用哪种图形进行密铺能使蜂巢空间最大？

要解决这一问题，需要计算可以密铺的不同图形的面积。首先，教师带领学习者回顾三角形的面积计算公式，要求学习者将其填写至学习单的表格中，如表 7-5 所示。然后，教师带领学习者推导正六边形的面积计算公式。教师引导学习者发现：正六边形由六个等边三角形组成，如图 7-3 所示。因此，正六边形（边长为 L）的面积计算公式可以从正三角形（高为 H）面积公式推导出来，即 $6\times(1/2\times L\times H)$。可知，等边三角形的高的计算公式为：$H=\sqrt{3}/2\times L$。因此，正六边形的面积计算公式为 $(3\sqrt{3}\times L^2)/2$。同样，学习者将正六边形的面积计算公式填写至学习单的表格中，如表 7-5 所示。

表 7-5　可以密铺的不同图形的面积计算公式

蜂巢可能截面的图形	面积计算公式	周长（cm）	边长 L（cm）	高 H（cm）	面积（cm^2）
正三角形	$1/2\times L\times H$	36	12	10.38	62.28
正方形	$L\times L$	36	9	9	81
正六边形	$(3\sqrt{3}\times L^2)/2$	36	6	5.19	93.42

注：$\sqrt{3}\approx 1.73$

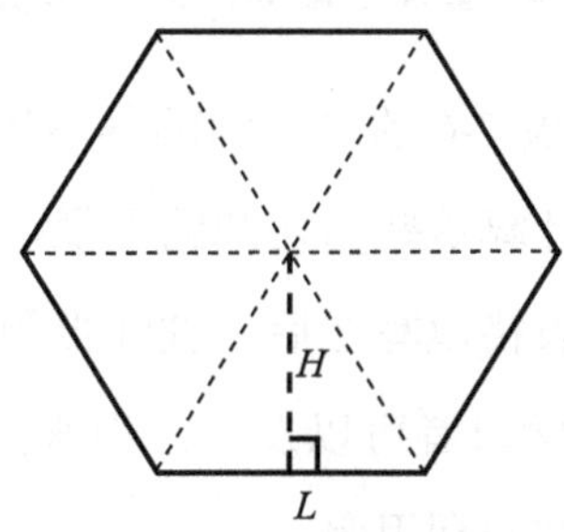

图 7-3　正六边形面积分割示意图

为了便于学习者回答这一活动中的探究性问题，教师设计了学习情境：假设使用一定量的蜂蜡来建造周长为 36cm 的蜂巢，要求学习者通过计算，判断使用哪种图形进行密铺能使蜂巢活动空间的面积最大。

学习者先计算蜂巢可能截面的图形（正三角形、正方形、正六边形）对应的边长与高，然后计算并比较蜂巢可能截面图形的面积，并将其填写到表 7-5 所示的表格中。通过比较，学习者可以发现：在周长一定的情况下，正六边形的面积最大。随后，教师进行总结：在使用相同数量蜂蜡建造蜂巢的情况下，底面截面为正六边形的蜂巢能为蜜蜂提供更大的空间，这有利于它们储存蜂蜜和养育幼虫。

2. 探究不同图形的空间利用率

在讲解完蜂巢的底面截面面积之后，教师进一步向学习者介绍空间利用率的概念。具体地，空间利用率是指建筑内部实际可使用空间的体积占建筑总体积的比例，或者建筑内部可供活动实际使用空间的横截面面积占建筑横截面面积的比例。接着，教师引导学习者观察蜜蜂相关图片，指出蜜蜂在蜂巢中活动时占用的横截面接近于圆形，如图 7-4 所示。这表明蜜蜂在蜂巢中有效活动空间的横截面呈圆形。由此，教师引导学习者从空间利用率的角度进一步探究六边形结构的蜂巢设计是否合理。

图 7-4　蜜蜂在蜂巢中活动的横截面

接下来，教师指导学习者在表 7-6 的“密铺的基本图形”一栏中分别绘制正三角形、正方形和正六边形的内切圆，并计算这些内切圆的半径，最后计算各个内切圆的面积，从而得出蜂巢的空间利用率。完成表格填写之后，教师带领学习者对比不同密铺情况下蜂巢的空间利用率。通过这一过程，学习者可以发现：当蜂巢底面由正六边形组成密铺图案，蜜蜂建造的蜂巢能够达到最高的空间利用率。

表 7-6　不同密铺情况下的蜂巢空间利用率

密铺图案平面效果图	密铺的基本图形	周长（cm）	边长（cm）	面积（cm^2）	内切圆半径 r（cm）	内切圆面积 S（cm^2）	空间利用率
	3.46cm 12cm	36	12	62.28	3.46	$S=\pi r^2$ $=\pi\times3.42^2$ ≈37.59	约 60%
	4.5cm 9cm	36	9	81	4.50	$S=\pi r^2$ $=\pi\times4.5^2$ ≈63.59	约 79%
	5.20cm 6cm	36	6	93.42	5.20	$S=\pi r^2$ $=\pi\times5.20^2$ ≈84.91	约 91%

最后，教师进行总结：蜜蜂选择正六边形结构建造蜂巢，是因为正六边形能够实现密铺，所建造的蜂巢能为蜜蜂提供相对最大的活动空间。此外，在相同建材用量的情况下，正六边形在所有能够实现密铺的图形（如正三角形、正方形和正六边形）中，具备最高的空间利用率。这一结论不仅可以揭示蜜蜂选择正六边形作为蜂巢结构的科学依据，还可以帮助学习者体会到自然界中几何图形的奇妙之处。

学习活动 4：探究不同图形结构的抗压性能

这一学习活动的目的主要是引导学习者制作不同类型的蜂巢模型并进行实验探究，从而揭示蜜蜂选择正六边形结构建造蜂巢的另一原因——优异的抗压性能。

1. 导入情境与探究问题

首先，教师向学习者展示蜂巢结构的图片，引出情境：蜜蜂在建造蜂巢时，除了要考虑蜂巢的形状结构，还需要关注蜂巢的坚固性。接着，教师向学习者抛出问题，鼓励他们思考：相比其他图形，运用正六边形结构建造的蜂巢是否更加坚固？

随后，教师要求学习者开展探究实验，目的是找到上述问题的答案。在开始实验前，教师阐述了抗压性能的概念：物体在承受外部压力时不发生形变或被破坏的性能。通常，抗压性能与物体的材质和受力面积等因素相关。在此基础上，教师提出问题并组织小组进行讨论：正三角形、正方形、正六边形这三种图形中，哪种图形的棱柱体的抗压性能最好并解释其原因。这一环节主要带领学习者提出研究假设和初步观点，为后续的实验探究做铺垫。

2. 制作蜂巢模型

为了帮助学习者验证提出的研究假设是否合理，教师为每个小组准备了三份尺寸为36厘米（cm）×20厘米（cm）的纸板。教师引导学习者沿着纸板的长边将其等分，并对纸板进行折叠，制作出高为20厘米（cm）的不同图形的柱体，作为不同的蜂巢基本结构单元模型，如图7-5所示。

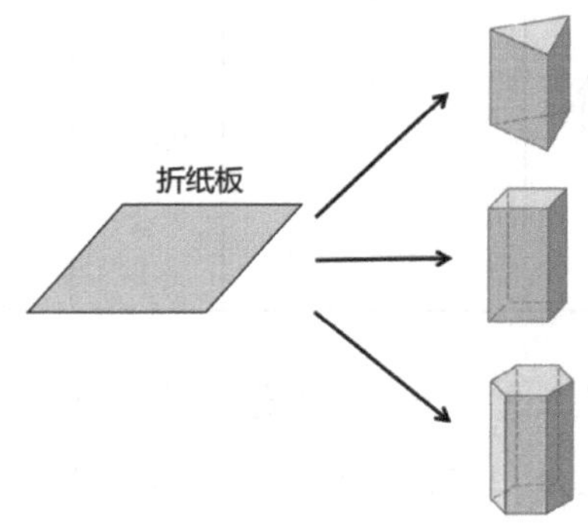

图7-5 不同的蜂巢基本结构单元模型示意图

接下来，教师指导学习者测量所制得的正三棱柱、正四棱柱和正六棱柱底面图形的边长，然后计算底面面积，并将这些数据记录在如表7-7所示的学习任务单中。

表7-7 不同蜂巢基本结构单元模型的相关数据

	模型立体图	模型底面图形	模型底面图形的边长（cm）	模型底面图形的面积（cm^2）	模型能承受的最大质量（g）
1		正三角形	12	62.28	
2		正方形	9	81	

续表

	模型立体图	模型底面图形	模型底面图形的边长（cm）	模型底面图形的面积（cm^2）	模型能承受的最大质量（g）
3		正六边形	6	93.42	

3. 进行抗压性能测试实验

在搭建好不同的柱体后，教师为每个小组提供了若干不同质量的砝码，并指导各小组将柱体竖直放置在平面上。接着，各小组依次在每个柱体上逐步放置砝码，直到柱体出现变形或倒塌。在此过程中，小组成员需要在表 7-7 中记录每种柱体所能承受的最大质量。然后，教师要求学习者分析表 7-7 中不同模型的底面积与所能承受的最大质量的数据，并引导他们探讨两者之间的关系。通过这一过程，教师引导学习者得出结论：相比于正三棱柱、正四棱柱，正六棱柱具有最强的抗压性能，其原因是正六棱柱的底面积最大。最后，教师进行总结：蜜蜂选择正六棱柱作为蜂巢基本结构单元的原因之一，就是这种结构能够使蜂巢更为坚固。

学习活动 5：梳理正六边形结构的应用场景

这一学习活动的目的主要是引导学习者理解正六边形结构在不同场景的应用，提升其对正六边形结构应用的认知与创新设计能力。

1. 认识正六边形结构的应用

首先，教师为学习者展示一系列正六边形结构在不同场景中的应用实例，包括日常生活、建筑行业及汽车制造行业等多个领域。接着，教师通过表 7-8 详细说明这些应用场景中涉及正六边形结构的材料的功能特点。这一过程有助于学习者理解正六边形结构的优点及其适用范围。

表 7-8 正六边形结构在不同场景中的应用实例

应用场景	涉及正六边形结构的材料	图 片	优 点
日常生活	蜂窝纸		蜂窝纸是一种新型夹层结构的环保节能材料，具有高强度、表面平整且不易变形的特点。它重量轻、用料少、成本低，同时具备优良的抗冲击性和缓冲性，能有效吸声和隔热

续表

应用场景	涉及正六边形结构的材料	图　片	优　点
建筑行业	蜂窝轻质墙体		蜂窝轻质墙体能够降低结构用钢量，有助于降低工程造价。另外，它能够有效减轻结构自重，抗压性能好，从而减少地震作用对结构的影响。其独特的优势不仅有助于节省项目投资，还提升了建筑的整体经济效益
汽车制造行业	蜂窝轮胎		蜂窝轮胎采用的柱状结构截面为正六边形，这种独特的几何结构不仅能够保证车辆在行驶过程中的减震性能，还能够显著提升轮胎的整体强度

2. 检索正六边形结构的应用

在学习者初步了解正六边形结构在不同场景中的应用之后，教师组织小组开展进一步的探究，深化他们对正六边形结构及其应用的理解。

教师安排每个小组使用平板电脑搜集正六边形结构或蜂窝结构在其他场景中的应用实例。为了便于资料的共享与整合，教师创建一个在线共享文档（如金山文档），每组学习者需要将搜集到的资料，包括正六边形结构在特定场景中应用的图片、文字描述等资料，整理并上传至该共享文档中。通过这种方式，各小组成员不仅可以展示自己搜集的资料，还可以查看其他小组搜集的成果。这样，所有学习者都能从集体的努力中受益，共同扩展对正六边形结构应用的认识。此外，这种协作的学习方式有助于培养学习者的小组协作能力和信息处理技能，使他们在实践中学会高效地整合与利用信息资源。

3. 设计正六边形结构的创新应用作品

在本环节，教师通过组织小组讨论，分享检索结果并进行评估交流，引导学习者探索正六边形结构在生活中的创新应用。

首先，教师给小组学习者发放如表 7-9 所示的正六边形结构创新设计评估量规，并组织他们浏览不同小组搜集的正六边形结构的应用场景和案例。接着，教师要求学习者从科学性、合理性、实用性、创新性和美观性这五个方面对各组上传至金山文档中的不同应用场景和案例进行点评。这不仅能帮助学习者运用所学知识科学地评估案例，还可以拓展学习者的视野，激发他们对生活中正六边形结构创新应用的想象力和创造力。

表 7-9　正六边形结构创新设计评估量规

评估维度	作品表现			
	表现不太好（1～5分）	表现一般（6～10分）	表现较好（11～15分）	表现非常好（16～20分）
科学性（20分）	设计缺乏科学依据，理论支持不足	设计有一定的科学依据，但理论支持不够全面	设计较为科学，理论依据较充分	设计非常科学，理论依据全面且可信度高
合理性（20分）	设计基本符合逻辑，但可能存在一些不合理之处	设计较为合理，结构安排恰当，考虑到了实际应用中的部分限制条件	设计合理，结构安排科学，实际应用中的大部分限制条件都有考虑	设计非常合理，结构安排完美，充分考虑了实际应用中的所有限制条件
实用性（20分）	设计实用性一般，实现难度较大	设计具有一定实用性，但在实现过程中可能会遇到一些困难	设计实用性较强，实现起来相对容易	设计实用性很强，易于实现且易于生产和维护
创新性（20分）	设计缺乏新意，与现有方案差别不大	设计有一些新意，展示了基本的创造性思维	设计较为新颖，展示了较好的创造性思维	设计极具创新性，展示了高度的创造性思维
美观性（20分）	设计较为普通，没有特别突出的美感	设计具有一定的美感，但不够突出	设计美观，能够吸引用户的注意力	设计非常美观，符合美学原则，能够极大地吸引用户的注意力

点评任务完成后，教师为学习者创设一个新的学习任务情境，要求小组内开展讨论并制订设计方案，利用正六边形结构对学校的建筑或者物品进行改造，如应用正六边形结构重新设计教室中的桌椅。在这一环节，教师要求每个小组内部自行设定不同的角色，如记录员、汇报员、时间管理员等，确保小组讨论有序进行。随后，学习者在小组内分享各自的想法，并与其他成员一起探讨如何将正六边形结构应用于学校建筑或物品设计。在这一过程中，教师需要对每个小组提供个性化指导，鼓励各小组大胆设想，提出具有科学性、合理性、实用性、创新性和美观性的设计方案。

最后，各小组展示针对学校建筑或物品的正六边形结构的创新设计应用，解释其设计背后的理念、思路、预期功能及潜在的应用领域。展示结束后，教师和其他小组成员需要运用如表 7-9 所示的量规，从设计的科学性、合理性、实用性、创新性和美观性这五个方面对每组的设计方案进行评估。

所有小组汇报结束后，教师对学习者的学习过程进行总结，加深学习者对蜂巢结构和功能的理解，并鼓励学习者在以后的生活中要运用科学的思维改造外部世界。

第三节 “神奇的蜂巢：探索几何与自然之美”项目中的学习干预设计

在“神奇的蜂巢：探索几何与自然之美”这一协作问题解决学习项目中，为了确保学习者能够达成预设的学习目标，我们不仅为学习者设计了 5 个相互关联的学习活动，还在各个学习活动中整合了不同的教学法学习支架与技术性学习支架，旨在降低学习者的额外认知负荷，提升相关认知负荷，从而支持学习者进行有效的协作问题解决学习。本节主要呈现“神奇的蜂巢：探索几何与自然之美”这一基于协作问题解决学习项目中学习支架的设计过程，为大家开展指向核心素养的学习干预设计提供案例指导。

一、教学法学习支架的设计

在宏观教学法学习支架的设计中，教师采用了协作脚本策略（如图 7-6 所示），促进学习者之间进行有效的协作问题解决学习。这种协作脚本策略主要以学习任务单的形式呈现，明确学习者在不同的学习环节需要完成的任务及要求，从而引导他们进行有序的思考。

学习任务单

【想一想】为什么蜜蜂的蜂巢是正六边形结构的？请在下面方框中写出你们的猜想。

任务一：明确蜜蜂筑巢时需要考虑的问题

	数值	说明
工蜂寿命	约一个月	工蜂的平均寿命约为一个月
工蜂一生采集蜂蜜量	约 3 克	一只工蜂在其一生中大约能采集 3 克蜂蜜
1 克蜂蜡所需蜂蜜量	8 ～ 10 克	制成 1 克蜂蜡需要 8 ～ 10 克蜂蜜
工蜂一生能制成蜂蜡量	小于 1 克	工蜂一生采集的蜂蜜仅能制成不足 1 克的蜂蜡

【说一说】根据表格中的内容，你们有什么发现？请在下面方框中写出你们的发现。

图 7-6 小组学习任务单部分示意图

任务二：本小组所选图形的密铺情况

【画一画】绘制密铺图案

【说一说】请观察其他小组的密铺图案，你们有什么发现？请在下面方框中写出你们的发现。

任务三：推导正六边形的面积计算公式

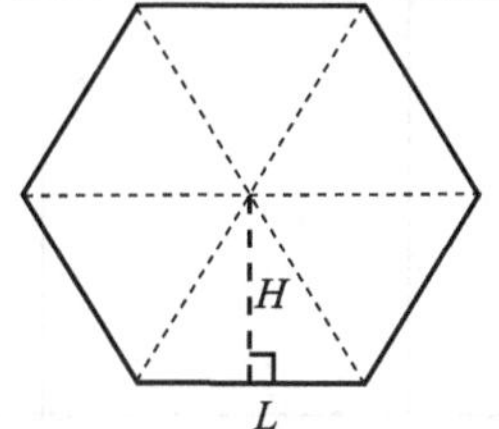

正三角形面积计算公式 =__________

正方形面积计算公式 =__________

正六边形面积计算公式 =__________

【说一说】请讨论正六边形面积计算公式的推导过程，并在下面的方框中进行总结。

任务四：计算不同图形的面积

蜂巢截面图形	面积计算公式	周长（cm）	边长 L（cm）	高 H（cm）	面积（cm^2）
正三角形		36	12	10.38	
正方形		36	9	9	
正六边形		36	6	5.19	

【说一说】根据表格中的内容，你们有什么发现？请在下面方框中写出你们的发现。

图 7-6 小组学习任务单部分示意图（续）

任务五：计算不同图形内切圆的面积及空间利用率							
密铺图案平面效果图	密铺的基本图形	周长（cm）	边长（cm）	面积（cm^2）	内切圆半径 r（cm）	内切圆面积 S（cm^2）	空间利用率
	3.46cm 12cm	36	12	62.28	3.46		
	4.5cm 9cm	36	9	81	4.50		
	5.20cm 6cm	36	6	93.42	5.20		

图 7-6　小组学习任务单部分示意图（续）

具体而言，在学习活动 1 中，教师提供了关于蜂蜡形成的相关数据，支持学习者进行小组讨论，从而明确蜜蜂在建造蜂巢时需要考虑建筑材料成本的因素。在学习活动 2 中，教师提供了不同正多边形的密铺情况，让学习者能够通过观察和分析表格中的数据，直观地理解不同正多边形的内角与 360 度之间的整除关系，从而推导出密铺的基本原理。在学习活动 3 中，教师准备了正三角形、正方形、正六边形的面积计算及其内切圆面积计算相关表格。通过这些表格中的数据，学习者可以直观地比较在周长一定的情况下不同正多边形的面积大小，并从空间利用率的角度理解蜜蜂运用正六边形结构筑巢的科学性。在学习活动 4 中，教师为学习者提供了不同蜂巢模型的相关数据。借助这些数据，学习者可以分析不同模型底面的图形及其边长和面积，以及模型能够承受的最大质量等，直观地理解不同模型底面积与抗压性能之间的关系。在学习活动 5 中，教师提供了正六边形结构在不同场景中应用的情况，帮助学习者理解正六边形结构在多种环境中的实用性和优势。从认知层面看，这些协作脚本策略可以引导学习者清晰地理解任务要求，认识知识之间的科学原理和内在逻辑，帮助学习者逐步建构复杂的知识体系。从社会性交互层面看，这些协作脚本策略可以引导小组进行有效的协作和信息共享，使学习者更积极地参与到与学习任务相关的活动中。

在微观教学法学习支架的设计中，教师采用了交互式提问策略，促进学习者的社会性交互。例如，在学习活动 1 中，教师在介绍完蜂巢与蜂蜡的相关知识后，可以提出问题："蜂巢在结构与功能上有哪些特点？"这一精细化问题有助于学习者表达自己的想法，引导他们主动思考并分享见解。在学习活动 2 中，教师会提出："为什么蜜蜂用正六边形而不是其他图形来密铺自己的家呢？"这一反思性问题不仅能够激发学习者的好奇心，还能促使他们深入思考背后的原因。在学习活动 3 中，教师提出"当蜜蜂使用一定量的蜂蜡以密铺的形式建造蜂巢时，使用哪种图形能使蜂巢空间最大？"这一反思性问题，旨在激发学习者之间进行讨论，帮助他们通过协作学习来评估各种图形在面积上的优劣势。

另外，教师还采用了角色分配策略，为小组中的每位成员设定特定的角色，确保其在小组中承担相应的责任和任务。例如，在学习活动 5 设计正六边形作品时，小组内可以设定记录员、汇报员、时间管理员等不同角色。这可以让每位成员明确自己在小组中的职责，避免出现部分成员过度参与，而部分成员参与不足的情况，保证小组协作的高效性。

此外，教师还采用了"思考—匹配—分享"策略，促进学习者表达观点和想法。例如，在学习活动 2 探究密铺原理时，学习者先各自思考不同图形是否能实现密铺，然后通过各小组的拼接操作分析不同图形的密铺情况，最后各小组将密铺的结果和得出的结论进行分享。在学习活动 3 中，学习者先思考不同图形的面积计算公式，再比较正三角形、正方形和正六边形在周长一定条件下的面积大小，最后分享各自的发现。这种策略有助于学习者在独立思考的基础上，通过比较深化理解，再通过分享进一步巩固和拓展知识，提高学习效果。

二、技术性学习支架的设计

除了运用宏观教学法学习支架和微观教学法学习支架，在"神奇的蜂巢：探索几何与自然之美"这一基于协作问题解决学习的项目中，教师还利用了金山文档这一技术性学习支架作为资源共享的支持平台，如图 7-7 所示。该平台为学习者提供了共享多元化学习资源的有效渠道，旨在帮助他们在计算机或移动设备上共同访问、创建、编辑和分享各类学习材料与内容，从而促进小组成员间的有效沟通与知识共享。

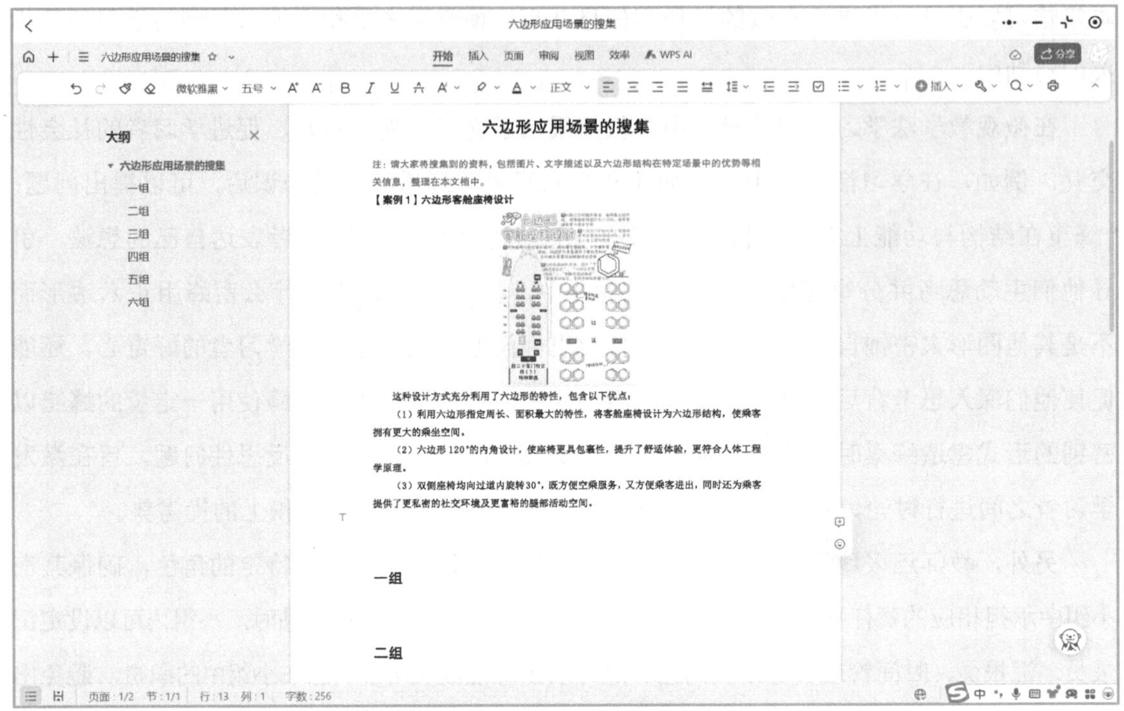

图 7-7　金山文档的资料收集界面

第一，金山文档平台有助于节省学习者寻找资源的时间与精力。与某一主题相关的资源通常分散在不同的平台和网站中，学习者往往需要耗费大量时间搜索和筛选有用的信息。通过金山文档平台可以将相关学习资源进行集中整理。在学习活动 5 中，教师要求小组成员使用平板电脑搜索正六边形在不同场景中的应用情况，并将搜索的资料整合到金山文档中。这样不仅可以减少学习者在海量信息中搜索所需信息的时间，还有利于提升小组协作学习的效率和质量。

第二，金山文档平台支持实时共享与编辑，有助于学习者形成信息分享的意识，方便其进行集体探讨。在学习活动 5 中，学习者可以在金山文档上共同编辑文本、插入图片、链接视频，实时分享检索到的与正六边形应用相关的信息。这不仅可以鼓励学习者根据个人的兴趣和专长贡献个性化和多样化的学习资源，还可以激励小组成员围绕共享资源进行集体探讨，从而加深集体探讨与协作学习的深度。

第三，金山文档平台有助于激发学习者多角度的观点和创新思维，助力学习者形成创新性的问题解决方案。在学习活动 5 中，教师要求学习者将正六边形结构应用到校园场景的创新应用作品中。此时，金山文档中已经整合了正六边形的设计案例和结构分析相关资料。学习者可以从中获得灵感，并在此基础上提出创新的设计方案。这种共享平台不仅可以帮助学习者提高信息获取的效率，还可以激发学习者的创新思维和团队协作能力。

总的来看，教师在设计“神奇的蜂巢——探索几何与自然之美”协作问题解决学习项目时，主要按照指向核心素养的学习设计行动框架，从大概念、问题解决和学习支架这三个关键要素切入，对这一项目中的学习目标、学习活动和学习干预进行了科学且详细的预设。首先，通过研读《数学课标》和数学教材，确定了“利用数学知识探索自然界中的规律，开发服务于人类的产品”的大概念及其对应的知识结构。在此基础上，结合学习者的认知特点和教学内容特点，教师预设了相应的学习目标。随后，为了帮助学习者实现预设的学习目标，教师为学习者预设了“为什么蜜蜂的蜂巢是正六边形结构的”这一探究类的驱动性问题。在此基础上，基于探究类问题的问题图式特点，教师设计了 5 个相互关联且逐步递进的学习活动，目的是帮助学习者在协作问题解决的过程中逐步实现学习目标。最后，为了将学习者的额外认知负荷控制在合理范围内，教师在不同的学习活动中巧妙地整合了不同的宏观教学法学习支架和微观教学法学习支架。这一设计可以确保学习者不仅围绕蜂巢的六边形结构这一主题掌握密铺、图形面积与周长、仿生学等知识，还能通过协作学习提升问题解决和团队协作的能力，为学习者创设丰富且有意义的学习体验。同时，教师还在课程中融入了金山文档平台，为学习者搭建了一个有利于资源共享与实时协作的环境。通过这一平台，学习者不仅能够高效地获取信息和整合信息，还能在共同编辑和讨论中发挥各自的优势，从而激发学习者的想象力和创新思维，并进一步增强团队协作的效果。

参考文献

[1] 中华人民共和国教育部 . 义务教育数学课程标准（2022 年版）[M]. 北京：北京师范大学出版社，2022.

[2] 华应龙，黄利华，赵艳辉 . 数学　四年级下册 [M]. 北京：北京师范大学出版社，2014.

[3] BANG D, PARK E, YOON H, et al. The design of integrated science curriculum framework based on big ideas[J]. Journal of the Korean Association for Science Education, 2013, 33(5): 1041-1054.

[4] 曾亮，任爽，张桢. 小学数学项目式学习中真实性任务设计策略研究——以“我是小小科普员——蜂巢为什么是六边形”项目为例 [J]. 教育科学论坛，2024（4）：50-53.

[5] 王丽娟 . 数学 + 科学：明理生智启智润心——小学数学与科学跨学科主题学习案例《小蜂巢，大学问》[J]. 新智慧，2022（21）：34-36.

第八章　信息科技课程中指向核心素养的学习设计项目案例

在基础教育中，信息科技课程旨在培养学习者的信息意识、计算思维、数字化学习与创新、信息社会责任四大核心素养。这些核心素养能够帮助学习者在信息社会中自信、合理地使用信息技术，提升解决问题的能力，并具备探索新知识的主动性和创新思维，从而更好地适应未来社会的快速发展和变革。因此，为了培养面向未来的优秀人才，我们需要在信息科技课程中为学习者创设基于协作问题解决的学习情境和体验，促进其信息科技核心素养的达成。在本章中，我们主要运用指向核心素养的学习设计行动框架，聚焦信息科技课程中“探寻中国大运河的璀璨：信息的搜索与遴选”这一教学内容，设计一个基于协作问题解决学习的项目，为大家开展指向核心素养的学习设计提供案例指导。

第一节　“探寻中国大运河的璀璨：信息的搜索与遴选”项目中的学习目标设计

“探寻中国大运河的璀璨：信息的搜索与遴选”是信息科技七年级上册中的教学内容。为了依托这一教学内容，培养学习者相应的信息科技核心素养，我们运用指向核心素养的学习设计行动框架，围绕协作问题解决学习中的大概念、问题解决及学习支架三个关键要素进行了科学的设计，从而形成了一个完整的基于协作问题解决的学习项目。该项目旨在通过小组协作，引导学习者深入理解搜索引擎的工作原理，掌握辨别和遴选不同信息来源的科学方法，进而运用这些知识搜索并遴选中国大运河的相关信息，最终制作数字作品以宣传中国大运河的璀璨文化。我们期望通过该项目，帮助学习者对“信息的搜索与遴选”这一大概念形成深度理解，进一步提升其信息科技核心素养。本节主要呈现“探寻中国大运河的璀璨：信息的搜索与遴选”这一基于协作问题解决学习项目中学习目标的设计过程，为大家开展指向核心素养的学习目标设计提供案例指导。

一、大概念及其知识结构的设计

在设计“探寻中国大运河的璀璨：信息的搜索与遴选”这一基于协作问题解决学习的项目时，我们首先深入研读了《义务教育信息科技课程标准（2022年版）》（后文简称《信息科技课标》）及信息科技教材，明确了学习者需要掌握的大概念及其相应的知识结构。

通过研读《信息科技课标》，我们发现，信息科技课程中涵盖了13个主要的学科核心概念。《信息科技课标》中明确指出，在理解“互联网应用与创新”这一核心概念时，学习者能根据学习和交流的需要，使用互联网搜索、遴选、管理信息，并贡献有价值的数据和资源，能够创作有特色的作品[1]。

此外，通过研读中小学信息科技教材，我们注意到江苏版《信息科技七年级上册》教材中“互联网中信息获取”单元涵盖“信息的搜索与遴选”和“资源的管理与贡献”两个部分[2]。其中，“信息的搜索与遴选”侧重于引导学习者学会使用搜索引擎搜索信息，并从中遴选准确且高质量的信息；“资源的管理与贡献”则侧重于指导学习者对遴选后的信息进行梳理和重组。

因此，基于对《信息科技课标》和信息科技教材内容的系统分析，我们建构了“信息的搜索与遴选”这一大概念，并采用邦·达米研究团队提出的“金字塔模式”[3]，围绕该大概念建立了一套完整的知识结构，如图8-1所示。我们希望学习者在掌握“搜索引擎的工作原理”“信息搜索的策略与方法”“辨别与遴选信息的方法”知识点的基础上，深入理解“信息的搜索”和“信息的遴选”这两个关键概念。随后，学习者通过使用搜索引擎检索和筛选中国大运河相关信息，设计和制作宣传中国大运河的数字作品，进一步加深对关键概念的理解，进而建构“信息的搜索与遴选”这一大概念。

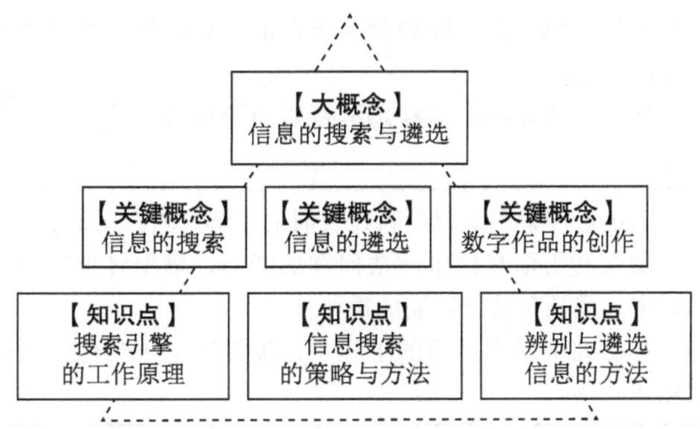

图8-1　“探寻中国大运河的璀璨：信息的搜索与遴选”项目中的大概念及其知识结构

二、基于大概念的学习目标设计

在确定了大概念及其知识结构后，我们对七年级学习者的认知特征进行了分析。从知识掌握的角度看，学习者在小学阶段已经接触过“搜索”这一概念，对使用搜索引擎获取信息并不陌生。然而，他们的操作技能尚不够熟练，操作过程中时常会出现一些错误。本节课在系统讲解检索相关理论知识的基础上，引导学习者在作品创作过程中运用这些知识，从而巩固相关技能。通过实践练习，学习者不仅能在操作上变得更加熟练，还能根据实际需求有效地搜集并筛选网络资源。从认知水平发展的角度看，七年级学习者正处于具体运算阶段向形式运算阶段过渡的时期，已经具备一定的自主学习能力。这意味着他们能够处理抽象概念，能在适当的指导下进行自我探索和学习。然而，他们仍需要借助具体的例子和直观的视觉辅助来加深对抽象概念的记忆和理解。对于搜索引擎工作原理等抽象内容，学习者可能会感到困难。因此，通过多次实践操作来体会和强化这些概念是非常必要的。例如，在协作问题解决学习过程中，教师可以引导学习者进行信息检索和数字作品创作，以帮助他们更好地理解与掌握复杂概念。

基于对学习者知识掌握情况和认知水平的分析，我们从知识与技能、过程与方法，以及情感、态度与价值观这三个维度设计了基于大概念的学习目标，具体如表 8-1 所示。

表 8-1 “探寻中国大运河的璀璨：信息的搜索与遴选”项目中基于大概念的学习目标

目标分类	学习目标的具体内容
知识与技能	（1）理解搜索引擎的工作原理。 （2）掌握搜索信息的策略。 （3）掌握遴选不同来源的网络信息的策略
过程与方法	（1）通过实践探究，能够高效地使用搜索引擎来满足特定的信息搜索需求。 （2）通过小组协作，能够分享各自的搜索经验；通过相互学习，掌握提高搜索效率的方法。 （3）通过创作作品，能够熟练搜索与遴选相关信息，以传播中国大运河的文化魅力
情感、态度与价值观	（1）通过对搜索引擎背后科技发展的了解，培养对信息科技的兴趣。 （2）增强利用信息技术解决问题的能力，培养终身学习的态度，认识到信息技术对个人成长和社会发展的重要性。 （3）在研究中国大运河的过程中，加深对中国文化的认识，激发民族自豪感和文化认同感

第二节　“探寻中国大运河的璀璨：信息的搜索与遴选”项目中的学习活动设计

为了帮助学习者在协作问题解决学习中实现预设的学习目标，我们需要基于不同类型的问题解决的认知过程，为学习者设计相应的学习活动序列。这不仅可以避免学习者在协作问题解决过程中进行不必要的认知探索，降低其额外认知负荷；还可以引导他们参与引发有效认知的学习活动，从而提升相关认知负荷。本节主要呈现“探寻中国大运河的璀璨：信息的搜索与遴选”这一基于协作问题解决学习项目中学习活动的设计过程，为大家开展指向核心素养的学习活动设计提供案例指导。

一、驱动性问题的设计

为了帮助学习者实现预设的学习目标，我们设计了“如何搜索并遴选信息，创作数字作品，以宣传中国大运河的璀璨文化？”这一设计类驱动性问题。随后，基于设计类问题的问题图式特点，为学习者设计了 5 个学习活动，如图 8-2 所示。希望在四个课时内引导学习者完成这些学习活动，使他们掌握使用搜索引擎检索与遴选信息的技巧，并运用这些技巧创作数字作品，以宣传中国大运河的璀璨文化，从而在解决驱动性问题的过程中建构大概念。

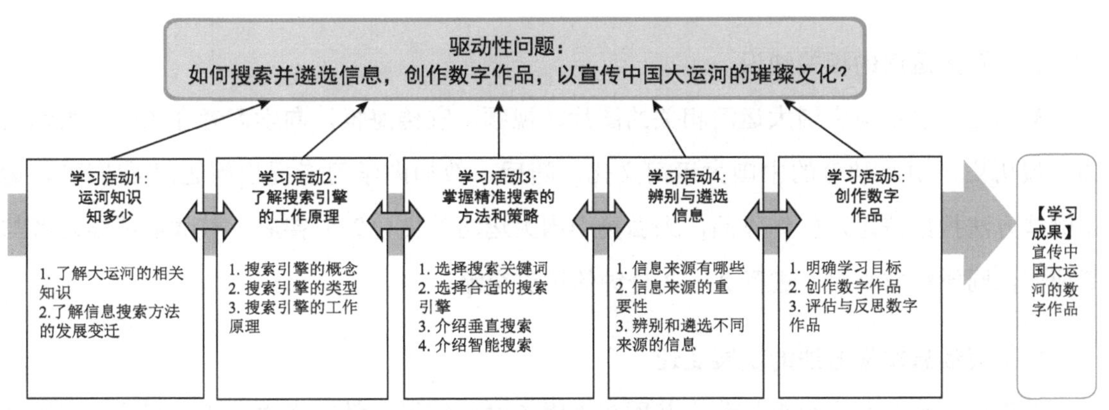

图 8-2　“探寻中国大运河的璀璨：信息的搜索与遴选”项目中学习活动序列的设计

“探寻中国大运河的璀璨：信息的搜索与遴选”这一基于协作问题解决学习项目中的 5 个学习活动环环相扣。学习者在逐步完成各个学习活动的过程中，顺利解决“如何搜索并遴选信息，创作数字作品，以宣传中国大运河的璀璨文化？”这一设计类驱动性问题。

学习活动 1 是“运河知识知多少”。在这一环节，学习者将初步认识大运河，了解信息的来源、信息检索方法及其发展变迁等知识。在此基础上，教师向学习者抛出“如何搜索并筛选信息，创作数字作品，以宣传中国大运河的璀璨文化？”这一驱动性问题，引发其进行深入思考，为后续学习打下基础。学习活动 2 是“了解搜索引擎的工作原理”。学习者将通过教师的讲授与实际操作，体会搜索引擎的概念，了解其工作原理，为后续的搜索活动奠定理论基础。学习活动 3 聚焦于“掌握精准搜索的方法和策略”，学习者将深入了解搜索引擎与关键词的选择策略，能根据不同的搜索需求选择合适的搜索引擎与关键词，从而提高搜索的效率和准确性。此外，学习者还将学习垂直搜索与智能搜索的相关知识，进一步拓展对信息搜索方法的理解。学习活动 4 是“辨别与遴选信息”。学习者将通过对比不同来源的信息的特点，深入探讨有效筛选搜索结果的方法。学习活动 5 是“创作数字作品”。在这一环节，学习者将综合运用前 4 个活动中学习到的知识和技能，协作进行大运河相关信息的搜索，完成宣传中国大运河的数字作品。

二、基于问题解决的学习活动设计

学习活动 1：运河知识知多少

这一学习活动的目标是创设情境，抛出驱动性问题，激发学习者的学习兴趣，并为后续的学习活动做铺垫。

1. 了解大运河的相关知识

教师通过展示与中国大运河相关的图片、视频、宣传海报，向学习者介绍中国大运河的发展历史及由此孕育的中国大运河文化。随后，教师向学习者提出问题：“我们可以运用哪些方法搜集信息，创作作品，来弘扬中国大运河的文化？”接着，教师邀请学习者与邻座四位同学组成小组，进行 2 ～ 3 分钟的讨论交流。

2. 了解信息搜索方法的发展变迁

在邀请 2 ～ 3 名小组组长分享其所在小组的讨论结果，教师播放一段微视频，帮助学习者理解信息搜索方法的发展历史。具体而言，信息搜索经历了手工搜索、机械搜索、计算机搜索这三个关键阶段。第一，在手工搜索阶段，信息的存储和搜索都依赖于人工完成。这一时期典型的搜索方法是基于卡片目录的索引。卡片目录是一种传统的信息管理方式，通过将每本书或资源的信息记录在一张小卡片上，然后将卡片按照一定的规则（如作者名、书名、主题等）排序存放在卡片盒中。使用者可以通过查阅卡片快速定位到感兴趣的资料位置。这一搜索方式通常应用在图书馆搜索的场景中。例如，图书管理员通过编制索引卡，按照主题或作者名等方式组织文献资料。读者则需要通过查阅这些索引卡来获取所需的信息资源。在这个阶段，信息搜索的速度和效率较低。第二，在机械搜索阶段，信息搜索的效率开始得到提升。随着早期电子技术的发展，信息存储逐渐从纸质介质向电子介质过渡。磁带作为一种早期的电子存储设备，能够保存大量的数字化数据。通过磁带目录，用户可以输入特定的查询条件，然后从磁带中读取相应的信息条目，从而显著提高信息搜索的速度和效率。这一阶段的机械搜索虽然依赖于电子设备，但仍然存在较多的物理操作和局限，尚未完全实现现代意义上的自动化搜索。第三，在计算机搜索阶段，数字化信息的存储和搜索能力得到显著提升，信息处理的速度更快，存储容量也大幅增加。在此阶段，用户可以运用计算机中不同的搜索引擎高效地查找所需信息。使用搜索引擎搜索信息主要包括两种方式：关键词搜索和分类搜索。关键词搜索是最常见的搜索方式，用户只需输入一个或多个关键词，搜索引擎便会在数据库中匹配相关信息，并按相关性排序列出搜索结果。分类搜索则是基于预定义的类别（如科学、艺术、新闻等），用户先选择一个或多个类别，然后在该分类下进行更精确的搜索，使信息的查找更有针对性和系统性。

然后，教师引导学习者分小组讨论不同阶段信息搜索方法的优势和劣势。最后，2～3 个小组派代表分享讨论结果，教师进行总结，强调搜索引擎在信息搜索中的优势，如操作简单、响应速度快等，为后续的学习活动奠定基础。

学习活动 2：了解搜索引擎的工作原理

该学习活动的目标是引导学习者深入了解搜索引擎的概念、常见类型及工作原理，帮助学习者理解搜索引擎的基础知识。

1. 搜索引擎的概念

教师通过操作演示向学习者介绍搜索引擎的概念及常见的搜索引擎。具体来说，搜索引擎是一种基于互联网的信息检索工具。它能根据用户需求从互联网中检索出所需的信息，并反馈给用户。常见的搜索引擎有百度（中国最具影响力的搜索引擎，提供中文信息检索服务）、谷歌（全球使用最广泛的搜索引擎）、必应（由微软公司开发的搜索引擎，预装在 Windows 操作系统中）等。随后，教师为学习者创设检索“中国大运河”相关信息的情境，旨在引导学习者在运用搜索引擎的过程中体验其功能特点。

在这一环节，首先，教师引导学习者打开百度搜索引擎，在搜索框中输入关键词“中国大运河”，再点击“百度一下”按钮，界面如图 8-3 所示。然后，教师引导学习者浏览搜索结果的界面（如图 8-4 所示），并分析界面的特点。接着，邀请 2 ～ 3 名学习者分享其观察结果，教师进行总结：当用户输入关键词并向搜索引擎发出搜索请求后，搜索引擎会分析输入的关键词，从数百万的网页中筛选出与“中国大运河”相关的页面。通过搜索引擎筛选出的结果不仅包括网页链接，还包括图片、视频、笔记、地图、贴吧等不同类型的内容。

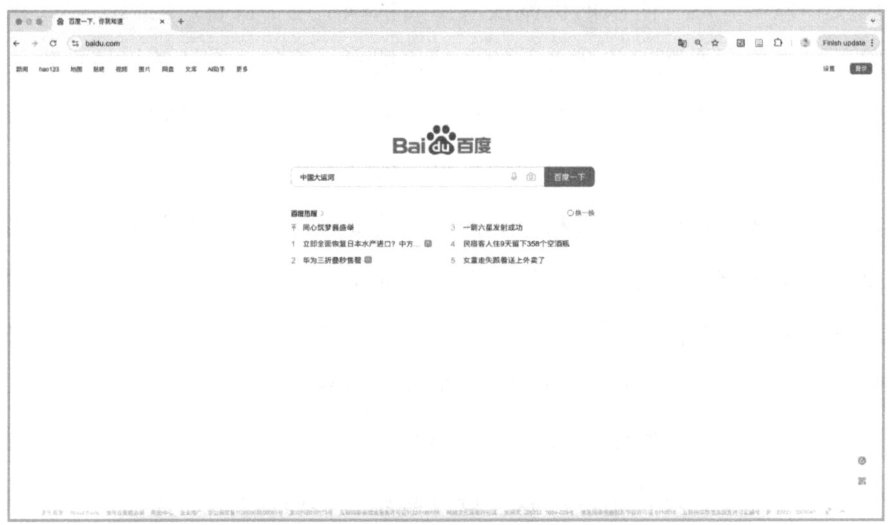

图 8-3　百度搜索引擎中的搜索界面

图 8-4　百度搜索引擎中的搜索结果界面

2. 搜索引擎的类型

教师向学习者介绍搜索引擎的常见类型及特点。具体地，根据索引方式，搜索引擎可分为两类：全文搜索引擎与目录索引搜索引擎[4]。其中，全文搜索引擎是通过从互联网上提取各网站的关键信息，建立相应的数据库，并在用户查询时检索匹配的记录，然后按一定的顺序将结果呈现给用户。常见的全文搜索引擎包括百度、谷歌、IE 和必应等。目录索引搜索引擎是通过预先将网站按分类体系组织成层次化的目录结构，用户可以浏览不同类别来查找信息。典型的目录索引搜索引擎有 hao123.com 和 2345.com 等。

在教学过程中，教师分别向学习者提供百度、hao123 的网址（如图 8-5、图 8-6 所示），并引导学习者动手实际操作，体会两种搜索引擎的区别。

图 8-5　百度搜索引擎主页

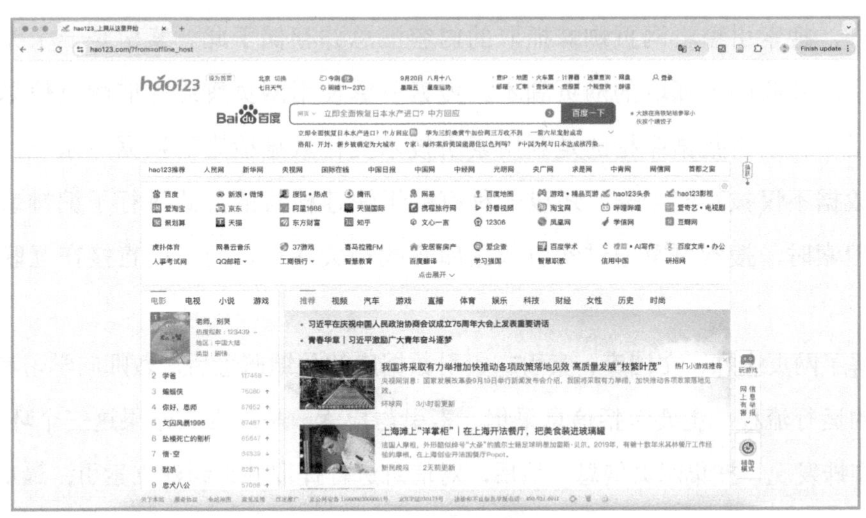

图 8-6　hao123 搜索引擎主页

最后，教师向学习者总结两种搜索引擎的应用趋势。虽然目录索引搜索引擎在互联网早期广泛使用，但由于其依赖大量人力进行维护和更新，随着互联网内容的迅速增长，这类搜索引擎逐渐被更为高效的全文搜索引擎所取代。因此，接下来我们将着重介绍“全文搜索引擎”的使用与操作。

3. 搜索引擎的工作原理

教师先向学习者展示全文搜索引擎的运行流程，如图 8-7 所示，再分别向学习者详细介绍全文搜索引擎运行流程中涉及的几个关键概念及三个步骤，以帮助学习者理解全文搜索引擎的运行流程。

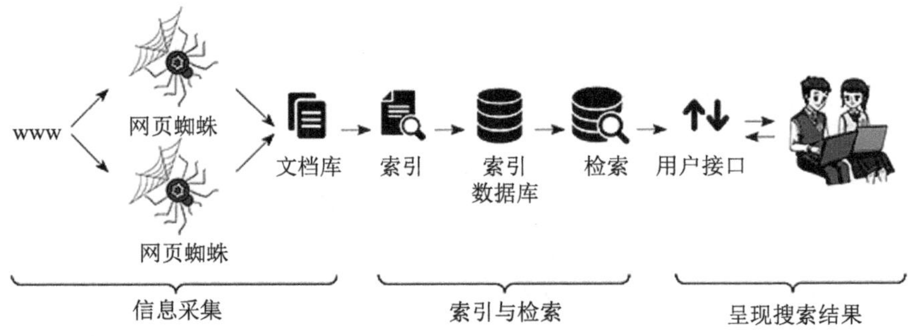

图 8-7　全文搜索引擎的运行流程

全文搜索引擎运行流程中涉及的关键概念主要包括网页蜘蛛（Web Spider）、文档库、索引和索引数据库等。网页蜘蛛也称为网络爬虫，是一种自动化的程序或脚本，用于遍历互联网上的链接，抓取带有“www”前缀的网页信息。互联网就像一个四通八达的蜘蛛网，网页蜘蛛则负责在这张网上采集信息。文档库是一个存储大量网页或其他类型信息资源的集合，搜索引擎将网页蜘蛛抓取的内容汇总并存储于此。索引是一个庞大的数据库，存储了从互联网上抓取的网页副本。搜索引擎使用网页蜘蛛抓取网页信息，并将其存储在索引中。索引数据库指的是利用索引技术优化数据检索的数据库系统。在这种数据库中，数据不仅被存储起来，还以一种有助于快速检索的方式进行了编排或标记。当用户进行搜索时，搜索引擎通过索引数据库查找相关网页，而不是直接在互联网上进行搜索。

在了解了网页蜘蛛、文档库、索引、索引数据库的关键概念后，教师向学习者介绍全文搜索引擎的运行流程，主要包括信息采集、索引与检索、呈现搜索结果这三个环节。首先，通过网页蜘蛛发现、搜集网页信息；然后，对信息进行提取并组织建立索引；最后，由检索器根据用户输入的查询关键词，在索引数据库中快速检索文档，进行文档与查询关键词的相关度评价，对将要输出的结果进行排序，并将查询结果呈现给用户。

学习活动 3：掌握精准搜索的方法和策略

在该学习活动中，学习者以小组协作的方式掌握精准搜索的技巧，掌握搜索引擎的使用方法及策略。

1. 选择搜索关键词

为了帮助学习者认识到搜索过程中关键词的重要性，教师带领学习者体验一个简单的搜索任务。首先，教师要求学习者围绕“中国大运河的历史是什么样的”“中国大运河的历史”“中国大运河 历史”“中国大运河”四个关键词，分别使用百度搜索引擎进行搜索，并在表 8-2 中记录使用不同关键词进行搜索时搜索结果的条目数。接着，教师引导各小组讨论使用四组不同关键词所得搜索结果的异同之处。最后，教师进行总结：在使用搜索引擎搜索信息时，选择恰当的关键词至关重要，它会直接影响我们能否快速且准确地找到所需的信息。

表 8-2　使用不同关键词的搜索结果记录

搜索关键词	百度搜索结果（条目数）
中国大运河的历史是什么样的	
中国大运河的历史	
中国大运河 历史	
中国大运河	

接下来，教师带领学习者系统地学习选择与优化关键词的方法。为了更有效地进行搜索，教师向学习者介绍关键词设置需要遵循的基本规则。第一，明确搜索意图。在开始搜索之前，首先需要明确要找的信息是什么，这有助于确定核心关键词。例如，如果寻找关于中国大运河文化内涵的最新视频，那么，“中国大运河文化”“内涵”和“视频”就是重要的关键词。第二，使用具体而非宽泛的关键词，尽量避免使用过于宽泛的描述，如“开发”“保护”等。尝试更具体的描述，如“旅游开发”“文化遗产保护”。这是因为具体词汇可以帮助搜索引擎更准确地理解搜索的需求。教师按照表 8-3 所示的内容，带领学习者体验并理解不同的搜索技巧。

表 8-3　优化关键词设置的搜索方法

序号	搜索的技巧	搜索的操作过程	搜索的示例
1	准确匹配搜索内容	在搜索关键词前后加上双引号，可以准确匹配搜索关键词。 搜索方法：“搜索关键词”	“中国大运河的保护与传承”
2	模糊匹配搜索内容	在搜索内容中使用“*”可以进行模糊匹配搜索，找到更多相关内容。 搜索方法：搜索内容＋【*】＋搜索内容	中国大运河的保护*传承
3	过滤不需要的内容	搜索内容后面加上减号和需要过滤的关键词，即可过滤掉不需要的内容。 搜索方法：搜索内容＋【空格】＋【减号】＋过滤关键词	中国大运河的保护与传承－利用
4	强制包含需要的内容	搜索内容后面加上加号和需要包含的关键词，强制搜索结果中包含这些关键词。 搜索方法：搜索内容＋【空格】＋【加号】＋需要包含的关键词	中国大运河的保护与传承＋生态
5	指定文件类型	搜索内容后面加上“filetype:”和文件格式，可以在搜索结果中指定文件类型。 搜索方法：搜索内容＋【空格】＋【filetype:】＋【文件格式】	中国大运河的保护与传承 filetype:pdf
6	在指定网站内搜索	在关键词后面加上“site:”和指定网站域名，可以在指定网站内搜索相关内容。 搜索方法：【关键词】＋【site:】＋【指定网站域名】	中国大运河的保护与传承 site:baidu.com

最后，教师向学习者介绍高级搜索的基本操作。具体地，教师提示学习者可以通过浏览器中的“高级搜索”功能（如图 8-8 所示）更加便捷地设置搜索条件，实现精准搜索。随后，学习者以小组合作的形式，围绕“中国大运河的保护与传承”这一主题，设置不同的搜索条件，并在此过程中思考“高级搜索”对话框中各项设置的作用及其与关键词策略的对应关系，并开展小组讨论与交流。在讨论结束后，教师对高级搜索相关功能进行总结。第一，用户可以设置包含全部关键词、包含任意一个关键词或排除特定关键词等条件，以精确控制搜索结果。第二，用户可以根据需要设定时间范围，以便获取特定时间段内的搜索结果。第三，用户可以指定搜索的文档格式，如 pdf、Word 等。第四，用户可以设置关键词出现的位置，如“网页任何地方”、“仅网页标题中”或“仅 URL 中”。第五，用户可以通过指定站点域名，搜索特定网站内的信息。

图 8-8　百度搜索引擎的“高级搜索”功能界面

2. 选择合适的搜索引擎

为了引导学习者认识到不同搜索引擎的区别，教师带领学习者对比分析百度和必应这两种搜索引擎在搜索结果上的差异。首先，教师基于前面的表 8-2 增加一列，形成表 8-4，要求学习者使用必应搜索引擎，围绕四个不同的关键词，进行信息搜索，并将搜索结果填写到表格相应位置。接着，教师引导学习者对比分析表 8-4 中使用不同搜索引擎的搜索结果之间的差异。为了促进学习者进行有效思考，教师引导学习者讨论并回答以下问题：在不同搜索引擎中使用相同的关键词进行信息搜索时，搜索到的结果条目数、搜索结果的排列顺序及搜索质量是否存在差异？如果存在差异，具体体现在哪些方面？

表 8-4　使用不同搜索引擎的搜索结果记录

搜索关键词	百度搜索结果（条目数）	必应搜索结果（条目数）
中国大运河的历史是什么样的		
中国大运河的历史		
中国大运河 历史		
中国大运河		

各小组围绕教师提出的问题开展讨论，教师邀请 2 ～ 3 个小组分享其观点，并在此基础上进行分析和总结。第一，不同的搜索引擎背后具有不同的索引规模和技术。因此，即使使用相同的关键词，不同搜索引擎搜索结果的数量和质量存在一定的差异。第二，在运

用搜索引擎搜索信息时，搜索结果条目数的多少不能等同于搜索结果质量的好坏。更多的结果条目数意味着有更多的信息可供筛选，但其中可能包含大量重复或不相关的信息。第三，在使用搜索引擎搜索信息时，高质量的搜索结果一般会被排在前列。因此，在搜索信息时，用户需要根据需求，选择合适的搜索引擎。

3. 介绍垂直搜索

为了帮助学习者深入理解信息搜索，教师向学习者介绍能获取更高质量、更权威的信息搜索方法——垂直搜索。首先，教师向学习者介绍垂直搜索引擎，即垂直搜索引擎一般用于特定领域或行业，通过深入分析、筛选和定位相关信息，实现精准的专业搜索，它是全文搜索引擎的细分和延伸。接着，教师通过示例帮助学习者进一步理解垂直搜索引擎这一概念。例如，知网是垂直搜索引擎的典型代表。如果以“中国大运河”为主题进行科学研究，用户可以通过登录中国知网查询在线数据库，获取丰富的文献资料。最后，教师要求学习者以小组为单位，梳理图片、视频、音频、新闻和论文的相关垂直搜索引擎，并将整理结果填写在通过金山文档进行共享的表 8-5 中。

表 8-5　垂直搜索引擎相关资料

信息类型	垂直搜索引擎
图片	
音频	
视频	
新闻	
论文	

4. 介绍智能搜索

为了帮助学习者了解信息搜索的前沿技术，教师向学习者介绍智能搜索的相关知识。教师提示学习者观察如图 8-9 所示百度搜索框右侧的麦克风和相机图标，启发学习者联想这两个图标可能的用途。在此基础上，教师介绍智能搜索的两种主要形式：语音搜索和图片搜索。

使用搜索引擎进行图片搜索的过程。在这一学习环节，教师向学习者提供一张中国大运河的图片，并指导学习者点击百度搜索框右侧的相机图标，进入图片上传界面（如图 8-10 所示），然后按照提示上传图片，点击“百度一下”按钮，就可查看搜索结果页面（如图 8-11 所示）。

图 8-9　使用百度搜索引擎搜索“中国大运河”的界面

图 8-10　使用百度搜索引擎进行图片搜索的界面

图 8-11　使用百度搜索引擎进行图片搜索的结果界面

使用搜索引擎进行语音搜索的过程。在这一学习环节，首先，教师向学习者说明语音搜索的基本条件：使用配备有麦克风的设备，如智能手机或平板电脑等，就可以便捷地借助百度搜索引擎进行语音搜索。具体操作是：点击搜索框旁边的麦克风图标，进入语音输入界面（如图 8-12 所示）；然后，点击蓝色麦克风区域，说出想要查询的内容（如图 8-13 所示）；最后，百度搜索引擎将直接作出响应，并呈现搜索结果（如图 8-14 所示）。

图 8-12　百度搜索引擎的语音输入界面

图 8-13　百度搜索引擎的语音显示界面

图 8-14　百度搜索引擎的语音搜索结果界面

另外，教师向学习者介绍搜索引擎中的“相关搜索”功能，帮助学习者拓展对搜索方式的认知。教师引导学习者使用搜索引擎对“中国大运河”这一关键词展开搜索。如图 8-15 所示，此时，学习者可以发现，搜索结果下方会显示与中国大运河紧密相关的其他词条，如中国大运河博物馆、中国大运河非遗展示馆等。基于此，教师向学习者进行解释：这一现象体现了人工智能中的智能推送技术，表明网络信息的获取方式已经从用户主动搜索转变为平台的智能推送。这种推送技术是一种基于数据挖掘、自然语言处理等多项技术的综合性技术。通过智能推送技术，定期向用户传送所需信息，可以减少信息过载的风险。使用这种推送技术，平台不仅能自动发送信息，还能根据用户的喜好过滤信息，减少用户的搜索时间，帮助用户更高效地获取有价值的信息。

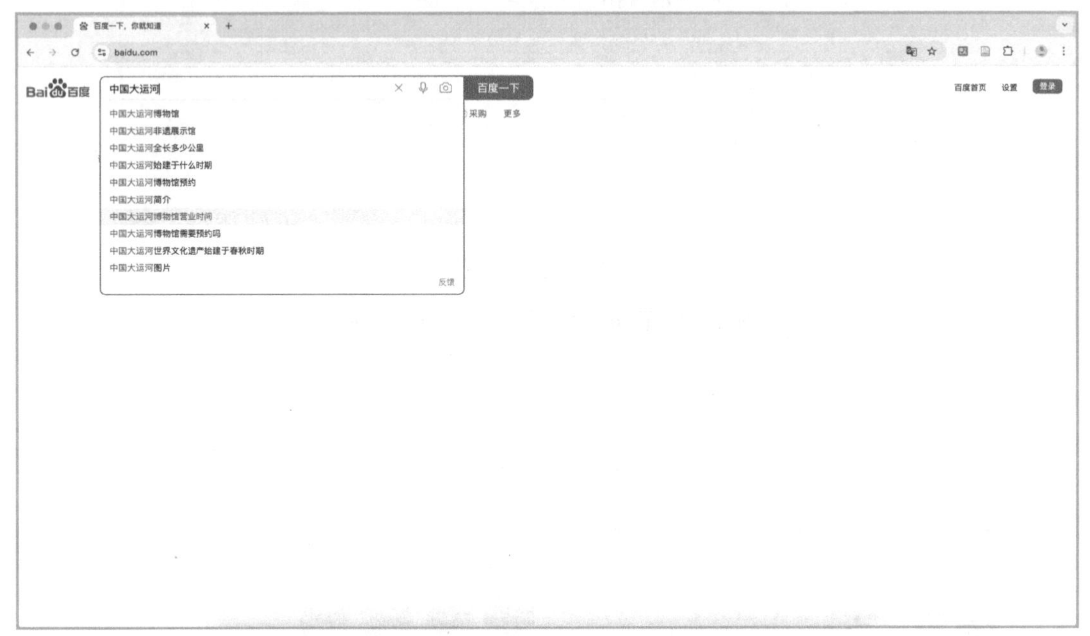

图 8-15　使用百度搜索引擎进行相关搜索

学习活动 4：辨别与遴选信息

这一学习活动的目的是引导学习者意识到辨别与遴选信息的重要性，掌握辨别和遴选信息的方法。

1. 信息来源有哪些

首先，教师通过 PPT 进行展示，以及通过简短的讲解，向学习者介绍表 8-6 中四种主要的信息来源类型 [5]。第一，口头型信息源，即通过交谈、聊天、授课等方式进行口头相传的信息，适用于补充个体经验或未记录的资料。第二，电子型信息源，即通过互联网或数字媒体获取的资料，包括网站、电子书、数据库、视频等，适用于查找最新、最广泛的信息。第三，实物型信息源，即通过观察或实地考察文物、考古遗址、建筑等获取的信息，适用于验证和丰富历史和文化的真实性。第四，文献型信息源，包括报纸、期刊、图书等正式出版物，适用于获取学术研究、历史背景等权威信息。

表 8-6　信息来源类型

信息来源类型	示例
口头型信息源	通过交谈、聊天、授课、讨论等方式进行口头相传的信息
电子型信息源	广播、电视、电话、互联网等
实物型信息源	运动会、动物园、销售市场等各类公共场所
文献型信息源	报纸、期刊、图书、辞典等

接着，教师向学习者提问："我们可以通过哪些途径获取与中国大运河相关的四类信息？"各小组讨论和分享观点后，教师再进行总结。对于口头型信息源，可以访谈当地居民，了解与大运河相关的民间故事和传说。对于电子型信息源，可以查询中国大运河相关的官方网站，获取实时的资讯或多媒体资料，如大运河的航拍视频、3D 模型展示等。对于实物型信息源，可以实地参观大运河遗址或博物馆，通过观察船只、石桥等历史遗迹，实地体验和感受大运河的文化价值与影响。对于文献型信息源，可以通过阅读与大运河相关的专业书籍和论文，获取经过专家深度研究和分析的信息。

2. 信息来源的重要性

首先，教师提供关于"中国大运河"的不同类型的信息，包括社交平台上的帖子、旅游景点的描述、新闻文章、历史书籍摘录、考古报告等，并引导学习者讨论以下问题：（1）信息的发布者是谁，发布时间是什么时候？（2）该信息是如何描述大运河的？（3）该信息的主要观点是什么？（4）该信息是否准确，是否与其他已知事实一致？

接着，教师请各小组分享讨论的结果，并通过提问或补充的方式，引导学习者深入理解不同信息源的特点和价值。

最后，教师进行总结，不同来源的信息可能会从不同的角度对同一事物进行不同的描述，提醒学习者在日常生活中要注意信息来源的多样性和重要性。

3. 辨别和遴选不同来源的信息

在了解信息来源的类别及重要性后，教师带领学习者进一步掌握遴选高质量信息的方法。

首先，在学习者搜索信息之前，教师向他们展示《汴河怀古》这一关于中国大运河的代表性诗歌，并介绍这首诗成为关于中国大运河代表性诗歌的原因。第一，《汴河怀古》反映了隋炀帝时期开凿大运河的真实背景。诗中提到的"万艘龙舸绿丝间，载到扬州尽不还"，形象地描绘了当时大运河上物资运输的繁忙景象，以及由此带来的经济繁荣之景。

并且，这首诗在诸多史书中有所记载。第二，这首诗的作者皮日休是晚唐时期的著名文学家，他的作品多有深刻的社会意义和历史价值。第三，《汴河怀古》创作于唐代，它对大运河及其历史意义的描述跨越时空，至今仍具有重要的文化价值和社会价值。大运河不仅是中国古代水利工程的伟大成就之一，也是连接中国南北文化的重要纽带。这首诗记录了一段特定的历史时期，为现代人理解大运河的文化遗产和历史地位提供了宝贵的视角。

其次，教师指导学习者使用搜索引擎，以“与中国大运河相关的诗歌”为关键词进行搜索，要求各小组在金山文档上分享他们搜索到的 3 ～ 5 首相关的诗歌。各小组基于各自搜索到的诗歌，讨论是否满足其需求，并分享讨论结果。在此过程中，教师强调：我们搜索到的诗歌有很多，但需要对这些信息进行判断，并进一步遴选。教师鼓励学习者参考《汴河怀古》这首诗的分析示例，结合所在小组搜索与选择诗歌的标准，共同探讨哪些因素影响了他们对信息的选择，各组再分享结论。

最后，基于学习者的讨论和反馈，教师归纳并补充了识别高质量信息的几个关键要素：真实性、可靠性与时效性[6]。第一，真实性是指信息的来源是真实的，没有被篡改或伪造。为确保信息真实，需要核对其来源是否权威，如政府、学术期刊或知名媒体，避免依赖未经验证的社交媒体或不正规网站。通过多个独立来源的交叉验证，可以确认信息的真伪。如果发现各来源的信息存在较大差异，则需要更深入地查证。此外，查看信息是否引用了数据、文献或原始来源，以增强其真实性。第二，可靠性是指信息的一致性和可信度。如果信息来自专业机构或领域专家，通常更为可靠。了解信息发布者的学术背景、经验及其在该领域的影响力，这些是判断信息真伪的重要依据。可靠的信息往往会明确说明其数据或分析的来源，信息透明度越高，可靠性越强。第三，时效性是指信息的新颖程度及与当前情况的相关性。检验信息的真伪时，应先确认其发布日期，过时的信息可能不再适用。此外，查看信息是否有内容更新或修订的记录，这些记录能反映发布者是否在持续维护和更新信息。

在对相关内容进行总结后，教师引导学习者根据信息遴选的关键点，再次使用搜索引擎进行搜索，找到一篇关于中国大运河的代表性诗歌作品。

学习活动 5：创作数字作品

该综合性学习活动的目的是引导学习者在掌握信息搜索的原理、信息筛选策略之后，运用这些知识搜索并筛选中国大运河的相关信息，创作数字作品，以推广中国的大运河文化。

1. 明确学习目标

在这一过程中，教师提出对数字作品的具体要求：（1）包含中国大运河相关研究领域的权威学者的介绍；（2）包含对图 8-16 所示图片中大运河上某桥梁的相关信息的介绍；（3）包含一首与中国大运河相关的代表性诗歌。在创作数字作品的过程中，学习者在金山文档上填写如表 8-7 所示的各小组的数字作品创作任务单，并在小组内进行展示。

图 8-16　大运河上的拱宸桥

表 8-7　数字作品创作任务单

第 ____ 小组“____”数字作品创作任务单

一、小组分工

请在小组成员对应的角色下方填写学习者姓名，每格填写一人姓名。

项目协调人	信息搜索员	内容创作员	信息检查员	技术实现员

项目协调人：协调各个成员之间的工作进度，确保项目的顺利进行。
信息搜索员：搜集有关中国大运河的历史、文化、地理等方面的信息。
内容创作员：撰写与大运河相关的介绍文字。
信息检查员：确保信息的真实性、可靠性、时效性，且版权合规。
技术实现员：负责使用 PowerPoint 等工具将创意转化为数字作品。

续表

第_____小组“_____”数字作品创作任务单
二、确定搜索引擎 1. 为了达到要求“（1）包含中国大运河相关研究领域的权威学者的介绍”，你们小组认为需要应用哪个搜索引擎？为什么？ ________________________ 2. 为了达到要求“（2）包含对图 8-16 所示图片中大运河上某桥梁的相关信息的介绍”，你们小组认为需要怎样使用搜索引擎进行搜索？ ________________________ 3. 为了达到要求“（3）包含一首与中国大运河相关的代表性诗歌”，你认为需要应用哪类搜索引擎？你们小组选用了哪个搜索引擎？ ________________________
三、确定关键词 1. 请与小组成员共同回顾确定关键词的相关策略与搜索方法，并在下面填写你所在小组讨论后设定的搜索关键词。 ________________________ 2. 请与小组成员共同查看关键词搜索界面，并思考是否可以使用搜索引擎推送的相关搜索，你所在小组讨论后应用到的相关搜索的关键词有哪些？ ________________________
四、信息的搜索与遴选 请与小组成员根据设定的关键词，协作进行信息的搜索。在此过程中，需要综合考虑信息的真实性、可靠性与时效性，记录你们所遴选出的信息的网址，以及你们选择这些网址中信息的原因。

关键词	网址	选择该网址中信息的原因

2. 制作数字作品

第一步，各小组给小组成员分配具体任务，将确定的小组分工情况填写至表 8-7 中。各成员分别负责协调进度、搜索信息、创作内容、检查信息和实现技术，共同进行信息的搜索与遴选，协作完成数字作品。

第二步，教师引导学习者思考，为了解决学习目标中的三个问题，需要使用哪些搜索引擎进行信息的搜索？将小组选择的搜索引擎记录在表 8-7 中。在此基础上，进一步思考需要采用什么关键词，尝试在高级搜索界面进行设置，将确定的关键词填写至表 8-7 中。

第三步，各小组运用本项目中学到的搜索与遴选策略，通过搜索引擎获取中国大运河的相关信息，包括历史资料、文化故事、发展现状等。在这一过程中，学习者可以整理出一份详尽的信息清单，包括文字记录、图片、视频片段等，记录在表 8-7 中。

第四步，各小组观看教师提前准备的有关使用 PowerPoint 制作数字作品的操作指导视频，复习应用 PowerPoint 进行数字作品制作的基本流程与相关功能。视频内容包括但不限于：如何布局和设计页面、如何添加各种元素（如文本框、图片、图标等）、如何调整颜色方案和字体样式以增强视觉效果等。接下来，基于所搜集和筛选的信息，各小组使用 PowerPoint 制作数字作品。在此过程中，教师引导学习者解决遇到的问题，并及时提供反馈。

最后，数字作品完成后，各小组在课堂上展示作品，详细介绍数据的搜索与筛选过程、作品的设计理念等。

3. 评价与反思数字作品

首先，各小组对其他小组的数字作品进行评价，形成互评。可采用如表 8-8 所示的项目成果展示评价表对数字作品进行评价，从“主题”“内容”“技术”“功能”与“展示”五个维度综合考查有效应用知识和技能完成复杂任务的能力、理解性目标的达成情况。接下来，通过系统性的评价，各小组明确识别数字作品尚待改进的方面，进而考虑如何对数字作品进行修改与优化。

表 8-8　项目成果展示评价

本组组别：第___组								
评价内容		分值	第　组	第　组	第　组	第　组	第　组	第　组
主题	主题明确，能体现出对中国大运河意义和价值的认识和理解	10						
	能借助互联网，搜集符合需求的资料，并能合理运用	10						
内容	内容丰富，积极向上，能体现正确的信息社会责任感	10						
	文字描述简明扼要，并能通过多种呈现形式丰富作品的多样性	10						

续表

本组组别：第___组								
评价内容		分值	第 组	第 组	第 组	第 组	第 组	第 组
技术	围绕中国大运河主题，选用合适的数字设备，完成数字作品的创作	10						
	合理运用学科知识，并利用互联网技术实现项目创意	10						
功能	能较好地完成方案中预定的目标，较好地解决展示问题	10						
	作品风格统一，凸显特色	10						
展示	汇报展示整体效果较好，声音洪亮	10						
	能清晰阐述作品的原理和特点	10						
合计								

所有小组汇报交流完毕后，教师对学习者的学习过程进行总结，加深学习者对所学知识的理解，并鼓励学习者在以后的生活中运用科学的方法搜索信息，提升信息搜索与遴选的能力。

第三节 “探寻中国大运河的璀璨：信息的搜索与遴选”项目中的学习干预设计

在“探寻中国大运河的璀璨：信息的搜索与遴选”这一协作问题解决学习项目中，为了确保学习者能够达成预设的学习目标，我们不仅为学习者设计了 5 个相互关联的学习活动，还在学习活动中整合了不同类型的教学法学习支架与技术性学习支架。旨在通过应用这些学习支架降低学习者的额外认知负荷，同时提高相关认知负荷，从而支持学习者进行有效的协作问题解决学习。本节主要呈现“探寻中国大运河的璀璨：信息的搜索与遴选”这一基于协作问题解决学习的项目中学习支架的设计过程，为大家开展指向核心素养的学习干预设计提供案例指导。

一、教学法学习支架的设计

在宏观教学法支架的设计上，教师采用了协作脚本策略，帮助学习者进行有效的协作学习。例如，在学习活动 3 中，教师给学习者发放了用于记录不同关键词搜索结果的表格，支持小组讨论所使用的不同关键词及其搜索结果的相同之处与不同之处。另外，教师给学习者提供了用于记录不同搜索引擎搜索结果的表格，支持学习者思考使用不同搜索引擎所获得的搜索结果之间的差异。这些协作脚本策略可以有效地促使学习者参与与学习任务相关的活动中，从而有效地激发他们对知识的获取和建构。

在微观教学法学习支架的设计上，教师首先采用了角色分配策略，通过为协作学习小组中每位成员设定特定的角色，确保每位成员承担相应的责任和任务。在学习活动 5 中，各小组需要给小组成员分配具体任务，这涉及小组内部的角色分工与协作，以推动学习者进行高效的社会性交互。另外，教师采用了交互式提问策略，以促进学习者的社会性交互。教师在多个环节中通过提问引导学习者思考，例如，在学习活动 1 中，教师通过提问“我们可以运用哪些方法搜集信息，创作作品，来弘扬中国大运河的文化？”引发学习者的思考，引出搜索引擎的相关内容。交互式提问策略的应用可以有效激发学习者积极参与学习活动，主动探索问题答案，与同伴共同开展深度研讨和紧密协作。此外，教师还采用了“思考—匹配—分享”策略，以促进学习者表达观点和想法。在学习活动 3 中，学习者需要思考关键词的选择，记录搜索结果的条目与类型，然后各小组开展讨论并分享各自使用的关键词与搜索结果，分别陈述结论与发现。在学习活动 5 中，各小组成员分别分享其对中国大运河的初步了解，并提出自己感兴趣的问题或想要解决的问题，随后，每个小组确定一个与大运河相关的具体设计问题，进而围绕问题确定数字作品的主题。“思考—匹配—分享”策略的应用能够有效激发学习者积极参与到小组数字作品创作的讨论中，深化学习者对搜索关键词的选择的理解。

二、技术性学习支架的设计

除了运用宏观教学法学习支架和微观教学法学习支架，在协作学习过程中，教师通过金山文档为学习者提供了一个可实时协作和交流的有效平台，旨在促进学习者在协作问题解决学习中进行即时互动与讨论，并允许他们进行迅速反馈和动态交互。

第一，金山文档平台支持学习者之间的实时互动。当教师组织学习者进行线上协同讨论、开展互动教学时，如在学习活动 1 中，学习者思考并在金山文档中记录如何从不同的信息来源处获取所需的信息，并讨论各种信息来源的优势和劣势。在学习活动 5 中，学习者使用金山文档协同编辑并形成小组的数字作品设计方案。

第二，金山文档平台支持学习者之间进行实时协作。例如，在学习活动 3 中，小组成员需要讨论并分享各自使用的关键词及其搜索结果，填写到教师提前设计并添加在金山文档的表格中。此时，学习者可以及时登录平台，填写各自所选用的关键词，同时还能查看其他小组成员所选用的关键词，从中获取灵感。在学习活动 5 中，小组成员需要分工协作填写如表 8-7 所示的数字作品创作任务单，共同查找并整理垂直搜索引擎相关资料，促进知识的共建与交流。

第三，金山文档平台支持学习者之间进行协同编辑。在学习活动 5 中，学习者在协作创作数字作品的过程中，可以充分利用平台中的注释、回复等功能，以深化对共享资源的理解。这不仅促进了学习者根据自己的想法贡献观点与资源，还能激励小组成员围绕共享资源进行集体探讨，加强彼此间的学习协作。

总的来看，教师在设计“探寻中国大运河的璀璨：信息的搜索与遴选”协作问题解决学习项目时，主要按照指向核心素养的学习设计行动框架，从大概念、问题解决和学习支架这三个关键要素切入，对这一项目中的学习目标、学习活动和学习干预进行了科学且详细的预设。首先，通过研读《信息科技课标》和信息科技教材，确定了“信息的搜索与遴选”这一大概念及其对应的知识结构。在此基础上，结合学习者的认知特点和学习内容，教师为学习者预设了相应的学习目标。然后，为了帮助学习者实现预设的学习目标，教师预设了“如何搜索并遴选信息，创作数字作品，以宣传中国大运河的璀璨文化？”这一设计类驱动性问题。接着，基于设计类问题的问题图式特点，设计了 5 个学习活动，目的是帮助学习者在协作问题解决过程中逐步实现学习目标。最后，为了把学习者的额外认知负荷控制在合理范围内，教师在不同的学习活动中巧妙地整合了不同的宏观教学法学习支架和微观教学法学习支架，确保学习者既能深入理解信息搜索与遴选的核心知识，又能通过协作学习提升问题解决和团队协作的能力，为学习者带来了丰富的课程学习体验。同时，教师巧妙融入了金山文档平台，为学习者搭建了一个有利于学习者主动学习和深度参与的学习环境。该项目不仅为学习者提供了实时协作的空间，还促进了知识的共享和创造性思维的激发，极大地丰富了学习者的学习体验。

参考文献

[1] 中华人民共和国教育部．义务教育信息科技课程标准（2022 年版）[M]. 北京：北京师范大学出版社，2022.

[2] 江苏省中小学教学研究室．信息科技　七年级上册 [M]. 南京：江苏凤凰科学技术出版社，2023.

[3] BANG D, PARK E, YOON H, et al. The design of integrated science curriculum framework based on big ideas[J]. Journal of the Korean Association for Science Education, 2013, 33(5): 1041-1054.

[4] 谢万荣．“搜”信息，“索”路径：初中信息科技教学方法探究——以《信息的搜索与遴选》一课为例 [J]. 中国信息技术教育，2024（05）：57-59.

[5] 宋雅婷．“信息的搜索与遴选”教学设计 [EB/OL]. (2024-04-24)[2024-12-01]. https://mp.weixin.qq.com/s/wPPnY9uJmuqujhIQHrs4AA.

[6] 苏丹敏．辨别信息判真伪 [EB/OL]. (2022-12-16)[2024-12-01]. https://mp.weixin.qq.com/s/uaFuwsnhTjw4b2xERY0viw.

第九章　跨学科课程中指向核心素养的学习设计项目案例

跨学科课程在培养学习者核心素养方面具有显著优势。与单一学科课程不同，跨学科课程主要通过有效整合和贯通不同学科的知识，鼓励学习者从多角度深度理解所学内容，并将不同领域的知识运用于解决复杂问题。这种学习方式有助于提升学习者在不同情境中运用知识的能力。此外，跨学科课程还能促进学习者发展应对未来挑战的关键能力，增强其应对复杂问题的综合素养。因此，为了培养面向未来的优秀人才，我们需要在跨学科课程中为学习者创设基于协作问题解决的学习情境，提供多元化的学习体验，从而助力学习者核心素养的达成。在本章中，我们主要运用指向核心素养的学习设计行动框架，聚焦数学课程中“百分数”和科学课程中“食物中的七大营养素”的跨学科内容，设计一个基于协作问题解决学习的项目，为大家开展指向核心素养的学习设计提供案例指导。

第一节　“如何制作和销售甜糯适宜的桂花糕”项目中的学习目标设计

“如何制作和销售甜糯适宜的桂花糕”项目整合了六年级上册数学与科学学科的内容。为了依托这一内容培养学习者相应的核心素养，我们运用指向核心素养的学习设计行动框架，围绕协作问题解决学习中的大概念、问题解决及学习支架三个关键要素进行了科学的设计，从而形成了一个基于协作问题解决的学习项目。该项目旨在通过小组协作，引导学习者综合运用数学与科学知识解决制作桂花糕过程中涉及的百分数、营养成分、成本与利润等问题，并在实践探究过程中提升对健康饮食的认识，培养良好的生活习惯，从而促进核心素养的达成。本节主要介绍“如何制作和销售甜糯适宜的桂花糕”这一基于协作问题解决学习项目学习目标的设计过程，为大家开展指向核心素养的学习目标设计提供案例指导。

一、基于大概念、课标和教材确定知识结构

在设计“如何制作和销售甜糯适宜的桂花糕”这一基于协作问题解决学习的项目时，我们深入研读了《数学课标》、《科学课标》及相关教材，明确了学习者需要掌握的大概念及其相应的知识结构。

通过研读《数学课标》，我们了解到，数学课程中涵盖了“数与代数”“图形与几何”“统计与概率”“综合与实践”四个主要学科核心概念[1]。其中，“数与代数”部分强调学习者需要感悟数的概念及其内在一致性，熟练掌握数的运算及运算之间的关系，培养运算能力和推理意识。通过研读《科学课标》，我们发现，科学课程中涵盖了十三个主要的学科核心概念。其中明确指出，在理解“生物体的稳态与调节”这一核心概念时，学习者应当理解动物以其他生物为食，且维持生命需要消耗这些食物而获得能量，并能够说出人体生长发育所需的主要营养物质及其消化吸收过程。

此外，通过研读中小学数学教材，我们注意到苏教版《数学六年级上册》教材中“百分数”模块包括“百分数的计算及应用”相关内容[2]。这部分内容的重点是引导学习者掌握小数、分数、百分数的意义，进行小数、整数、分数的四则运算，从而增强符号意识、运算能力、推理意识。湘教版《科学六年级上册》教材中“营养与健康”单元包含“食物中的营养”相关内容[3]。这部分内容的重点是引导学习者学会分析各种食物营养素的每日合理摄入量，树立均衡膳食的理念。

因此，基于对《数学课标》和《科学课标》及相关教材内容的系统分析，我们整合了数学和科学课程中的相关知识，建构了“数感”的大概念，并采用邦·达米研究团队提出的“金字塔模式”[4]，围绕该大概念建立了一套完整的知识结构，如图 9-1 所示。希望学

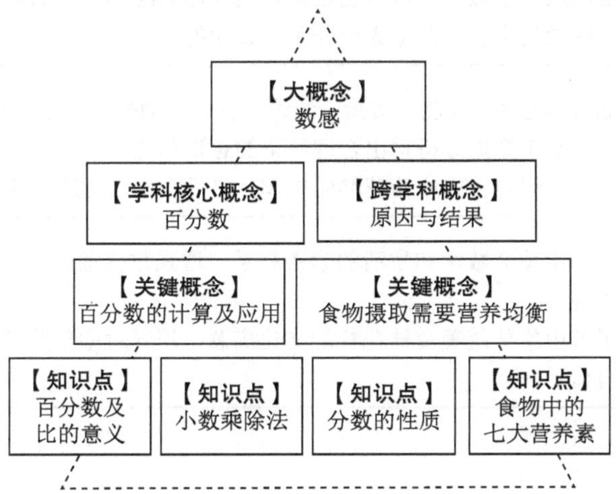

图 9-1　“如何制作和销售甜糯适宜的桂花糕”项目中的大概念及知识结构

习者在制作桂花糕的情境中深入理解百分数及比的意义、小数乘除法、分数的性质、食物中的七大营养素等知识点，从而形成对“数感”这一大概念的深度认知。

二、基于核心知识体系确定教学目标

在确定了大概念及其知识结构之后，我们分析了六年级学习者的认知特征。从知识掌握的角度看，六年级学习者已经掌握基本的数学运算技能，如加减乘除运算，初步了解分数、小数、百分数的概念，掌握相关的转换方法。此外，学习者也开始接触一些简单的科学原理，如物质的基本属性和能量的转化等。这为学习者将数学理论应用到实际操作中奠定了基础。从认知发展水平的角度看，六年级学习者正处于具体运算阶段后期。这意味着他们能够进行逻辑思考，但仍然需要依赖具体的事物来辅助其对抽象概念进行理解。因此，在设计学习活动时，需要为学习者提供与生活密切相关的学习情境。这不仅能够帮助学习者逐步建立起数学模型，以描述现实世界的问题，还可以促进他们从具体操作向抽象思维的发展过渡。

基于对学习者知识掌握程度和认知发展水平的分析，我们从知识与技能、过程与方法，以及情感、态度与价值观这三个维度设计了基于大概念的学习目标，具体如表 9-1 所示。

表 9-1 “如何制作和销售甜糯适宜的桂花糕”项目中基于大概念的学习目标

目标分类	学习目标的具体内容
知识与技能	（1）理解百分数的概念及计算方法； （2）熟练应用小数、分数与整数混合四则运算的计算方法； （3）了解食物中含有的七大营养素及其功能
过程与方法	（1）通过“观察—假设—实验—结论—反思”的探究过程，培养探究能力； （2）形成基于数据分析得出合理结论的意识和能力； （3）通过小组协作完成桂花糕的制作，提升与他人沟通、协商及协作的能力
情感、态度与价值观	（1）进一步体会数学和生活的紧密联系，增强数感意识，体验运用数学知识解决问题的乐趣； （2）了解中华传统美食桂花糕的文化寓意，培养对中华传统饮食文化的热爱，增强文化自信

第二节　“如何制作和销售甜糯适宜的桂花糕”项目中的学习活动设计

从认知负荷理论角度出发，为了帮助学习者在协作问题解决学习中获得具有启发性和趣味性的高质量深度学习体验，从而助力其核心素养的达成，我们需要基于问题解决的认知过程，为学习者设计相应的学习活动序列。本着降低学习者额外认知负荷和提升相关认知负荷的学习设计原则，在确定了基于大概念的学习目标后，我们围绕“制作桂花糕”主题确定了探究类驱动性问题。基于驱动性问题的图式类型，我们为学习者设计了六个学习活动。本节主要呈现“如何制作和销售甜糯适宜的桂花糕”这一基于协作问题解决学习项目学习活动的设计过程，为大家开展指向核心素养的学习活动设计提供案例指导。

一、驱动性问题的设计

为了帮助学习者实现预设的学习目标，我们设计了“如何制作和销售甜糯适宜的桂花糕？”这一探究类驱动性问题。随后，基于探究类问题的问题图式特点，设计了 6 个学习活动，如图 9-2 所示。希望在 5 个课时内引导学习者掌握数学和科学学科中的百分比计算、营养成分分析、成本计算和利润率等知识，引导他们综合运用这些知识解决桂花糕从制作到市场推广过程中涉及的问题。这一学习活动旨在帮助学习者在协作问题解决学习过程中逐步建立起相关的知识结构，在实践探究的过程中提升对健康饮食的认识，促进良好生活习惯的养成。

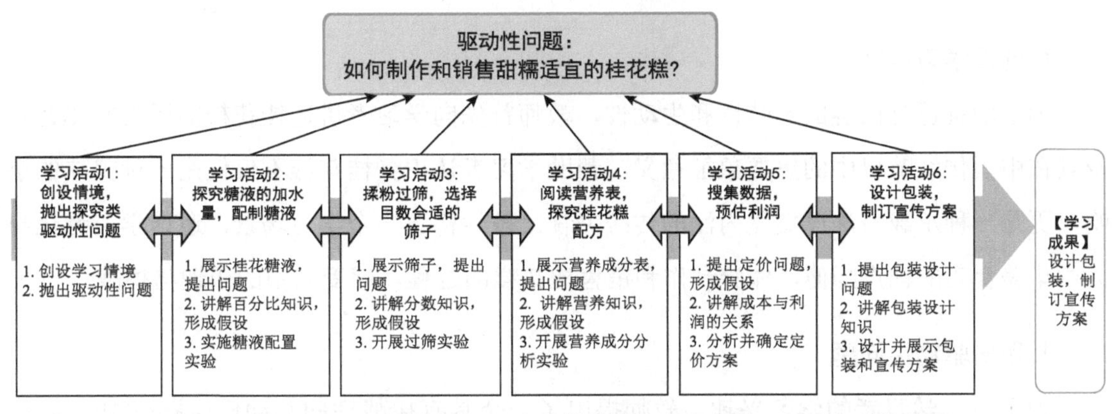

图 9-2　“如何制作和销售甜糯适宜的桂花糕”项目中学习活动序列的设计

“如何制作和销售甜糯适宜的桂花糕”这一基于协作问题解决学习项目中的6个学习活动紧密关联。学习者在逐步完成各学习活动的过程中，顺利解决“如何制作和销售甜糯适宜的桂花糕”这一探究类驱动性问题。学习活动1：创设情境，抛出探究类驱动性问题。在这个环节，学习者将了解桂花糕的文化背景，化身糕点师傅，进入制作和销售桂花糕的学习情境。学习活动2：探究糖液的加水量，配制糖液。学习者将通过实验探究糖度与加水量之间的关系，加深对百分比计算的理解，提升实验操作能力和数据分析能力。学习活动3：揉粉过筛，探究目数合适的筛子。学习者将掌握分数的应用，了解不同目数的筛子对粉粒大小的影响，进而选择最适合的品质控制工具。学习活动4：阅读营养表，探究桂花糕配方。学习者将学会解读食品标签上的营养信息，分析不同桂花糕配方的营养价值，培养健康饮食的意识。学习活动5：搜集数据，预估利润。学习者将了解成本、利润和利润率的基本概念，通过模拟定价过程，深刻体会产品定价背后的逻辑。学习活动6：设计包装，制订宣传方案。学习者将综合前面5个学习活动，协作设计桂花糕的包装，并制订宣传方案。通过完成以上6个学习活动，学习者可以逐步建构起从产品制作到市场推广的知识体系，实现该驱动性问题的学习目标。

二、基于问题解决的学习活动设计

学习活动1：创设情境，抛出探究类驱动性问题

这一学习活动旨在创设问题情境，引出“如何制作和销售甜糯适宜的桂花糕？”这一驱动性问题，激发学习者的探索兴趣，为后续的学习活动奠定基础。

1. 创设学习情境

为了增强课堂内容的趣味性和生动性，教师首先向学习者讲述桂花糕的历史文化背景及其在中国传统节日中的重要象征意义，帮助学习者认识到桂花糕不仅仅是一种美味的小吃，更是一种承载着深厚文化内涵的传统美食。教师构建一个学习场景，邀请学习者化身为中华美食店的糕点师傅，体验制作和销售桂花糕的过程，感受其中的乐趣与挑战。

2. 抛出驱动性问题

为了激发学习者的学习兴趣，教师提出了一个具有挑战性的驱动性问题：“如何制作和销售甜糯适宜的桂花糕？”要求学习者分组讨论和交流。随后，教师基于学习者的回答

情况进行总结。这一问题不仅涉及桂花糕的制作工艺，还包括预估利润与制订产品宣传方案等环节，引出后续的 5 个学习活动。

学习活动 2：探究糖液的加水量，配制糖液

这一学习活动旨在引导学习者深入理解百分比的含义，掌握相关计算方法，并通过实验体验桂花糖液的糖度测量与糖液的配置。

1. 展示桂花糖液，提出问题

教师首先介绍桂花糖液的糖度基本知识，桂花糖液的糖度为 75% 最为适宜。接着，教师给学习者分发如表 9-2 所示的糖液配制实验探究记录表，并向学习者呈现含糖分别为 75 克、105 克和 150 克的三份原料包，并抛出探究问题："如何分别基于三份原料，配制出 75% 糖度的桂花糖液？"

表 9-2　糖液配制实验探究记录表

实验目标	基于三份含不同质量的糖的原料，配置 75% 糖度的桂花糖液		
原料成分	原料包一	原料包二	原料包三
	含 75 克糖	含 105 克糖	含 150 克糖
加水量计算	糖度是一个百分数，即糖液中糖的质量所占的百分比		
	需加（　）毫升水	需加（　）毫升水	需加（　）毫升水
实验步骤	置入原料→加水→搅拌糖液→测量糖度→记录与分析数据		
糖度测量结果	（　　）% 糖浓度	（　　）% 糖浓度	（　　）% 糖浓度

2. 讲解百分比知识，形成假设

为了引导学习者解决这一探究问题，教师详细讲解百分比的含义及计算方法，理解糖度的计算公式。随后，教师引导学习者运用糖度计算公式，求出三种情况下使桂花糖液糖度为 75% 时所需的加水量。计算结果显示，分别是 25 毫升、35 毫升、50 毫升。教师要求学习者将计算出的加水量的具体数值填写在表 9-2 中。

为了帮助学习者验证以上假设是否正确，教师为学习者提供了实验所需的材料，包括

量杯、清水、糖度计和实验记录单，提醒学习者实验中的注意事项，确保实验的安全性和准确性，并为接下来的探究活动做准备。

3. 实施糖液配置实验

在实验实施环节，各小组根据实验方案，按步骤进行操作。首先，分别将原料放置到三个玻璃杯中；然后，使用量杯分别向三个玻璃杯中倒入相应的清水（25 毫升、35 毫升和 50 毫升），并充分搅拌，确保糖完全溶解；随后，教师引导学习者利用糖度计测量每个玻璃杯中糖液的糖度，并记录测量结果；最后，教师邀请 2 ～ 3 个小组分享其所观察的糖度结果，引导学习者思考：计算出的加水量是否合适？再进行分析：如果测量结果与预期不符，可能是由于搅拌不均匀、加水量不准确或糖度计使用不当等。

在探究实验总结环节，教师挑选 2 ～ 3 个小组分享实验过程、实验现象及实验感受，各组之间进行讨论和交流。最后，教师对整个探究过程进行总结，强调科学实验的方法论和严谨性。

学习活动 3：揉粉过筛，选择目数合适的筛子

这一学习活动旨在引导学习者掌握分数的相关知识，并运用相关知识选择合适的筛子。

1. 展示筛子，提出问题

首先，教师向学习者介绍在制作桂花糕的过程中，使用特定规格的筛子将糯米粉筛成细腻粉粒的重要性，这是确保桂花糕具有良好口感的关键步骤。接着，教师给学习者分发如表 9-3 所示的糯米粉过筛实验探究记录表，并向学习者展示不同目数（16 目、49 目和 81 目）的筛子。随后，教师抛出探究问题：“为了使桂花糕具有柔软细腻的口感，我们应该选用哪种目数的筛子过筛糯米粉？”

表 9-3　糯米粉过筛实验探究记录表

筛子每边的网孔个数	每个网孔的边长（cm）	能够筛出的粉粒的最大直径（cm）	筛后粉粒的质感
16（4×4） 1 2 3 4	1/4*2.54		

续表

筛子每边的网孔个数	每个网孔的边长（cm）	能够筛出的粉粒的最大直径（cm）	筛后粉粒的质感
49（7×7）	1/7*2.54		
81（9×9）	1/9*2.54		

2. 讲解分数知识，形成假设

为了引导学习者解决这一探究问题，教师首先讲解筛子目数的含义：单位面积（每平方英寸）内筛子的网孔个数。在此基础上，教师引入分数知识，帮助学习者理解筛子目数与筛滤出粉粒大小的关系。具体地，如果把筛子的单位面积视为 1，如果筛子目数是 50，则每个网孔的面积则为 1/50；如果筛子目数是 100，则每个网孔的面积则为 1/100。使用 100 目的筛子筛出来的粉粒会比 50 目的筛子筛出的粉粒更细腻[5]。因此，筛子的目数越大，意味着每单位面积内的网孔数更多，孔径越小，那么，筛滤出的粉粒也更加细腻。

教师给每个小组分发三种目数的筛子和适量糯米粉，让学习者使用筛子筛滤糯米粉，并对筛后粉粒的质感进行记录。随后，教师引导学习者基于探究问题进行思考：使用多少目的筛子筛糯米粉能够制作出口感适宜的桂花糕？在这个过程中，教师鼓励小组成员进行讨论和交流，分享各自的观点和理由。最终，教师引导学习者得到结论：第一，如果筛子的目数太少，筛子就会允许较大的糯米粉粒通过。这意味着过筛后的粉粒不会特别细腻，而使用较大颗粒的糯米粉制作桂花糕可能会导致其口感粗糙。第二，如果筛子的目数过多，导致筛出的粉粒过于细腻。虽然细腻的粉粒可以使糕点更加柔软，但是过于细小的粉粒可能会导致桂花糕失去应有的结构感，使其过于绵软或者黏腻。因此可以做出假设：选择中等目数的筛子（如 49 目）是最合适的，这样既能确保粉粒细腻，又能避免粉粒过小而影响桂花糕的口感。

为了引导学习者判断所做的假设是否合理，教师引导学习者思考：如何验证所选目数的筛子筛滤出的糯米粉粒可以使桂花糕口感最佳？在这一环节，教师向学习者呈现实验材料：糯米粉、3 种目数的筛子、标签、模具、蒸锅。随后，教师带领学习者进行讨论和交流，确定制作桂花糕的实验流程，并强调实验注意事项。

3. 开展过筛实验

在实验实施环节，各小组根据实验方案，先对各自不同目数的筛子进行标识。随后，在教师的指导下，各小组使用相应的筛子，以同样的力度和时间过筛糯米粉，测量并记录过筛后的粉粒尺寸。完成过筛后，将过筛后的粉粒舀入模具，加入糖液，搅拌后进行蒸煮，待煮熟后品尝并对比各组桂花糕的口感，判断哪种目数的筛子筛滤出的粉粒可以使桂花糕口感最佳，进行分析。

在探究实验总结环节，教师选择 2 ～ 3 个小组进行分享，交流实验过程中的收获和启发。

学习活动 4：阅读营养表，探究桂花糕配方

这一学习活动旨在引导学习者探索和比较不同的桂花糕配方，选择营养价值更高的糕点配方，并在此过程中掌握营养成分的相关知识。

1. 展示营养成分表，提出问题

教师向学习者介绍不同种类的桂花糕，强调在桂花糕的制作过程中，除了要确保桂花糕的良好口感，还应注重其营养价值。然后，教师向学习者展示两款桂花糕产品的售价和营养成分表，如表 9-4 所示，并抛出探究性问题：我们应制作哪种桂花糕？

表 9-4　两款桂花糕产品的售价及营养成分表

桂恒昌桂花糕 售价：49.9 元 /400 克	项目	每 100 克含量	每日参考摄入量	计算公式	NRV%
	能量	1305 千焦	8400 千焦	1305÷8400×100%	15.54%
	蛋白质	7.2 克	60 克	7.2÷60×100%	12%
	脂肪	6.1 克	6 克	6.1÷6×100%	101.67%
	糖	56.3 克	300 克	56.3÷300×100%	18.77%
	钠	0.02 克	1.8 克	0.02÷1.8×100%	1.11%

续表

西湖桂花糕 售价：39.9 元 /300 克	项目	每 100 克含量	每日参考摄入量	计算公式	NRV%
	能量	1583 千焦	8400 千焦	1583÷8400×100%	18.85%
	蛋白质	4.8 克	60 克	4.8÷60×100%	8%
	脂肪	10.3 克	6 克	10.3÷6×100%	171.67%
	糖	65.9 克	300 克	65.9÷300×100%	21.97%
	钠	0.0036 克	1.8 克	0.0036÷1.8×100%	0.2%

2. 讲解营养知识，形成假设

为了引导学习者解决这一探究问题，教师带领学习者回顾食物中包含的七大营养素，提示学习者观察两款桂花糕的营养成分表，比较两款桂花糕每 100 克中蛋白质、脂肪等营养素含量的差异。随后，教师引导学习者运用所学的营养知识和信息，提出假设，猜测哪款桂花糕的配方更为健康。

3. 开展营养成分分析实验

为了引导学习者判断假设是否合理，教师带领学习者回顾百分比的相关知识，并通过阅读“中国食品标签营养素参考值百分比”（NRV%）的相关资料，深入了解 NRV% 的含义及计算方法：每计算单位某营养成分的量 ÷ 该营养成分对应人群全天参考摄入量 × 100%[6]。另外，教师还指导学习者了解了食物营养价值的参数和衡量标准：能量的 NRV% 较低，蛋白质的 NRV% 较高，脂肪、糖、钠的 NRV% 较低的食物是健康的食物。

随后，教师指导学习者利用 NRV% 计算公式计算两款桂花糕各营养素的 NRV%，并将整个计算过程和结果填写在如表 9-4 所示的表格中。通过对比表中的数据，判断两款桂花糕各营养素的 NRV% 是否达到健康标准，从而判断哪种配方的桂花糕营养价值更高。

在探究实验总结环节，教师邀请 2 ～ 3 个小组分享实验过程中的收获和启发。最后，教师对本次探究学习活动进行全面的总结。

学习活动 5：搜集数据，预估利润

这一学习活动旨在引导学习者参与桂花糕的销售流程，在掌握成本、利润和利润率等相关知识的基础上，明白产品定价背后的科学流程。

1. 提出定价问题，形成假设

首先，教师向学习者简要介绍制作和销售桂花糕的流程，并提出问题："如果我们要为桂花糕定价，应该考虑哪些因素？"引导学习者进行思考和讨论。接着，教师给学习者提供桂花糕定价的三种方案，分别是每块桂花糕 6 元、7 元和 8 元。最后，教师邀请学习者思考并讨论：桂花糕的哪种定价会比较合理？请给出理由。从而形成初步的研究假设。

2. 讲解成本与利润的关系

为了让学习者明白产品定价背后的科学流程，教师详细说明产品在面市之前通常会经历三个重要环节：测算成本、预售调研和确定定价。具体地，首先，相关人员会测算生产过程中所需的全部费用，包括原材料成本、人力资源成本、运输费用等。然后，相关人员会通过小规模的预售或市场调查，了解目标客户群体对产品定价的心理预期。这一步骤旨在评估市场对产品的接受程度，以及潜在客户的购买意愿。最后，基于前两步搜集的数据，相关人员会确定一个既能保证公司盈利，又符合消费者预期的定价。这一定价是在综合考量成本和市场需求之后得出的最佳结果。

接着，教师向学习者解释这三个环节中涉及的利润、成本及利润率三个关键概念。其中，成本是指生产和销售产品所需要的所有支出总和。利润是销售收入扣除成本后的余额。利润率是利润与销售收入的比例，用于衡量每售出一单位产品所能获得的收益水平。随后，教师向学习者演示利润率的计算公式：

$$\text{利润率}=\frac{\text{利润}}{\text{销售收入}}\times 100\%$$

3. 分析并确定定价方案

在学习者理解成本、利润和利润率的基础上，教师向各小组分发桂花糕不同定价方案的利润率计算表（如表 9-5 所示）。随后，教师引导各小组计算不同定价情况下桂花糕的利润率，并将计算过程和结果填写到表 9-5 中。

表 9-5　桂花糕不同定价方案的利润率计算表

方案	桂花糕的单价（元 / 个）	桂花糕的制作成本（元 / 个）	愿意购买的客户人数（人）	总成本（元）	总收益（元）	总利润（元）	利润率
方案 1	6 元	4 元	651				
方案 2	7 元	4 元	587				
方案 3	8 元	4 元	451				

填写完成后，教师引导学习者判断哪种桂花糕的定价比较合理，并进行解释。最后，教师对学习过程进行总结，引导学习者进一步理解利润、成本及利润率的关系，学习数据分析和商业决策的科学方法。

学习活动 6：设计包装，制订宣传方案

这一学习活动旨在引导学习者在设计包装与制作宣传方案的过程中，提升自身的综合素养。

1. 提出包装设计问题

首先，教师给出情境：为了推广销售桂花糕这一传统美食，我们不仅要为桂花糕制定合理的价格，还要为其设计具有吸引力的外观包装，以及进行有效的市场宣传。接着，教师展示几款市面上常见的糕点包装设计，并抛出探究问题："如何设计出具有创意且功能性强的桂花糕包装？如何通过宣传方案提升桂花糕的市场竞争力？"

2. 讲解包装设计知识

为了帮助学习者解决这一探究问题，教师首先向学习者讲解包装设计的基础知识，包括包装的材料选择、设计美感原则、实用性与环保性等，同时引导学习者分析不同年龄段消费者的需求，探讨如何通过包装吸引目标消费群体。随后，教师展示几组优秀的食品广告视频，带领学习者讨论广告成功的关键因素：包括但不限于品牌定位、广告语言、视觉冲击力等。

接下来，教师引导小组成员进行明确分工，包括包装设计、广告创意、文案撰写等，然后，组织学习者设计一款有特色的桂花糕包装，并制订详细的市场宣传方案。为了支持小组成员之间的协作与讨论，教师引导各小组使用在线协作平台。学习者可以同时登录并进入对应小组专属的界面，利用思维导图或概念图等形式记录讨论要点，建构各自的桂花糕广告创意框架。

同时，教师鼓励学习者探讨广告的表现形式，如海报或视频，并要求每组撰写一份简单的市场营销方案，以明确目标客户群体、定价策略和宣传渠道。

3. 设计并展示包装和宣传方案

在创意设计环节，小组成员首先基于教师提供的材料与模板，进行包装设计的构思与草图绘制。随后，使用实体材料制作包装模型，或借助设计软件进行数字化建模。各小组

还需为其桂花糕创作一条广告语，并以海报或视频的形式表达创意。在此过程中，教师引导学习者反复调整设计，确保包装既美观又实用，同时能有效地凸显产品的独特之处。

随后，教师组织各小组展示其包装设计和广告创意作品，各小组之间互相分享与点评。各小组依次展示设计方案，分享设计理念和目标客户群体，其他小组与教师给出反馈。教师还将引导学习者思考如何进一步优化作品，使其具有更强的功能性和市场吸引力。

在项目总结环节，教师引导学习者反思设计过程中的挑战与收获，并针对每组的表现进行点评。最后，教师对创意设计活动进行总结，强调包装设计和市场宣传对于产品销售的重要性。

第三节 “如何制作和销售甜糯适宜的桂花糕”项目中的学习干预设计

在“如何制作和销售甜糯适宜的桂花糕”这一协作问题解决学习项目中，为了确保学习者能够达成预设的学习目标，我们不仅为学习者设计了 6 个相互关联的学习活动，还在各个学习活动中整合了不同类型的学习支架，旨在降低学习者的额外认知负荷，提升相关认知负荷，从而支持学习者进行有效的协作问题解决学习。本节主要呈现“如何制作和销售甜糯适宜的桂花糕”这一基于协作问题解决学习项日学习支架的设计过程，为大家开展指向核心素养的学习干预设计提供案例指导。

一、教学法学习支架的设计

在宏观教学法学习支架设计方面，教师采用了协作脚本策略（如表 9-2 和表 9-3 所示），旨在促进学习者间的有效协作学习。这一策略贯穿在不同的学习活动中，发挥了独特的作用。例如，在学习活动 2 中，教师为学习者提供了糖液配制实验探究记录表，不仅列举了实验所需的各种器材，还明确了实验的具体步骤。这可以帮助学习者掌握糖度的概念及计算方式，进而应用糖度计算公式来确定使糖液达到 75% 糖度所需的加水量。这种方式不仅可以加深学习者对科学原理的理解，也可以锻炼他们的实践操作能力。在学习活动 3 中，教师为学习者提供了糯米粉过筛实验探究记录表。该表详细列出了糯米粉过筛实验所需的器材及基本步骤。通过这个实验，教师可以引导学习者理解分数的性质，并将这一数学概念应用于解决实际问题。在学习活动 4 中，教师提供了两款桂花糕产品的营养成分表，并指导学习者计算桂花糕各营养素的 NRV%。这一活动不仅让学习者了解到不同配方的桂花糕的营养价值，还促进了他们在营养学方面的知识积累，有助于他们选择更利于健康的食品。在学习活动 5 中，教师为学习者提供了用于计算桂花糕利润率的表格。这一表格包括了桂花糕的制作成本、不同定价条件下的总成本、总收益、总利润及利润率等关键指标。通过这个表格，教师可以帮助学习者理解利润、成本及利润率之间的关系，引导他们基于这些数据来确定桂花糕的合理定价。通过这些协作脚本策略可以将复杂的知识点和实验步骤直观地呈现，有效降低学习难度，帮助学习者更好地组织和整合信息，从而高效建构新知，实现知识的拓展与深化。

在微观教学法学习支架设计方面，教师采用了交互式提问策略，促进学习者的社会性交互。例如，在学习活动 2 中，教师提问："如何分别基于三份原料，配制出 75% 糖度的桂花糖液？"这一精细化问题旨在引导学习者思考并开展讨论，鼓励他们分享自己关于百分比计算和糖度理解的观点，从而加深彼此间的交流与协作。在学习活动 4 中，教师先向学习者展示两款产品的售价和营养成分表，进而提出"我们应制作哪种桂花糕？"这一探究性问题，旨在促使学习者对不同配方桂花糕的营养价值进行探讨。在学习活动 5 中，教师提出："如果我们要为桂花糕定价，应该考虑哪些因素？"这一精细化问题旨在引导学习者思考和探讨影响定价的各种因素，如成本、市场需求、竞争品定价等，帮助学习者建立全面的市场观念。在学习活动 6 中，教师提出："如何设计出具有创意且功能性强的桂花糕包装？如何通过宣传方案提升桂花糕的市场竞争力？"这一创造性问题的提出，旨在激发学习者思考包装设计与市场宣传的重要性，各小组通过讨论形成各自的创意方案。以上交互式提问策略的应用，有助于促进学习者进行深层次的认知加工，主动探索问题的答案，并在与同伴进行有效协作的基础上，更加自如地吸收和内化新知识。

另外，教师采用了角色分配策略，通过为协作小组中每位成员设置特定的角色，确保每位成员都能在小组中承担相应的责任和任务。例如，在学习活动 3 的糯米粉过筛探究实验中，教师为小组成员分别分配操作过筛、测量粉粒大小、记录数据等任务。不仅让每位成员明确了自己在实验中的具体任务，还保证了实验过程的有序推进，提高了小组协作的效率。在学习活动 6 的包装设计与宣传方案制订过程中，教师根据包装设计、广告创意、文案撰写等任务，为小组成员分配角色，使小组的产品包装设计与宣传方案制订工作能够有条不紊地开展。以上角色分配策略的应用，有助于建立协作小组内积极的相互依赖关系，进而促进群体学习的进步。

此外，教师还采用了“思考—匹配—分享”策略，旨在促进学习者表达观点和想法。例如，在学习活动 5 的利润预估环节，教师让学习者先思考不同定价方案桂花糕的利润情况，比较各个方案的优缺点，然后在小组内分享自己的看法，通过这种方式让学习者深入理解成本、利润及利润率的关系。在学习活动 6 的包装设计与宣传方案制订过程中，要设计具有创意且功能性强的桂花糕包装，教师让学习者先思考不同包装设计元素的效果，比较各种广告创意的可行性，再分享自己对宣传方案的观点，在分享中不断优化设计思路。以上“思考—匹配—分享”策略的应用，有助于提升学习者的课堂参与度，激发学习者进行深入探讨的热情，进而提升学习成效。

二、技术性学习支架的设计

除了运用宏观教学法学习支架和微观教学法学习支架，在协作学习过程中，教师还运用了白板这一支持协同知识建构的技术性学习支架（如图 9-3 所示），为学习者提供了进行高质量协同知识建构的有效平台。白板具备静态或动态的可视化手段，能够直观地展现概念和思想，有效降低交流成本，促进小组成员之间集体智慧的聚合和创生。

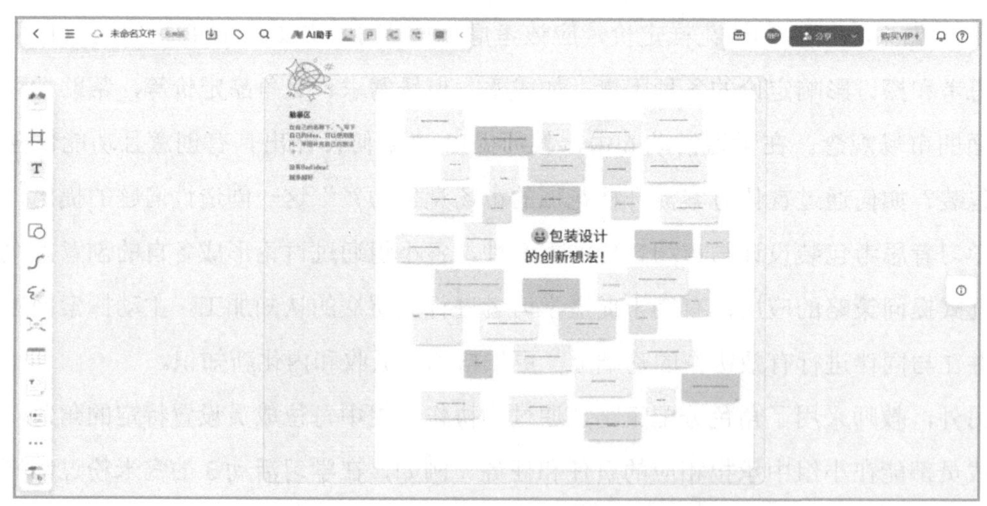

图 9-3　使用白板进行头脑风暴的界面示意图

第一，白板平台有助于清晰地展示概念和结构关系。学习活动中一般涉及众多存在复杂关联与层次的知识点，白板作为一种强大的协同知识建构工具，可以将这些复杂的知识体系以清晰、直观的可视化形式呈现。例如，在学习活动 6 中，教师可以在白板上展示不同包装设计的结构框架图，将包装设计的各个元素，如材料选择、设计美感、实用性与环保性等，以清晰的图表或思维导图的形式呈现。这样不仅能让学习者直观地感受这些设计元素之间的相互关系，还能帮助他们把握包装设计的整体概念，深入了解各元素间的相互作用与影响。

第二，白板平台有助于促进学习者间的社会性交流与互动。作为一个提供实时交互的虚拟空间，白板允许学习者打破物理距离的限制，积极参与到小组协作中。例如，在学习活动 6 中，学习者可以在白板上实时标注和评论所在小组及其他小组的包装设计和广告创意，利用文字、图形等方式表达自己的看法和建议，这样可以使学习者更自由地参与讨论，激发更多的创意碰撞，从而促进学习者之间的社会性交流与互动。

第三，白板平台有助于学习资源的高效整合与共享。例如，在学习活动 6 中，教师可以将各种优秀的包装设计案例图片、相关的设计理论文档等资源上传到白板的资源库中。学习者在进行设计时，能够随时访问、调用并参考这些资源。同时，学习者也可以将自己搜集到的独特资源分享到平台上，供其他小组参考和借鉴。通过这种方式，不仅可以将分散的学习资源整合起来，实现高效共享，还减少了重复工作，为学习者提供了丰富多样的素材，激发了更多的创意灵感。

总的来看，教师在设计“如何制作和销售甜糯适宜的桂花糕”协作问题解决学习项目时，主要按照指向核心素养的学习设计行动框架，从大概念、问题解决和学习支架这三个关键要素切入，对这一项目中的学习目标、学习活动和学习干预进行了科学且详细的预设。首先，通过研读《数学课标》、《科学课标》和相关教材，确定了“数感”这一大概念及其对应的知识结构。在此基础上，结合学习者的认知特点和学习内容，教师为学习者预设了相应的学习目标。然后，为了帮助学习者实现预设的学习目标，教师预设了“如何制作和销售甜糯适宜的桂花糕？”这一设计类驱动性问题。在此基础上，基于探究类问题的问题图式特点，教师为学习者设计了 6 个相互关联且逐步递进的学习活动，目的是帮助学习者在协作问题解决的过程中逐步实现学习目标。最后，为了将学习者的认知负荷控制在合理范围内，教师在不同的学习活动中巧妙地整合了不同的宏观教学法学习支架和微观教学法学习支架，确保学习者既能掌握百分数、分数、小数、成本、利润及利润率等数学知识，营养物质等科学知识；又能通过协作学习提升团队协作、沟通交流、问题解决的技能，为学习者带来高效且丰富的学习体验。同时，教师还巧妙地融入了白板这一技术性学习支架，为学习者搭建了有利于小组成员协同知识建构的环境。借助这一平台，学习者不仅能够直观地展示概念和结构关系，还能促进彼此之间的社会性交流与互动，从而加深对学习内容的理解。

通过这一基于协作问题解决的跨学科学习项目，学习者在配置糖液、揉粉过筛、探究营养价值、制定定价、设计宣传方案等一系列活动中体验制作和销售桂花糕的关键环节，在观察、记录和计算实验数据、实验操作等实践活动中探索和理解抽象的数学概念，体验数学运算的意义。这有助于学习者对项目中的数学知识和科学知识形成综合性认识，从而助力其数学与科学核心素养的达成。

参考文献

[1] 中华人民共和国教育部 . 义务教育数学课程标准（2022 年版）[M]. 北京：北京师范大学出版社，2022.

[2] 孙丽谷，王林 . 数学　六年级上册 [M]. 南京：江苏凤凰教育出版社，2014.

[3] 石欧，黄一九 . 科学　六年级上册 [M]. 长沙：湖南少年儿童出版社，2004.

[4] BANG D, PARK E, YOON H, et al. The design of integrated science curriculum framework based on big ideas[J]. Journal of the Korean Association for Science Education, 2013, 33(5): 1041-1054.

[5] 邓小伟 . 新课标视域下分数乘分数运算一致性的教学迷思及改进 [J]. 郑州师范教育，2023，12（06）：71-77.

[6] 黄山，徐杰，伍春莲 . 初中生物教学中核心素养的培养——以“人类的食物”为例 [J]. 教育观察，2021，10（07）：76-78.